# Kadın ve Tasavvuf

WOMAN AND TASAWWUF

**NEFES**

# KADIN VE TASAVVUF
Woman and Tasawwuf

ISBN: 978-605-5902-00-1



REDAKSİYON: Çiğdem Yazır
KAPAK TASARIM: Ravza Kocadağ
SAYFA DÜZENİ: Melik Uyar

NEFES YAYINLARI
Bağdat Cad. No:167/2 Çatırlı Apt. B Blok D:4
Göztepe/Kadıköy/İstanbul
Tel: (216) 359 10 20   Faks: (216) 359 40 92
www.nefesyayinevi.com
irtibat@nefesyayinevi.com
f /nefesyayinevicom
/nefesyayinevi
/nefesyayinevi
KÜLTÜR BAKANLIĞI YAYINCILIK SERTİFİKA NO: 52382

# Kadın ve Tasavvuf

**WOMAN AND TASAWWUF**

NEFES

# İÇİNDEKİLER

# Kadın ve Tasavvuf

## ÖNSÖZ

İslâmî gelenek Allah'ın Âdem'e şöyle seslendiğini bildirir; "Ben rahmetimi kulun Havvâ'nın şahsında senin için topladım" ve "Ey Âdem, mümine bir kadından daha hayırlı bir rahmet olamaz." Tasavvufî bakış açısı bu sözleri şöyle yorumlar: Allah rahmetiyle insanın nefsini var etmiştir. Eğer o nefis, mutmain mertebesine ulaşıp mümin olursa beşeri insan makamına yükseltip, Allah'ın ondaki tecellîsiyle mükâfatlandırır ki, bu da en hayırlı rahmettir. Dolayısıyla tasavvufta dişi nefsi, erkek aklı temsil eder. Ve nefis hocam Ken'an er-Rifâî'nin buyurduğu gibi; şikayet edilmesi değil, bilakis şükredilmesi gereken tekâmül fırsatıdır.

### Kemâl Nefis Sayesinde Bulunur

*Neden şekvâ bu nefsinden, revâ mı bilmemek kıymet?*
*Hudâ'yı Zülcelâl'dendir sana o pek büyük nîmet!*

*Refîkindir sakın hor görme onu, hoşça kullan sen!*
*Bilen nefsin bilir Hakk'ı, nedir hem lezzet-i vahdet.*

*Nefis olmazsa mümkin mi yetişmek bâb-ı maksûda*
*Ömür âhir olunca, o sana çektirmez hiç hasret.*

*Bilip kadrin onu ilm ü edebden hiç ayırma sen,*
*Şikâyet etmesin senden nasıl mümkinse et hizmet!*

*Fakat bu sözlerim terbiyeden sonra olur makbûl,*
*Olur insan, eden ıslâha nefsin Ken'an'a himmet.*

Bu nedenle aklın nefse, nefsin akla ihtiyacı vardır. Yüce Allah bu gerçeği Kur'an'da *"Siz kadınlarınız için bir elbisesiniz, kadınlarınız da sizin için elbisedir."* diye bildirir. Sultanlar sultanı Râbiatu'l-Adeviye "Eğer bir kadın Hak yolunda yürüyüp mutmain mertebesine ulaşmış ise o artık kadın değildir, er'dir, recüldür, merttir." der. Demek ki dişi, nefs-i emmâre halinde iken koruk üzüm, mutmain olunca (Allah'ından emin) üzüm, râziye (râdiye) ve merdiyede aşk şarabı, sâfiyede (Meryem gibi olduğunda) sirke gibi temizleyici olur. Dişi'nin analığı mürşitliğidir ki, evladını madde ve mânâ sütüyle besler. Bu açıdan birçok mutasavvıf ruhu dişi olarak değerlendirir. Ruh burada nefsin tekâmülü ve son noktası gibidir.

Hz. Mevlânâ *"Beden içinde mukîm, hanımefendi ruh, hicabını sıyırdı ve aşk cezbesiyle koşarak uzaklaştı."* der. (D. 1198). Hatta bazen çoştuğunda, mîrâcı, Peygamber'in (s.a.s) gelinin elini öpmeye gidişi gibi değerlendirir. Mîraçtaki gelin Allah'ın zâtıdır. Bütün mutasavvıflar bu benzetmeleri Peygamber'in (s.a.s) kadına verdiği değerden etkilenerek yorumlarlar.

Hz. Peygamber (s.a.s), kadın ve erkek birbirlerinin iki yarısıdır derken, Allah'ın Hucurât Sûresi'nde buyurduğu, *"Ey insanlar, sizi gerçekten bir erkek ve dişiden yarattık."* âyetinin yorumunu yapmıştır. Bu yüzden Hz. Peygamber'e (s.a.s) göre, "Kadınlar akıl ve gönül sahibi erkeklere hükmederler" sözü, kadının Allah'ın zâtından bir nur olduğunu açıklamaktadır. "Kadın insanı Allah'a yaklaştırır ve erdirir" yorumuyla İbn-i Arabî, Peygamber'in (s.a.s) bakışına açıklık getirir.

Nihayet diyebiliriz ki: "Ey Allah'ın Cemâli olan kadın, sen ki Allah'ın Rahmet ve Rahîm tecellîlerinin kaynağısın. Eğer Yaradan erkek ve kadın kutuplarda görünüp kendinden kendine âşık olmasaydı, onu nasıl tanıyıp idrak edebilirdik."

*Cemâlnur Sargut*

# Sâmiha Ayverdi'nin Yaşantısında Günümüzün Mutasavvıf Kadınına Bakış

Cemâlnur SARGUT

Sâmiha Ayverdi, "Tasavvuf bir zıtlar âbidesi olan insan bünyesini ruhen de yekpâreleştirerek bütünlüğe götüren yoldur, her şeyin düzelmesi insanın kendi düzelmesine bağlıdır." der. Bütünlenmenin zırhı vücutta oluştu mu, insanda ne mutluluk ihtiyacı ne acı çekme korkusu ne mevki ne para hırsı, kinler, düşmanlıklar, menfaate dayalı dostluklar kalır. Bunların hepsi nefsanî hançerlerdir. Bu dünyaya geliş nedenimiz vahdettir, birliktir, Allah'ın mânâsında bütünlenmektir. Çoklukta bir olabilmek içinse, müşterek mânevî değerlerin oluşması gerekir ki, bu da yalnız Allah'a hesap veren, kendi nefsinin esâretinden kurtulmuş hür fertlerin, muamele ettikleri her yaratılmışta sevgilileri olan Allah'ın isim ve sıfatlarını idrak etmeleri ile mümkündür.

Sâmiha Ayverdi'nin "mânevî zengin" dediği bu güruh, şu gök kubbe altında ebedî geçer akçe olan îman, ihlâs, insaf, doğruluk, cömertlik, ferâgat, fedakârlık, güzel ahlâk, vatan aşkı, hikmet ve irfan gibi ulvî vasıfları mayalandırıp etraflarına taşıyanlardır. Görülüyor ki, tekliğe bakmayı bilen göz, çokluğa hürmeti bilen gönlün meyvesidir.

Hz. Ali, *"Cemden önce tefrik kâfirlik, cemden sonra tefrik etmemek zındıklıktır."* der. Sâmiha Ayverdi, cem makamıydı. O gönlüyle zâlime kin tutmaz, zulümle uğraşırdı. Ama görülüyor ki, zulmü yapanı da azarlaması mecburi idi. Bu bakımdan ömrünü mücadele ile geçirdi. Mektuplar yazdı, bazen de acı tatlı bizleri meşrebimize göre uyardığı zamanlarda kendisine kırılmak, hâşâ, hiçbirimizin aklından bile geçmedi. Zîra Allah sevgililerinin ikâzı insana, *"Atan el benim elimdir."* âyetinin zuhuru gibi geldiğinden, lütuftur.

*Yüreğinin Götürdüğü Yere Git* adlı eserinde, "Kendisi ile kavgasını bitiremeyenlerin, bir ideolojinin ya da bir 'izm'in bayrağını taşıması ne kadar yanlıştır." diyen Susanna Tamaro'ya hak vermemek elde mi? Sâmiha Ayverdi, "İslâm, insanoğlunu beşerî hırs ve insiyakları bağından çözüp, esâretten kurtaran dindir. Ayıplarını bir muhasebe ve kontrol potasında eritip arıtan dindir." Gene insanoğluna, "ulvî bir gayenin şevk ve heyecanını veren dindir." derken, Tamaro'ya hak verip İslâm'ı tek çözüm olarak gösterir.

Devrin Yûsuf'u olmayı bilen güzeller içinse, inançlarının bayrağını taşımak ve her hâlleriyle örnek olmak mecbûriyettir. Yûsuf olmak, yani içindeki birliği kurmak, aklıyla nefsini nikâhlayıp, ruhun vücuttaki hâkimiyetini sağlamak kadına çok yaraşır. Oysa dişilik vasfı dinî kitaplarda nefsi sembolize eder. (Rûm Sûresi, 21. âyette şöyle buyrulmaktadır: *"Yine O'nun âyetlerindendir ki sizin için nefislerinizden kendilerine ısınırsınız diye eşler yaratmış…"*). Nefis ise insanı diğerlerinden ayıran enâniyettir. Erkek, aklı sembolize eder ki, her ikisi de tekâmül etmediği zaman felâkettir, zîra yalnız "ben" der. Yüceldiklerinde ise nefâset oluştururlar, çünkü "ben" değil "sen" derler. Nefis, "ben" demekten kurtulup Allah'ından emin olduğunda, eğer Allah da ondan râzı olursa öyle bir dereceye ulaşır ki, işte bu kadın için Peygamber Efendimiz, "Kadınlar, âkiller ve gönül sahipleri üzerine galiptirler." der. Galiba burada Peygamber, sâfiye makamı dediğimiz, ruhun tecellî makamına ulaşan dişinin, erkek olan aklı ve Allah'ın nuruyla aydınlanan gönlü üzerine hâkimiyet kurduğunu belirtmektedir. Hazreti Mevlânâ ise bu makamı *Mesnevî*'de, "*Kadın, Hakk'ın nurudur. Sadece sevgili değil, sanki hâliktir, mahlûk değil.*" sözleriyle anlatır.

İslâm tasavvufu kadını iki özelliğiyle inceler ve yüceltir. Biri tekâmül etmiş dişiliği, diğeri ve en önemlisi analığı. Dişiliğinin hürriyeti, kadına, beşerî özelliklerine hâkim olmayı, söz geçirmeyi öğretir. Aksi takdirde bu hâli gerçekleştiremeyen kadın ya da erkek nasıl patlayacağı belli olmayan saatli bomba gibidir. Sâmiha Ayverdi'ye göre kadın; döl veren ve doğurduklarıyla beraber bütün aileyi, bir görenek ve gelenekler düzeni içerisinde toplayıp birleştiren, toplum dengesinin ipuçlarını elinde tutan ve aile kovanını petekleyip dolduran sırlı kuvvet olmuştur. Kadını aile içinde sabırlı, temkinli, vakarlı, şefkatli ve özellikle de gayretli kılan daha birçok özellikleri ile de silahlandırmış olan kuvvet, ona annesinden ondan da çocuklarına geçecek olan terbiye sistemidir, EDEPTİR.

İşte maddesinde ve mânâsında hayat felsefesini böylece kurup bünyeleştiren bu edep ile kadın, toplumun irfan ve uygarlık âbidesinin ta kendisi olmuştur. Böylece kadındaki bu üstünlük yolunu çizer, doğruyu eğriden, huzuru tehlikeden, zararı faydadan ayırt ettirir. Ana-kadın çekirdeği etrafında örgütleşen aile kurumu toplumun en sağlam iç yapısını oluşturur.

Kadın ya da erkek edep ehli değilse, her yaratılmışta Allah'ın tecellîsini idrakten âcizse, ne mutlu olur ne de mutlu eder. Kadının şansı ana olmaktır ki, annelik tıpkı öğretmenlik gibi yavrusunu eğitirken asıl kendisini eğitme şansına sahip olur.

Tekâmül etmiş bir nefsi olan kişi, ister erkek ister kadın olsun cinsiyetin özelliklerinden arınıp er olma derecesine ulaşır. Analar bu konuda daha şanslıdır. Muhyiddîn-i Arabî, "erlik" kelimesini târif ederken, "İnsanın yaratılışı ve hevâlarının karanlığından kurtulup, aklın ve mânevî terbiyenin ışığı ile temizlenmesi ve tamamlanmasıdır." diyor.

Analık, cennetleri oluşturma kabiliyetidir ki, dünya, analık vasfıyla cenneti bulmak için tek fırsattır. Peygamber, *"Cennet analarn ayakları altındadır."* derken, anneliğin değerini bu yüce hadîsiyle vurgulamıştır. Hz. Mevlânâ *Mesnevî*'de (c. 6, 3257) *"Anaya karşı minnet tabiidir, çünkü o Allah'ın şefkatiyle ilhamlanmıştır."* der. Analık, Allah'ın Peygamber'deki tecellîsi olan rahîm sıfatıyla da anlatılır. Bu bakış açısından Bursevî Hazretleri Peygamber'in ümmî oluşunu açıklarken, üm'den (ana) geldiğini ve bütün yaratılmışların anasının o Sultan olduğunu söyler. *Divân-ı Kebîr*'de (2237) *"Peygamberlerin gazâbı anaların kızgınlığı gibidir. Öyle bir kızgınlıktır ki o sevimli çocuk için hilim ile doludur."* der. Hz. Mevlânâ'ya göre mürşitte tecellî eden de analıktır. Mürşitler farklı değildir. Her öğretmenin sütü aynıdır ama çocuk, sütü kendi annesinden emmeyi sever ve ister. Süt, o mürşidin ilminden akseden Allah'ın mânâsıdır; kevser şarabıdır. Emzirme, mânevî yakınlığı anlatır. *Mesnevî*, Hz. Mûsâ'nın annesini mürşit olarak târif ederken, annelik vasfını, evladını irşat eden insân-ı kâmil olarak tasvir eder. Gene *Mesnevî*, *"Aşkın ızdırâbına hâmile olmayan dişi nefistir, er olan nefis değildir."* der.

Annelik kadına böylesine yüce değerler katarken, kadın kendi mânâsına ulaşabilmeyi becerir ve nefsini kinlerin, hırsların, aşırı düşkünlüklerin esâretinden kurtarır, zerâfet, vericilik, merhamet, bağdaştırıcılık, "önce ben değil, sen" diyebilmek hasletlerini açığa çıkarabilirse şâheser bir eser ortaya çıkar. Kadın, altın bir tenceredir. Yeter ki, içinde pislikli bez kaynatmasın.

Bunun olabilmesi için şu güzelliklere sahip olması gerekir: Dostuna küçücük bir ikazdan dolayı küsüp darılmaz, yani ona göre yanlış olan, ancak Allah'ın indinde doğru olan bir hareketten dolayı dostunu yüzüstü bırakıp geri çekilmez. Dostu hatâ yaptığı zaman o yapmış gibi olur, çünkü bilir ki, insanlar bu dünyada birbirinin tamamlayıcısıdır. Kulun rızâsı için Allah'ın gazâbını aramaz. Kulu hoşnut etmek için Allah'ın rızâsını çiğnemez. Gönlünün sefâsı, mümin kardeşleri için kalbinde fenalık, öfke ya da kin diye bir şey kalmaması demektir. Bu hâl hâsıl olursa, vahşi hayvanlar bile onunla ünsiyet ederler. Kendi ayıp ve kusurunu bilmezse, her vakti ve zamanı noksandır. Bilir ki, az edep çok ilimden hayırlıdır ve yine bilir ki, lüzumsuz sözler ve dedikodular baş uçurur. Onun dostu, onu günahlardan geri çeken, hâl-daşı da ayıplardan kurtaran ve ona Hak yolunu gösterendir. İdrak eder ki, dünyada başkalarına fayda vermeyen, âhirette de kendisi fayda görmez. Çok iyi bilir ki, ibâdet, inzivâya çekilip kuru ekmek yemek, eski elbiseler giymek değildir. Belki dünya lezzetlerinin cümlesinden zevk almaya ikti-darı varken, bunlara kapılmamaktır. Gene çok iyi bilir ki, gönüller üstündeki perdelerin en kalını Allah'ın mahlûku ile meşgul olmaktır. İkram eder, ikram beklemez. Kulluğunu, yokluğunu ve aczini bilir. Pişman olacağı işlerden çekinir.

Hocam Sâmiha Ayverdi, aczinin içindeki vakarıyla ve anlattığımız, kadına ait bütün güzel vasıfları açığa çıkarıp örnek olan hâliyle bize hiç görmediğimizi sandığımız Hz. Hatice'yi, Hz. Fâtıma'yı, Râbiatu'l-Adeviye'yi, Muhyiddîn-i Arabî'nin mürşidi Fâtıma binti el-Müsenna'yı, burada adını anmadığım yüzlerce mutasavvıf Müslüman kadını, dolayısıyla Hz. Meryem'i gösterdi ve öğretti. Ne mutlu bizlere ki, Peygamber sahâbesini hocalarımızda gördük ve izledik. "Ben bu maddî âlemde tasavvufla yaşantımı birleştiremem" diyen gafillere, tasavvufun herkes tarafından yaşanabilir hayat tarzı olduğunu gösteren ve öğreten, "İnsanları seveceksin. Senin içinde tükenmez af ve merhamet hazineleri var. Onun için yalnız insanları değil, bütün mahlûkatı aynı yorulmaz hız ve aynı tükenmez iştiyakla seveceksin. Sende mevcut cevheri cömertçe harcamalısın; hatâlarında ve sevaplarında onlarla bir olarak seveceksin. Doğumları ile çoğalıp, ölümleri ile eksilecek kadar onlarla olacaksın." diyen Hatice Cenan Hanımefendi'nin, Sâmiha Ayverdi'nin, Nazlı Sultan'ın, Türkiye'nin ilk kadın felsefecilerinden olan Semiha Cemâl Hanımefendi'nin, mutasavvıf yazar Safiye Erol'un, annem Meşkûre Sargut'un önünde eğiliyor ve kendilerine onlar gibi olmaya çalışma gayretiyle teşekkür ediyorum.

# Ruhun Çocuğu

Dr. Karim D. CROW

Çeviri: Cangüzel Zülfikar,
Fahir Zülfikar, Aylin Atikler Yurdacan

*Bismillâhirrahmânirrahîm*

*(Bağışlayan ve Esirgeyen Allah'ın Adıyla)*

*"O, o zattır ki sizi bir tek nefisten yarattı, eşini de ondan var etti ki gönlü buna ısınsın."* (A'râf Sûresi, 189)

İslâm, kadın ve erkek arasındaki özel bir ilişkiden yola çıkarak nefsin iç sükûnetine doğru bize rehberlik edecek birçok kıymetli kaynağa sahiptir. Hatırlayalım ki 'nefs' kelimesi Arapçada dişi bir kelimedir. Düşünmemizi sağlayacak ve nefsi mükemmele veya bütüne eriştirecek ciddi çalışma için gereken hasreti ve yüksek enerjiyi (ya da asil mücadele: himmet) uyandıracak birkaç noktaya değinelim.

## HZ. MUHAMMED (S.A.S) ÖRNEĞİ

Annesi Âmine bint-i Vehb'in vefatı ve sütannesi Halime'nin himâyesinden sonra küçük yetim Muhammed'e birçok kadın baktı. Ona üvey annelik yapan birçok kadın akrabası oldu. Bunlardan biri Fâtıma bint-i Esed bin Hâşim'dir (Ebû Tâlib'in hanımı ve Hz. Muhammed'in yengesi, mânevî annesi ve Hz Ali'nin annesi). Medine'de vefat ettiğinde onu Peygamberimiz kendi elleriyle gömmüş, mezarına inmiş ve vücudunu gömleğiyle sarmıştır. Onun kızı olan Ümmü Hani bint-i Ebû Tâlib'le Peygamberimizin gençken evlenmek istediği söylenir ve Peygamberimizin mîrâcı, Hicret'ten önceki dönemde Ümmühan'ın evinde gerçekleşmiştir. Peygamberimizin bir de süt kızkardeşi vardır: Ümmü Hâkim el-Beyzâ (Zübeyir bin Abdülmuttalib'in kızı). Hz Muhammed'in (s.a.s) baba tarafından kuzeniydi ve Medine'ye geldiğinde ziyaret etmesinden hoşlanırdı.

Peygamberimizin geniş ailesindeki kadınlardan kendisiyle en uzun arkadaşlık kurmuş olan ve belki de O'nu hemen herkesten daha iyi tanıyan kişi olarak Hz Muhammed'in (s.a.s) Habeşli hizmetkârı Ümmü Eymen'den bahsetmemiz gerekir. Adı Bereket idi ve Mekke'de Peygamberimizin anne babasından kendisine kalmıştı. Annesinin vefatından sonra Efendimize baktı. Ümmü Eymen, Peygamberimizin hayatı boyunca hâne halkının bir parçası oldu. Efendimiz, onu azat etti ve evlatlığı Zeyd bin Hârise (Mutah'da 629/Hicri 9 yılında öldürüldü) ile evlendirdi. Zeyd (Hubb-u Resûlullah / Peygamber'in Sevdiceği), Peygamber Efendimize çok yakındı ve belki de kendisinin vârisi olabilecek kişi olarak bile düşünülebilinirdi. Ümmü Eymen ve Zeyd'in oğulları, Üsâme bin Zeyd'di (Hubb'un oğlu olarak tanınırdı, ö. Hicri 54). Peygamber Efendimiz ona çok iltimas eder ve hatta onu hayatta kalan tek çocuğu Fâtıma kadar sevdiği söylenirdi. Ümmü Eymen (ö. Hicri 23), Efendimizin vefatını görüp matemini tutacak kadar uzun yaşadı. Vahiylerin kesilmesi sebebiyle duyduğu derin üzüntüyü anlatan duygulu şiirler okurdu.

Fakat Allah'ın elçisine ilk yıllarında hayatî desteği vermekle tanınan Hatice bint-i Hüveylid idi. Kendinden yaşça genç olan eşi için yakın, akıllı ve güvenilir bir kılavuz görevi gördü. Efendimiz, onunla ve amcası Varaka bin Nevfel ile vahiy tecrübelerinin detaylarını paylaştı. Her ikisi de Efendimizin Peygamberlik görevini yayması için destek oldular ve teyidine yardımcı oldular. Hz. Hatice, Peygamberimizin Mekke'de kabul edilmediği ve eziyet gördüğü en zor ve yorucu yıllarında, O'nu teşvik edip rahatlattı ve Efendimizin çocuklarını dünyaya getirdi. Şi›bu Ebî Tâlib'te son derece zor şartlar altında geçen Hicret'ten üç yıl sonra Hz. Hatice'nin vefat edişi Hz. Muhammed'i (s.a.s) çok derinden etkiledi.

Hz. Hatice'nin vefatından sonra Peygamberimiz, birkaç hanımla evlendi. Üçüncü eşi olan Âişe bint-i Ebû Bekir, hem Efendimizin ailesinde hem de Efendimizin vefatından sonra ilk Müslüman topluluk içinde çok önemli bir rol oynadı. Peygamberimizin eşleri arasında mühim rol oynayan bir diğeri ise Ümmü Seleme'dir. Kendisi ve ilk eşinden olan çocukları Efendimizin evinde büyümüşlerdir. Peygamberimizin hayatta kalan oğlu yoktu, fakat en büyükleri Hz. Zeyneb ve en küçükleri Hz. Fâtıma olan dört kızından hayatta kalan torunları vardı. Hazreti Muhammed, Ebûl-Kâsım (Kâsım'ın babası) lakabıyla bilinmektedir. Peygamberimizin en büyük kızı olan Zeynep'in, kocası Ebû'l As'a olan aşkı ve sadakati, *Siretün Nebî*'de önemli bir yer tutmaktadır. Bundan dolayı Hz. Peygamber'e, Ebû-Zeyneb (Zeyneb'in babası) deme cüretini gösterebiliriz. Bedir Savaşı'nda esir düşen Rebi', Hz.

Hatice'nin kendisine verdiği akik kolyeyi babasına gönderen Zeyneb'in fidyesi ile kurtulmuştur. Hz. Zeyneb'in kızı Ümâme bint-i er-Râbi; Peygamberimiz tarafından çok seviliyordu. Hicret'in 8. yılında Mekke'nin fethi esnasında bu torununu kendi devesi üzerinde taşımıştı. Hz. Muhammed'in (s.a.s) ve teyzesi Hz. Fâtıma'nın vefatından sonra Ümâme, Ali bin Ebû Tâlib'le evlendi ve Hz. Fâtıma'nın dört küçük çocuğunun bakımına yardım etti. Evliliklerinin Hz. Fâtıma'nın talimatı üzerine olduğu söylenir. Hz Muhammed (s.a.s.), Zeyneb bint-i Ümmü Seleme de dâhil olmak üzere diğer eşlerinden de birçok üvey kız evlat sahibi oldu. Hiç şüphesiz ki, O'na en yakın evlâdı, en küçük kızı Hz Fâtıma idi. Babası, onu baba tarafından kuzeni olan Hz. Ali ile evlendirinceye dek Hz. Fâtıma Mekke'de ve Hicret'ten sonra Medine'de babasının evinde yaşadı. Muhakkak ki, Hz. Hatice'nin en son kızı Hz. Fâtıma ile arasında çok kuvvetli bir bağ vardı. Sayısız hadis onlar arasındaki bu özel ilişkiyi teyit eder. Babasının vefatından altı ay sonra hüznüne dayanamayarak kendi de vefat etti.

Peygamberimiz, hayatının son üç yılında, Kahire'nin Kıptî liderinin hediye olarak gönderdiği Maria ile rahat ve huzurlu bir hayat yaşadı. Eşlerinden ayrı olarak onu Medine'nin güneyindeki yedi meyve bahçesinden biri olan Meşrûbât-ı Ümmü İbrahim'de barındırdı. Birkaç hadîse göre Maria'nın kaldığı yerin üst katında küçük bir özel oda varmış ve Peygamber Efendimiz eşlerinden uzak olarak oraya inzivaya çekilirmiş. Oğulları İbrahim (ö. Hicri 9), Hz Muhammed'in en son çocuğu idi ama 18 ay yaşadı. Bu bize şunu hatırlatabilir. Derin mâneviyatının yanı sıra Peygamber Efendimizin doğasında da beşer olmanın duygusallığı ve bir yere sığınıp sükûnet bulma ihtiyacı yatmaktadır. Aşk ve mâneviyat doğal bir neşeye sahiptir ve bu, nefsin her iki yönü arasındaki güven ve sükûnet içinde keşfedilebilir.

Peygamber'in hanımları, hanım akrabaları, kızları ve kız torunlarıyla arasındaki sevgi ve şefkat bize neyi anlatır? Hazreti Muhammed'in (s.a.s) Peygamberlik vazifesi esnasında O'na en yakın kişilerin, ailesi ve hanımları içerisindeki bu kadınlar olabileceğini hatırlamalıyız. Bu, mübârek Peygamberimiz Hz. Muhammed'in (Allah'ın sonsuz rahmeti üzerine olsun) şahsiyeti ve karakteri hakkında neyi belirtir? O, her ne kadar askerî seferlere kumandanlık etmiş, on yıl süreyle Medine'de giderek gelişen bir şehir-devlet kurarak onu idare etmiş, insafsız ve aşırı hilekâr kişilerin düşmanlıklarına karşı beceriyle mücadele vermiş bir hareket ve hizmet insanı olsa da, O'nda yumuşak ve hassas kişilik özelliklerinin hâkim oluşuna herkesçe şehâdet edilir. Kendisine yöneltilen doğrudan bir isteği hiçbir zaman reddetmemiş, ashâbının hatâlarını istisnâsız affetmiş ve Câhiliye Dönemi kabile Araplarının kaba, azgın davranışlarına uzun süre acı çekerek âzamî sabır göstermiştir.

Dolayısıyla, Peygamber'in şahsî hayatının hakîkati bu kadınlar ile çok yakından ilişkilidir ve bu, O'nun etrafındakilerde görülen erkek ayrıcalığı ile seçkinciliğin (elitizm) sert ve affetmeyen kabile düzenine karşı hoşgörü ve şefkatle davranabilmesini sağlayan önemli etkenlerden biridir. Bu hakîkat, İslâm'ın mâneviyatına damgasını vurmuş ve özellikle mutasavvıfları çok etkilemiştir. Peygamber ailesinin önde gelen üyelerinden biri olan Câfer-i Sâdık (ö. 148/765), Hz. Muhammed (s.a.s) ile Hz Hatice'nin evliliklerinde olduğu gibi, önce bir hanımla evlenip, ancak onun vefatından sonra başka hanımlarla evlenmeyi tercih ederek Peygamber'in yolunu takip etmiştir. İslâmiyet, çoklukla erkeğe imtiyaz veren bir din ve medeniyet olarak görülürken, hayatın kadınsı ciheti, yani nefs iklimi çok büyük bir itibar ve hürmetle kutsal addedilerek İslâmiyet'in sînesinde yer alır.

İnsanın dişil özellikleri ile ilişkilendirilen büyük bir sır ve bozulamaz bir mukaddeslik vardır ki, bu mevcut küresel materyalist çağımızda, İslâmî öğreti ve kültürde çok yanlış anlaşılmıştır. Mesela, 'duyuların iffeti' veya başkalarının bakışından kaçınmak için gözlerini yere indirmek, Batı toplumlarında çok yanlış anlaşılmıştır. Hicrî 3./Milâdi 9. yüzyıl ulularından Hakîm et-Tirmizî, Peygamber'in şu meşhur hadîsini derinlemesine yorumlamıştır: *"İlk bakış sanadır, ancak ikinci bakış sana karşı kullanılacaktır."* Hakîm'e göre, ilk bakış kişinin ruhundan yükseldiği ve Allah'ın yaratıklarının güzelliğine hayranlığından zevk alıp mutluluk duyduğu için, bir kişi başka birisini gördüğünde ona bakmasına ve onun güzelliği ile şekil ve şemâilinin düzgünlüğünü görmesine izin verilir ve hatta teşvik edilir. Ancak, ikinci kere baktığında ve diğer kişiye fiziksel olarak sahip olmakla elde edeceğin zevki hayal etmeye başladığında, bu kusurlu olan nefs ve hevâ seviyesinden gelir; işte bu tür şehvetli haz öteki dünyada sana karşı kullanılacaktır.

Bugün pek çok Müslüman toplumunda yaşayan kadın ve erkek arasındaki cinsiyet, meslek, eğitim ve öğretim farklılıklarına ve İslâm adına veya Peygamber'e dayanılarak yetkili imişcesine yapılan istismarlara rağmen, vücudumuzda yer alan iç şahsiyetin, farkındalığımızın ve idrakimizin merkezi ne erkek ne de kadındır, o yaratılmış bir Nefs'tir. Diğerini bilmenin değeri, Allah'ın çiftler halinde yaratarak tamamladığı kendi benliğimiz ile buluşup tanışmaktır.

A'râf Sûresi (âyet 189), insanların tek bir nefsten (*min nefsin vâhidetin*) yaratıldıklarını bildirir. Erkek ve kadın, diğerini kendi öz benliğinin tamamlayıcı bir parçası olarak görür ve kaderleri aşkın bağı ile bir araya gelen ortak itimat ve tevekkül ile îman ve güvende (*liyeskunâ ileyhe*) yatar. Bu aşkta beraber sükûnet bulma hâli, beşerin tek bir varlık olarak birleşip mülâyim bir sükûnetle dolmuş kendi iç birliğini gerçekleştirmesi demek olan mânevî idealini ortaya çıkarır. Bu, nefsimizi bütün ve bir yapma görevidir.

Bu, nefsin kaderidir, çünkü devamlı olarak âhenk içinde birleşmiş çelişen zıtların devâsını bulmaya çalışıyoruz. Ancak o zaman birliği ve bütünlenmişliğin huzurunu hissedebiliriz. İçsel varlığımız, ancak tamamlayıcı veya zıt parçalar birleştiğinde kendinin daha yüksek ve daha saf taraflarını kapsayabilir. Nefsimiz, yüzeysel benliğimizden yüksektir, çünkü Nefs, Ruh'u kuşatır -ve Ruh en saf hâlinde Akıl'dır.

Rehberin işi, Nefsimizi Benliğimize tanıtmak ve ruhun / mânânın doğmasına yardımcı olmaktır. Mürşid veya Rehber, bir annenin çocuğuna süt verdiği gibi Nefsimizi besler. Mürşid bizim içsel varlığımıza, belki de biyolojik babamızdan daha yakındır. Mürşidimiz, hakîkatte bizi büyüten, kusurlarımızı anlamamıza ve kabul etmemize yardım eden, kendi ayaklarımızın üzerinde durana kadar bizi gözeten, bütünlüğe ulaşmak için bize yol gösteren bir anne gibidir. Mânevî ebeveyn, pek çok açıdan, bizim hakîkî hayatımız için fiziksel ebeveynimizden daha önemlidir.

Burada biz, mânevî hayatın üzerine inşa edildiği güven ve aşkın temeline erişiriz ve bu da bizim gerçek kapasitemizin ve tekâmülümüzün açığa çıkışını desteleyip devamlılığını sağlayabilir. Mürşid varlığımızın parçasıdır, hem kendini kavrayış için bir ayna hem de nefsimizde gizlenmiş olan yüksekliklere ve boyutlara göz atmak için bir penceredir.

Ey mânâ canı! Beni senin çocuğun yap, çünkü anam da babam da aynı anda senin içinde bulunurlar!

# *Evliyâ'nın Kadınları, Evliyâ Kadınlar*

Dr. Anna BİGELOW

Çeviri: Nazlı Kayahan, Aylin Atikler Yurdacan

Hindistan'daki türbelerde birçok mutasavvıf evliyâ kadının rolü mühim ve eşit, hatta bazı durumlarda üstün ve egemen bir yapıdadır. Camiye gitmeyen çok büyük sayıdaki Müslüman Hintli kadınların bir araya gelmeleri, ibâdet etmeleri, fikir alışverişinde bulunmaları ve umumî dinî görevlerini yerine getirmeleri için bu türbeler çok önemli bir merkez teşkil ederler. Müslüman olmayanlar da sıkça bu türbeleri ziyaret ederler; hatta bazı yerlerde sayıları Müslümanlardan bile daha çok olabilir. Aslında "dergâh" denilen bu türbeler, Hindistan'ın birçok yerinde halk yaşamının merkezini oluşturur. Bebekler, evliyânın inâyeti ile dünyaya gelir ve bu lütfun şükrünü tasdik için türbeye getirilirler. İlk saç tıraşı buralarda yapılır. Çocuklar yılan sokmalarına ve hastalıklara karşı korunmak için buraya getirilirler. Müslüman damatlar evlenmeden önce bu türbeleri ziyaret ederler. Hindu ve Sih çiftler evlendikten sonra etrafını tavaf ederler. İnananlar sınav, iş başvurusu veya seyahat gibi her türlü önemli işleri için ziyaret ederler. Hastalık, maddî sıkıntılar ve aile sorunları gibi ciddi tehlikeler için türbede dua edilir. Ölenler için dualar burada okunur, evliyânın adına hacının ya da seyyahın ataları için de. Allah'ın dostları, özellikle halkın problem ve ihtiyaçlarına duyarlı kişiler olarak düşünülürler. Evliyânın ruhu ile yakın temasta bulunmak için âlim veya emîr olmaya, yani din adamı veya zengin bir insan olmaya gerek yoktur. Evliyâ olmak, türbeyi ziyaret etmek ya da türbenin dinî törenlerini ve mâlî işlerini idâre etmek için erkek olmak gerekmez. Aslında bazı durumlarda türbelerin bakımlarını ekseriyetle kadınlar yapar ve Hindistan'ın birkaç yerinde Müslüman olmayan kadınlar yörelerindeki türbelerin bakımını üstlenmişlerdir. Evliyânın inâyetlerinin aracılığını yapan böyle kadınlar, maddî ve mânevî kuvvetin kaynağını bu rollerde bulmuşlardır. Ve tabii ki, türbeleri, toprağı onurlandıran ve halkı lütuflandıran birçok kadın evliyâ da vardır. Bu çalışma Kuzey Hindistan'daki türbelerdeki kadınların rollerine ışık tutar; kendini dine adamışlar, bakımla ilgilenenler ve evliyâlar. Kadın evliyâlar ve mutasavvıf edebiyat geleneğinde dişi sesler konusunda araştırmaların sayısı oldukça fazladır, ama popüler tasavvufta kadının rolünü inceleyen çalışmalar henüz başlangıç seviyesindedir. Bu kısa tetkik, Müslüman olan ve olmayan kadınların sûfî türbe ve geleneklerinde nasıl yer aldığı ve görevlere el koyduğu hakkındadır.

Ataerkil toplumlardaki kadınlar tarafından beslenen takva, sabır, hoşgörü ve hizmet gibi sosyokültürel dişi idealleri, aynı zamanda herhangi bir mutasavvıfın da idealidir. Sûfî türbelerinde tüm dinlerden olan kadınlar için ayrılmış yerin daha büyük olmasına rağmen, Müslüman olan ve olmayan kadınların evde veya iş yerindeki boyun eğişlerini telâfi etmek için gerçek kuvvet ve otoriteyi kullanabilecekleri dergâhları bilinçli olarak aradıklarını söylemek çok ileri gitmek olur. Aslında böyle bir iddia kadının değerinin ölçülmesi ile ilgili Batılı görüşleri çok iyi yansıtır. Ancak geleneksel toplumda kadınlar için var olan rollerin karmaşık ağında, dergâh hayatında kadınlar hizmet, sabır ve takvadan doğan özgürlük ve gücü tanır ve kıymet verir. Kadınların hayattaki diğer rolleri de böyle özellikleri besleyebilir, fakat mutasavvıf evliyâlar söz konusu olunca, ilâhî sırra yaklaştıkları için hizmet, sabır ve takva bütün insanlara model teşkil eder.

Hikâye anlatanlar, dinî usûl uzmanları ve kendini dine adayanlar olarak kadınlar, Müslüman olsun ya da olmasın sûfî türbelerinin ayrılmaz bir parçasıdır. Dergâhların hizmetinden sorumlu olarak kadınlar, evliyâların geleneklerinin koruyucuları, onların ilmini nakleden, takva ehli pîrlerin hâtıralarını canlı tutan ve gelecek nesillere hikâyeleri iletenlerdir.

Araştırmamın ana bölümünü yaptığım kasabada da durum aynen böyleydi. Kuzey Hindistan Pencab'da bulunan Malerkotla, 15. yüzyılın ortalarında asıl adı Şeyh Sadreddin Sadri Cihan olan ve halk içinde Şeyh Haydar olarak bilinen mutasavvıf bir evliyâ tarafından kurulmuştur. Soyundan gelenler onun halîfeleri ya da dergâhın koruyucuları olurlar. Şu an oldukça geniş olan bu ailenin kadınlarının çoğu, Şeyh'in hayatı ve mûcizeleri hakkında son derece bilgi sahibidirler. Türbeleri ve geleneklerini çalışırken, Şeyh Haydar'la ilgili hikâyeleri bulmak için erkeklere gönderildiğim kadar sıklıkta kadınlara da yollanıyordum. Evliyânın ilmini bu kadınlardan öğrendim. Şeyh'in soyundan gelen bir kadın halîfeyi evinde ziyaret ettim. Yanında, türbeyi ziyarete geldiği zamanlar ailenin yanında kalan bir gezgin fakir oturuyordu. Fakir, Şeyh'in ilmiyle ilgili hikâyeyi anlatmaya başladı, fakat kısa bir zaman sonra hikâyenin sonunu, dedesinin ilminde gerçek ve meşru otorite olan kadın halîfeye bıraktı. O da bana Şeyh Haydar'ın Malerkotla kasabası haline gelen araziye nasıl sahip olduğunu anlattı. Şeyh; bir ırmak kenarında oturup tefekküre dalmışken, birden bir fırtına kopmuş. Aynı yerde Delhi'ye saldırmak amacıyla yola çıkmış olan diktatör Bahlol Lodhi de ordusuyla kamp kurmuş. Fırtına karargâhta karmaşa ve zarara yol açmış ama Şeyh kulübesinde bu durumdan rahatsız olmamış; hatta farkına bile varmamış ve mumu da parlak bir şekilde yanmaya devam etmiş. Bu durum, zafer kazanmak için dua istemiş ve kazanmış olan Lodhi'yi çok etkilemiş. Böylece Delhi'de Lodhi hanedânını kurmaya başlamış. Başka bir mûcizeden sonra da Şeyh'ten çok etkilendiği için kızı Taj Murassa Begüm'ü evlenmek üzere Şeyh'e vermiş ve yanında da büyük bir arazi hediye etmiş. Bu hikâyeyi anlatan kadın halîfe, Şeyh Haydar'ın mûcizeleri ile ilgili daha birçok hikâye anlattı. Bu mûcizevî hikâyelerin özlü bölümlerine olan hâkimiyeti ve bir fakir misafirle, bir antropoloğa bu hikâyeleri aktarmaktaki istekliliği, bu meselelerdeki kendi otoritesinin idrakini gösteriyor. Fakir'in himâyesi ve kendinden emin hâli, onun Şeyh Haydar'ın hayatı ve mirası ile ilgili bir uzman olduğunu ortaya koyuyor.

Araştırmam esnasında başka bir gün, halîfe ailesinden iki kadınla bir öğleden sonra geçirdim. Bu yaşlı kardeşler genelde türbede oturuyor, seyyahlardan gelen bağışları kabul ediyor, verilen bağışları teberruken iade ediyor ve istek üzerine nasihat ve tavsiyelerde bulunuyorlardı. Ayin usûllerini denetleme rollerinin yanı sıra, Şeyh Haydar ve Malerkotla tarihi ile ilgili hikâyeleriyle ünlülerdi. İlginç bir hikâyede, kardeşlerden biri herkes tarafından bilinen dergâhı çevreleyen duvarın bir gecede melekler tarafından yapıldığı inancına değişik ve özgün bir ekleme yaptı. Malerkotla'daki diğer binaların inşaatlarından oldukça farklıydı; kasabadaki çoğu tarihî binanın küçük tuğla yapılarına tamamen tezat teşkil eden büyük gri taş bloklar vardı. En çok anlatılan hikâye, bu özgün duvarın Şeyh Haydar'ın vefatından sonra bir gecede melekler tarafından mûcizevî olarak inşa edilmiş olmasıydı. Halîfe kadınlar, hikâyeye dişi bir boyut getirdiler. Şöyle açıkladılar: Bir kadının orada oturup yemek öğütmeye başlamasıyla mûcize başladı ve bitirince duvar yapımı da sona erdi. Hikâyedeki kadının adı verilmiyordu. Fakat bir kadının buğday öğütmesinin, melekler tarafından yapılan ilâhî bir işin hikâyesine uyumlanması, günlük işlerle ilâhî müdâhale arasında paralellik yaratıyor. Bu bağlantıyla kadının görevine verilen kıymet artmış ve hayatı devam ettirmek ve yemek işleriyle uğraşmak için gerekli olan statüsünün ötesinde bir mevki verilmiştir. Böylece kadınların görevi, Şeyh Haydar'ın yattığı kutsal bölgenin bakımı ve koruyuculuğu seviyesine kadar yükseltilmiştir. Un öğütmek, aileye hizmet; duvarı inşa etmek, evliyâya yapılan hizmet ile ilişkilendirilmiştir.

Halîfe kadınlar, evliyânın hayatını kısaca anlatırken, Bibi Mango adındaki kızını da târif etmişlerdir. Öyle görülüyor ki, Bibi Mango kötü bir evlilik yapmış ve eşinin ailesi tarafından atılmıştı. Malerkotla'ya dönerken, babasına geleceğinin haberi verilirken, seyahat ettiği tahtırevan, kasabanın civarlarında beklemekte idi. Mutsuz bir evliliğin ve zorunlu geri dönüşün verdiği utançla babasının yüzüne nasıl bakacağını merak ediyordu. Perişan bir durumda toprağın onu kabul etmesi için dua etti ve gerçekten de öyle oldu. Yer yarıldı ve tahtırevanı yuttu. Bu hikâye, geleneksel ve ataerkil toplumlarda olduğu gibi namusa gösterilen üstün ilgi ve kadın iffetinin önemini vurguluyor. Bibi Mango'nun sâfiyeti hakkında sorulacak sorular babasına kötü yansıyacaktı ve o yüzden babasının ismine leke gelmemesi için kendini kurban etti. Fakat onun kurban edilişi öyle bir mûcizevî şekilde oldu ki, hem kendisinin hem de babasının erdemi ispat edilmiş oldu. Diğer anlatımlarda Bibi Mango'nun eşinin ailesiyle olan durumu çok kötü bir şekilde tasvir ediliyordu ve ayrılışının elzem olduğu târif ediliyordu. Erkek bir halîfenin görüşüne bakılırsa, kız kardeşlerini almak için Şeyh Haydar oğullarını yollamış ve en büyüğünün bunu reddedişi krallığın ona geçmemesine sebep olmuş. Halîfe kadınlar için hikâye anlatımları, bu tür ihtimalleri içermiyordu. Bu hikâye, daha çok Şeyh'in kızının istisnâî güç ve takvasının bir örneğidir. Ayrıca bu hikâye, paradoksal olarak kendinden vazgeçiş, yani feragat ile kuvvetlendirilmiş kadınların gücünü gösterir. Onun toprağa girişi, bir model oluşturan dişi faziletlerle gerçekleşmiştir; sonsuz bir edep kaygısı, evliyâ babasının adına leke sürecek bir şey yapmaktan sakınışı ve alçakgönüllüğü. En belli başlı sûfî ve dişi özellikler olan takva, tevâzu ve hoşgörü, bu hikâyede ön plana çıkmıştır.

Hint edebiyatında toprağın faziletli birini yutuşu sık rastlanan bir mecazdır. En bilinen örneği Ramayana'daki Tanrı Kral Rama'nın karısı Sita'nınkidir. Esâret ve geri dönüşten sonra Sita'nın mâsumiyeti hakkında şüpheler zuhur etti. Kocasının erdemli yönetimini olumsuz etkilememek için toprağa iltica etmek istedi. Tabii ki, Sita'nın da Bibi Mango gibi bütün bu suçlamalarda bir kabahati yoktu. Her ikisinin de toprağa defnedilmesi birçok yönden kutsal kabul edilen bir olaydır. Kutsal bir işe tahsis ederek ve mâsum kadınların suçsuzluğunu ispat ederek onlara mutlak bir doğrulama ve zafer temin edilmiştir. Sadece kadınlara özgü değilken, suçlanmış birinin mâsumiyetine ve dürüstlüğüne şâhit olmak için toprağın bu çağırışı güçlü bir edebî temadır ve gerçekten saf ve takva sahibi insanın varlığına işaret eder.

Bibi Mango'nun toprağa girdiği yer şimdi bir dergâh ve Id ibâdetlerinin yapıldığı yer olan Id Gah'ın tam dış sınırındadır. Yakın zamanda yeniden inşa edilmiş basit ve küçük bir türbedir. Ön tarafında bir kütük var. Bu kütüğün, tahtırevan ve içindekiler toprağa gömülürken kulptan beliriveren bir ağaç parçası olduğu söyleniyor. Orada tanıştığım Sih bir kadın türbeyi 20 yıldır ziyaret ediyormuş. Ailesinin önceden ihtilaf, kızgınlık ve hastalıktan dolayı sorunlar yaşamış olduğunu söyledi. Duaları duyulmuş ve her yıl şükrünü bildirmek için gelir, önce babanın sonra da kızının türbesini ziyaret edermiş. Pembe bir başörtüsü ve bilezikler takdim etmiş. Oranın bakımıyla ilgilenen kişi kırmızı ve pembe başörtülerin, bileziklerin, makyaj malzemelerinin ve hindistan cevizinin en çok verilen bağışlar olduğunu söyledi. Ona göre ziyaretçilerin çoğu kadınmış ve daha çok doğurganlık, para ve aile işleri gibi ailenin refâhını ilgilendiren konularda dua ediyorlarmış.

Güney Asya'da dergâhlarda Müslüman olmayanların bu tarz hâmiliği ve hac yolculukları sıradan şeylerdir. Her gün olagelen bir şey olmasına rağmen, dergâhtaki günlük törenlerde önemli dinî farklılıklar ve gözle görülür çeşitlilikler vardır. Mesela Hindular ve Sihler evliyâlarına 'bagvan' yani "tanrı" derler ki, bu Müslümanlar için temelden aykırı bir kavramdır. Bunun herkes farkındadır, fakat nadiren açık münâzara sebebi olur. Müslümanlar genelde dualarını takdim ederler, fakat secde edip yemek veya para vermezler. Herhangi biri şeker, türbe için yeşil ya da mavi bez örtü, kilden küçük atlar, tütsü, yağ lambaları, para, keçi veya türbenin bakımı için eşyalar bağışlayabilir. Bu bağışlar gibi dinî âyinleri idare edenler de çeşitlilik gösterir. Müritleri veya halîfeleri ile evliyânın çeşitli şekilde etkileşimini sağlamak için türbede yer açılmıştır. Bütün bu roller kadınlar tarafından icrâ ediliyor. Aslında bazen sadece kadın halîfeler evliyâyla dinî tören değişimini görüşmek için orada bulunuyorlar. Dindar olan kadınlar tek başına, grup halinde veya aileleriyle gelip duada bulunuyorlar. Bayan müritler genellikle evliyânın ruhuyla diyalog kurabilmek için kendi tâkipçi heyetiyle geliyorlar. Böylece evliyânın lütfuna niyazda bulunanlar ve aracı olanlar tamamıyla kadınlar olabiliyor ve evliyânın ihsanından ve bereketinden hem nasiplenen hem de bu duayı ileten aracının olduğu bir otorite arenası oluşturmuş oluyorlar.

Kadınlar niyaz edici ve aracı olarak hizmet ettikleri için, dergâh sadece bir dişi otorite arenası olmakla kalmayıp, tüm dinlere mensup kadınların birbiriyle etkileşime geçebildikleri bir yerdir. Bu kadınlar benzer motivasyon, kaygı ve ümitlerle gelen diğer dinî inançlara mensup kadınlarla ister istemez karşılaşırlar. Güney Asya'daki kadınların dinler arası ilişkileri güçlendirmedeki rolünü düşünürsek, kadının değişik kutuplara bölünmüş toplumlardaki bölünmeleri çözmedeki ve çelişkileri değişime uğratmadaki potansiyel gücünü keşfederiz. Kadınlar, evliyâlık geleneğinde aktif rol olarak mânevî bir otorite alanı oluştururlar. Bu gücü alıp aile mensupları arasında tekrar dağıtırlar. Kendileri, evliyâ ve toplumları arasındaki ahlâkî güç alışverişini temel alan bir kimlik oluştururlar.

Bir keresinde dergâha iki Hintli kadın geldi. Ne yapacaklarını kestiremez bir durumda, daha önce bahsettiğim yaşlı iki kadın halîfenin oturduğu kabre kadar dikkatlice ilerlediler. Birkaç rupi (Hint para birimi) ve şeker verdiler, kabre eğildiler, etrafını dolaştılar ve kabrin arkasında bir yere iki yağ lambası yakıp bıraktılar. Kabrin ayak ucuna dönerken (bu işlemlerin yapıldığı yer) teberrûlarını aldılar ve tereddüt ederek halîfelerden ikilemde kaldıkları özel bir konu hakkında yardım istediler. Daha genç olan Hindu kadın, yaşlı olanının geliniydi ve iki yıldır evli olmasına rağmen çocuk sahibi olamamıştı. Halîfe kadınlardan biri onlara Hazret'e dua ettikleri takdirde kesinlikle bir oğlu olacağını söyledi. Yaşlı olan "İyi söylüyorsunuz da, ben inansam bile gelinim Evliyâullah'a inanmaz." dedi. Gelin lafa karıştı ve "İnanmıyor sayılmam. Sadece henüz bilmiyorum" dedi. Tek emin olduğu kayınvalidesinin evliyâya olan inancıydı. Halîfelerden biri pek çok kadının burada dua etmekle erkek çocuk sahibi olduklarını hatırlattı. Onun da, eğer temiz bir kalple dua ederse bir oğlu olacağını söyledi. Kadınlar özel bir adak ya da ikram gerekip gerekmediğini sordular. "Hayır" dendi, kalplerinden geldiği gibi davranmaları ve ihtiyaçlarına ve güçlerine göre bir şey sunmaları yeterliydi. Sonra üç kadın, gelinin yemek yeme alışkanlığı, sağlığı ve alışkanlıklarından bahsetmeye başladılar. İki yaşlı kadın tavsiyelerde bulunurken, daha genç olan kadın çoğunlukla onları dinliyordu. Bu tür fikir alışverişleri, günlük, sıradan hatta sıkıcı sayılır. Ama aslında öyle değildir. Bu konuşmalar tamamen farklı dinî râbıtaları olan, buna rağmen tek bir mânevî figür etrafında birleşen kişiler arasında gerçekleşen insanî alışverişler, etkileşimlerdir. Bu konuşma aynı zamanda dergâh sınırları içinde gerçekleşen karşılıklı ruhî, kişisel ve maddi desteğe bir örnek teşkil etmektedir. Gerçi bu tür olayların bazıları bir kereye mahsustur, hatta anlıktır, ama kişiler hatta toplum üzerindeki etkileri kalıcıdır.

Mâbedin sınırları dâhilinde, bu değişik fikir ve uygulamaların bir problem teşkil ettiğini, ya da ritüellerin, adakların ya da bağışların yararını etkilediğini hisseden bir tek kişiye rastlamadım. Çoğu sadece omuzları kalkık vaziyette kabirde dua etmenin yararı için mantıkî tutarsızlıkların sonuçlarına kayıtsız kalan insanlardı. Kısacası, bu, dindar insanlar için fark ayrımı gerektirmez. Üstelik halka açık bölüme girişleri sınırlanan kadınlar için bir araya gelme imkânları sınırlı olabiliyor. Yukarıda bahsi geçen, çocuktan yoksun bir evlilikle ilgili, dinler arası istişâre mâhiyetindeki vakalar bağlantı kurmak için önemli fırsatlardır. İhtilafları çözme ve din konusunda uzman olan kişiler bile, ritüelleri paylaşmayı ve inançlar arası alışverişi, güveni geliştirmek, klişelerin zararını önlemek için ve de ihtilafları en aza indirmek için alınabilecek en güçlü pozitif tedbirlerden biri olarak gösterirler. Dinî çatışmaların çok sık karşılaşıldığı Hindistan'da, sûfî mabetlerin desteklediği fikir alışverişi imkânı, barışı tekrar temin etmede önemli bir adım olarak görülebilirler.

Burada bahsedilen tüm durumlarda -Şeyh'in kızı, Müslüman halîfeler, Sih ve Hindu dindarlar- değerler ve ortak kaygılar temelde son derece insanî olup tüm inançlara mensup kadınlar tarafından kabul edilirler. En önemlisi, kadınların din anlayışı ve uygulamaları, mezarların bulunduğu toplumların, evlerine ve hayatlarına evliyânın gücünü entegre ederek, sûfî mekânları canlandırıyor. Dergâhlardaki takva uygulamaları sayesinde kadınlar topluma şahsî disiplinlerini, ailelerinin refâhı için ne kadar diğergâm olduklarını ve Allah dostlarına olan inançlarını gösteriyor. Bu toplumlarda kadın halîfe, "chelas" ve "sevadar" olarak liderlik rolünü üstlenen kadınlar, evliyâya, onun hem nesebi hem taşıyıcısı hem de hizmetkârı olup hizmet etmekle otoriteyi ellerinde tutuyorlar. Takva ekonomisine göre dergâhta geçer akçe, benliksiz olmak, hizmet ve cömertliktir. Bu yüzden kadınlar bu tip özelliklerin kültürel değerleri tersine çevirip, onları güç ve kuvvet kaynağı özellikler haline getirmeye muktedirlerdir. Bu değişme, pîrlerin bizzat kendilerinin uyguladığı disiplin ve kendinden ferâgat etme modelini yineler. Müteakip mutasavvıf kadınlara misal teşkil eden Râbia Hazretleri bu ideali şöyle örneklendirmiştir. "Allah'ım biliyorsun ki kalbimin isteği senin emirlerine uymaktır. Gözümün nuru Senin maiyetine hizmet etmektedir. Bu mesele bana isnat edilirse, Sana hizmet etmediğim bir saatim bile olmaz." Sûfî uygulamada, Allah'ı bulmaya çalışmak; kendi benliğini yok ederek, tövbe ile hoşgörü ile ve Allah'ın verdiği her şartı kabullenerek olur. Rahat, zenginlik ve dünyevî güç yanıltıcı olabilir. Aslında zorluklar ve sıkıntılar Allah'ın lütfu olarak görülür ve tasavvuf yolunda seyahat edenin Allah dışındaki bağlardan alâkasını kesmesine yardımcı olur. Bu disiplinlerden gelen güç, ataerkil kültürlerde kadının kazanması gereken paradoksal güce benzer. Bu yüzden kadın figürünün sûfî geleneğinde merkezde oluşu ve zarurî olarak elde ettiği özelliklere kıymet veren vazifelerde bulunuşu şaşırtıcı değildir.

# Murata'ya Göre İslâm Düşüncesinde Toplumda Kadın ve Erkeğin Rolü: Mutasavvıf Bakışıyla

Prof. Dr. Azîzan BAHARUDDİN

Çeviri: Nazlı Kayahan, Ömer Özel, Zümrüt Erdur

Kendimize sık sık sorular sorarız. Ben kimim? Nereden geliyorum? Dünya ve evren nasıl meydana geldi? Varoluşun anlamı nedir? Benim ne yapmam ve ne yapmamam gerekiyor? Bu dünyadaki yaşamım sona erince nereye gideceğim? Bunlar, evren ve bizim onun içindeki yerimiz ve rolümüz hakkında sorduğumuz sorulardır. Bu sorulara verdiğimiz cevaplar da dünya görüşümüzün şekillenmesinde yardımcı olur. Dünya görüşü düşünce biçimimizi ve davranışımızı etkiler.[1] Onlar yaşamımızı etkiler. Bu dünya görüşü içinde, bizim kadın-erkek konusu ile ilgili görüşlerimiz de yer alır.

Temel olarak, "dişil"in yani Kadın'ın anlamı, statüsü, işlevi ve rolü ile ilgili bir anlayış yolculuğuna çıkmak istiyorum.

Kadının mânevî öneminin ne olduğunu anlamak istiyorum. Harika konferansınızın ana konusuna bağlı kalmaya çalışarak izleyeceğim bu konu, sanırım çok büyük önem taşımaktadır, çünkü hayatın pek çok alanında sürdürdüğümüz yaşam biçiminde "erkek" ve "dişi" ile ilgili ilkelerin günümüzdeki uygulamalarında hissedilen bir dengesizlik var. Bunun felâket getiren sonuçları, mesela, sadece kaynakların devamlılığını değil, aynı zamanda türümüzün özelliğini, özünü teşkil eden insanlığı da tehdit eden ekolojik krizlerde kendini gösterir.

Kısıtlı zamandan ötürü, bu anlayış-irfan yolculuğunu sizlerle sadece kısaca paylaşabileceğim. Fakat şunu söylemek kâfi gelir ki, "dünyevî" platformda konunun pratik faydası varsa da, asıl kişisel seviyede bilmek gerekli, çünkü arayıcı olarak ve de özellikle kadın arayıcı olarak, Allah'ın ne istediğini bilme arzusundayız ve biz sadece ondan dolayı ihtiyaç duymaya, ümit etmeye, korkmaya ve âşık olmaya çalışıyoruz.

Müzâkereye zemin teşkil etmek üzere, ben bir ilim ve bir din öğrencisi olarak kendi geçmiş tecrübelerimden, bunun yanı sıra âlimlerin ve tasavvufu uygulayan kişilerin yazılarından istifade edeceğim; özellikle yazar Sachiko Murata'nın diğer eserlerinin yanı sıra *Tao of Islam* (İslâmiyet'in Taosu) (1992) adlı kitabından ve Llewellyn Vaughan-Lee'nin yine birçok eserinin yanı sıra *The Paradoxes of Love* (Aşkın Çelişkileri) (1996) adlı çalışmasına bağlı kalacağım. Kişisel deneyimlerimi önemle vurgulamak isterim. Çünkü bildiğiniz gibi, konuştuğumuz bilgi ve irfan turu hissedilmeden gerçekte bilinemez, bir başka ifâdeyle, idrakin ve gönlün uyum içinde beraber çalışması lâzımdır.

## DÜNYA GÖRÜŞÜMÜZÜN GELİŞTİRİLMESİ VE DURUMUMUZUN AÇIKLANMASI

Günümüzde İslâm ve Müslümanlarla ilgili olarak büyük yanlış anlaşılmalar yüzünden, en azından uygarlıklar arası diyalog bağlamında, din tarafından yönlendirilen insanda, dişil varlığa; yani kadına özgü özelliklerin (güzellik, nezaket, bütünlük, empati, vs) erkeğe özgü özelliklerle (sağduyu, yüreklilik, kuvvet, kararlılık) eşit değere getirilmesine ihtiyaç duyulmaktadır. Münâzaramızla alâkalı olarak, açıkça belirtilmesine ve açıklanmasına ihtiyaç duyulan anahtar sorular/konular aşağıdakileri içeriyor:

Erkek kadının zıddı olarak nedir?

Batılının, ikisinin arasındaki ilişkiye bakış biçimi tek bir yol mudur? Doğulu ve İslâmî görüş bundan ne kadar farklı olabilir?

Bugün belki ihtiyaç duyulan şey dişiliğin (erkekte ve/veya kadındaki), erkekliğe verilen aşırı önemi dengelemesi, yani Sachiko Murata tarafından tanımlanan negatif erkeklik. Kadın ve erkek olarak daha uyumlu biçimde yaşayabilmemiz için, gerçeği akıllıca yakalamamız gerekiyor. İşte hakîkat ile uğraşan ilme ve tecrübeye dayanan bir oluşum olarak tanımlanabilen tasavvuf, bize bu konuda yardım edebilecektir.

## DİŞİLİK VE KADINLARIN HATÂLI DEĞERLENDİRİLMESİ

Yazar Otto Weinninger, *Sex and Character* (Cinsiyet ve Karakter) adlı eserinde, kadını bilim için tamamen uygunsuz olarak tanımlamakta: "Kavram üretemeyen kadın gibi bir varlık muhakeme edemez, karar veremez. Onun aklında öznel ve nesnel ayrı değildir; muhakeme etmesi imkânsızdır ve doğruyu istemesine, doğruya ulaşmasına imkân yoktur. Hiçbir kadın gerçekte bilime ilgi duymaz, sadece kendisini ve pek çok iyi erkeği ama kötü psikologları kandırabilir."[2]

Yukarıdaki görüş çok da şaşırtıcı gelmeyebilir, fakat nasıl meydana çıktı ve altında yatan derin felsefî varsayımlar nelerdir? Tarih bilimcilerine göre bu görüş, Fransız matematikçi - filozof René Descartes tarafından akıl ve cisim arasında yapılan ayırımdan sonra başladı. Descartes'ın meşhur ifâdesi "Cogito ergo sum" / "Düşünüyorum, öyleyse varım.", Batılı erkeklerin kimliklerini bütün organizmalar yerine, sadece akıllarıyla eş tutmalarını teşvik etti. Nükleer Fizikçi Fritjof Capra'nın ifâdesine göre "Akıl ve cisim arasındaki ayırım, âlemin ayrı nesnelerden oluşan mekanik bir sistem olduğu görüşüne yol açtı, bu da daha sonra, birbirleri ile etkileşimlerinden ve özelliklerinden bütün doğal olayların tanımlanabileceği temel maddesel yapı taşlarına indirgendi."[3]

Capra, Descartes'ın doğa ile ilgili görüşlerinin daha sonra tüm canlı organizmaları kapsayacak şekilde genişletildiğine ve onların farklı parçalardan oluşan makineler gibi algılanmalarına yol açtığına inanır. Bugünkü modern bilimin temelinde çoğunlukla bu dünyanın mekanik algılanması vardır ve modern yaşamın çeşitli safhalarına hâlâ çok güçlü etki yapmaya devam etmektedir. Analizler göstermektedir ki, bu algılama irfanda, bilgide, akademik disiplinlerde ve hükümet kurumlarında parçalanmaya yol açmış, bunun yanı sıra doğal çevreyi sınırsızca istismar edilebilecek farklı parçalardan oluşmuş gibi algılamanın da "haklı ve mantıklı" olduğu iddiasına gerekçe oluşturmuştur.

Doğayı istismar, doğa ile beraber tanımlanan kadınların (en azından Batı geleneğinde) istismarı ile birlikte devam etti. Doğa, bir çeşit "besleyen, büyüten anne" olarak ayrıca da "vahşi ve zapt edilemez bir dişi" olarak addedilmiştir. Ataerkil sistemde iyi huylu anne imajı "boyun eğen" olarak değişti, öte yandan vahşilik zannı, kadının erkek tarafından zapt edilmesi, erkeğin egemenliği ve kontrolü altına girmesi gerektiği fikrine yol açtı. Doğayı işlenebilir ve sömürülebilir mekanik bir yapı olarak gören Newton biliminin büyümesi, kadının da aynı tarzda ele alınmasına neden oldu. Mamafih, kadın ve doğanın mitolojik birlikteliği, kadının tarihçesini çevrenin tarihçesine bağlar ve bugün ekoloji ve feminizm arasında özel ilişkinin kaynağı olarak görülür. Bu meyanda tarihçi Carolyn Merchant şunu önerir: "Şu andaki çevresel ikilemin kökenlerini ve bilim, teknoloji ve sistemle olan bağlantılarını araştırırken, hakîkati yaşayan bir organizmadan ziyâde bir makina gibi algılayarak bizi doğanın ve kadının üzerinde egemenlik kurmaya iten dünya görüşünü ve bilimi yeniden incelememiz gerekmektedir."[4]

Bugün hepimize tanıdık gelen çevre kavramları hakkında yazan ilk kişinin Rachel Carson (1907-1964) isimli bir kadın olduğunu not etmek çok ilginç olacaktır. Carson, 1962'de *Silent Spring* (*Sessiz Bahar*) adlı eserini yazdı. Yazar olarak ünlü olmasına rağmen, Carson aslında profesyonel bir deniz biyoloğu idi. G. Kass-Simon'un haklı bir şekilde tespit ettiği gibi "Tabiatta her şeyin birbirine muhtaç olduğu ve sanayileşmiş faaliyetler aracılığı ile insanların mütemadiyen toprağa kalıcı hasarlar verdiği bakış açısı, bugün o kadar yaygın bir görüştür ki, sürekli tekrarlanması adeta sıkıcıdır." Bu nedenle *Sessiz Bahar* ilk kez ortaya çıktığında, modern teknolojinin geri dönüşümü olmayacak bir biçimde, çevremizi mahvederek bizi ortadan kaldıracağı fikri, duyulmamış devrimci bir düşünce idi; toplumun her kesiminde tartışmalara ve müzâkerelere sebep olup, hükümette ve sanayide, konuyla ilgili ihtilaflar ve korkular yaratmıştı.

Carson, çevreye yapılan tahribatlarla ilgili, yüzlerce gerçek tebliğe dayalı 55 sayfalık kaynak hazırlamak ve görüşünü 350 sayfada tartışmak zorunda kaldı. O ayrıca çevrenin tahribatına neden olan pek çok biyolojik ve ekolojik ilkeleri açıklamak mecburiyetini hissetti. Carson'un kitabının en hızlı etkilerden biri "DDT'nin bir böcek ilacı olarak yasaklanması idi, uzun vadeli sonucu ise dünyayı değiştirmesi oldu."[5]

Şimdi daha bir açıklık kazanmıştır ki, çevrebilim karşıtı (antiekolojik) davranışlar, aslında düz çizgisel düşünmenin bilimsel metodunun aşırı vurgulanmasından kaynaklanmaktadır. Ekosistemler, devirler ve dalgalanmalara dayanan dinamik bir denge içinde varlıklarını sürdürebilirler ki, bunlar çizgisel olmayan süreçlerdir. Capra'nın belirttiği gibi, "belirsiz ekonomik ve teknik büyüme gibi düz çizgisel olguların, daha belirli bir örnek verecek olursak, çok büyük zaman dilimlerinde radyoaktif atıkların depolanmasının doğal dengeyi bozması kaçınılmazdır ve er geç şiddetli bir hasara neden olacaktır. O nedenle modern uygarlıkta aklî, entellektüel gücün, ilmî bilginin ve teknolojik becerilerin gelişimi ile irfan, mâneviyat ve ahlâkî değerlerin gelişmesi arasında çarpıcı bir uyumsuzluk vardır."[6]

Kültür analizi üzerine yazarken, Capra gibi yazarların da belirttiği gibi, bu uyumsuzluk "yang"ın ya da insan yapısının erkeksi tarafının (rasyonel bilgi, analiz ve genişleme) aşırı vurgulanıp, "yin"in veya yapımızın kadınsı tarafının (irfan, sentez ve çevresel duyarlılık) ihmal edilmesinden kaynaklanmaktır. Yin/yang terimleri kültürel dengesizliğin analizi sırasında özellikle faydalıdır, zîra geniş bir ekolojik görüş, bir sistemler görüşü benimsemektedir. Bu sistemler görüşü, dünyayı bütün doğal olaylarda karşılıklı ilişki ve karşılıklı dayanışma içinde görür ve bu yapı içinde her sistem entegre bir bütündür ki, bu bütünün özellikleri parçalarınınkine indirgenemez. Canlı organizmalar, toplumlar ve ekosistemler hep birer sistemdirler.

Capra'ya göre, "yin" küçülebilen her şeye tekâbül edebilen, cevap vermeye hazır, uyumlu ve muhafazakârdır. Oysaki "yang" genişleyebilen, saldırgan ve talepkâr olan her şeyi içerir. Çin kültüründe, "dişil" ve "eril" bizatihi, iyi ve kötü hangisidir şeklinde hiçbir zaman ilişkilendirilmemiştir. İyi olan "dişil" ya da "eril" değil, ikisinin arasındaki kuvvetli/dinamik olan dengedir; kötü ve zarar verici olan ise dengesizliktir. Aynı remizle, kadın ve erkeğe ait özelliklerden bahsederken, amacımız hiçbir zaman birinin diğerinden daha üstün olduğunu söylemek değildir. Vurgulamak istediğimiz, her birinin diğerini tamamladığı, biri olmadan diğerinin eksik olacağıdır.

Bu nedenle, her erkek ve kadının toplam kişiliği, statik, durağan bir varlık değildir. Bilakis kişilik, kadına ve erkeğe ait unsurlar arasındaki karşılıklı etkileşim sonucu oluşmuş kuvvetli/dinamik bir hâdisedir. İnsan tabiatına ait bu bakış açısı, tüm erkeklerin sadece erkeksi ve tüm kadınların sadece dişil (kadınsı) olması gereken, katı bir düzen kurmuş olan pederşâhî (Capra'nın inandığı Batılı/modern toplumların olması gereken) toplumla keskin bir zıddiyet içindedir. Böyle bir durum, erkeğe, "tüm önde giden rolleri ve çoğu toplumsal imtiyazları vererek bu terimlerin mânâlarını da çarpıtmıştır."[7]

Batı kültüründe, kadın geleneksel olarak pasif ve alıcı, erkek de aktif ve yaratıcı olarak tasvir edilmiştir. Aristo'nun cinsiyet teorisine kadar giden bu tasvir, yüzyıllar boyu kadını erkeğe göre aşağı ve boyun eğen bir rolde tutmak için bilimsel bir gerekçe olarak kullanılmıştır.

Schimmel'e göre dinî alanda, özellikle zâhitler ve mistikler içinde kadınlar hakkında kullanılan çoğu hürmetsiz ifâdeler, Arapça'da ruh (nefs) kelimesinin Yûsuf Sûresi 53. âyete göre dişil isim olması ve genellikle nefs-i emmâre (emreden, kötülüğe götüren nefis) olarak anlaşılmasından kaynaklanmaktadır. Bu anlayışta nefis, inatçı, karşı koyan bir at ya da deve, siyah bir köpek, bir yılan ve/veya itaat etmeyen bir kadın sûretinde temsil edilmiştir. Schimmel açıklamasında, nefsin ayrıca, Arapça'da yine dişil isim olan maddî dünyayı da sembolize ettiğini belirtir.[8]

Ancak, hem erkek hem kadının nefs-i emmâreye sahip olduğu hakîkatinin üstünde, kadın genel olarak nefis ile özdeşleştirilmiş olsa dahi, Kur'an'daki Züleyha hikâyesinde anlatıldığı gibi nefsin birçok seviyesi olduğunu hatırlamalıyız.

Bildiğimiz gibi Züleyha, erkek güzelliğinin mükemmel örneği olan Yûsuf'a olan aşkıyla tükenmişti. Ancak nefs-i levvâme ya da kendini eleştiren ruh (Kıyâmet, 2) seviyesine çıkmak için uzun süre çektiği acı ile kendini saflaştırdı ve ne zaman ki nefs-i mutmainne ya da huzurlu ruh (Fecr, 27) seviyesine erişti, o zaman sevgilisiyle birleşebildi.[9]

Bu nedenle, dişi ruh ya da nefs benzetmesinin hakîkî rolünün, Murata'nın dikkatimizi çektiği gibi, bilgelik ilmini anlayarak teslimiyet yoluyla zayıf melekelerin, istidat terbiyesi demek olan mânevî yolun mûcizesini anlatmak olduğunu görebiliriz.

Dişilliği daha derinlemesine anlamak için, Vaughan-Lee, *The Paradoxes of Love* (Aşkın Çelişkileri) adlı eserinde, mânevî yolculuğun da dişil ve eril özelliklerinin olduğunu söylüyor. Eril boyut, çokluktan birliğe giden yoldur ki, yüzümüzü örtülerin altındaki hayalden çevirip bizi şekilsiz gerçeği aramaya, döngümüzü tamamlayıp, O'nu yaratılıştaki zuhurundan bilmeye yöneltir.[10]

Öte yandan yolun dişil boyutunda "O" her zaman mevcuttur. Dişil, yaratılışın sırrını saklar ki, yaratan ve O'nun dünyası aşkta birleşsin. Öyleyse yolun dişil boyutu bu içgüdüsel aşkı veya aşkla irtibatı şuurlu bir şekilde ortaya çıkarandır.

Dişil için döngü her zaman tamamdır, çünkü dişilin doğası her zaman bütündür. Onun vazifesi, aşkın çarkını ve kendi doğal bütünlüğünü, içgüdü dünyasından bilinç alanına taşımaktır. Bununla birlikte, "gerçek"/diğer/maddeci dünya, zaman ve mekâna bağlı sınırlamalar, bölünmeler ve ikilikler içerir. Dişil her zaman içgüdüsel bütünlüğünün bozulmasından korkar ve acısını çeker. Tasavvuf geleneğine göre dişilin idraki ve ruhu içinde ayrılık yoktur, sadece yaşamın ve aşkın birliğinin kutsallığı vardır, ancak dış dünya sürekli olarak onu/dişili ayrılık acısıyla yüzleştirir.[11]

Vaughan-Lee, ilaveten, idrakin kendisinin ayrılığı gerektirdiğini açıklıyor; subje ve obje arasındaki ayırım gibi. Sadece nefsin yüksek idrak derecesinde ikilik yoktur. Bilen ve bilgi birdir. Bu ikinci hâl, ebedî mücadelemizin gayesidir.

Ancak, idrakin üstünlüğüne ulaşabilmek için, dişil erkeğin, aklın delip geçici gücüyle ruhun içgüdüsel bütünlüğünü bozmasına ihtiyaç duyar ve ezelî bütünlüğün parçalanması, nefsin daha farklı ve yüksek mertebede yeniden doğması için gerekli bir şarttır.[12]

Dişil, yani ruh yolunun karşıtı olan ve Murata'nın akıl yolu dediği eril yol, arayanı şeklin yanılsamalarından uzaklaştırıp, biçimlenmemiş gerçeğe götürür ki, buradan nefis iç ve dış dünyayla kucaklaşma özelliğine sahip olan yeni bir idrak ile döner. Diğer bir deyişle, ikilik ve ayrılık örtülerinin altında olan birlik ortaya çıkar, keşfedilir.[13]

Tüm yaşamın birliği olan dişil ruh bu nedenle, Büyük Ana olarak bilinir. Bu özelliğin doğanınkine olan benzerliği önceden açıklanmıştı. Fakat tüm yaşamın bu büyük akışı kendi birliğini bilmez. Bilindiği gibi, sadece insanlarda var olan idrakin eril boyutu dişili ikilikle yüzleştirir ki, bu, dişile vermiş olduğu acıya rağmen üstün idrakin esasını içinde barındırmaktadır. Akıl ve ruhun "evlilik" süreci ya da Murata'ya göre evrensel evliliği Vaughn-Lee tarafından aşağıdaki paragrafta ifâde edilmiştir:[14]

"Hem erkek hem de kadında dişil ve eril özellikler vardır ve bu bizim mânevî yolumuza yansır. Her birimizde dişil ve eril farklı derecelerde vurgulanmıştır. Ayrıca toplu şartlandırma, doğal meylimizi gölgede bırakabilir. Bazı kadınlar için eril bir tarzda arayışa odaklanmak, her şeyi kucaklayan dişil olmaya nazaran daha kolaydır. Hiçlik ideali yaşamın kutsal doğasındaki içgüdüsel farkındalıktan daha kolaydır. Erilin, yani aklın vurgulanması kültürel şartlanma, dişilin, yani ruhun yaralanması ya da ruhun derin oryantasyonu sonucu oluşabilir. Eril ve dişi için fiziksel spektrumda nasıl farklılıklar bulunmakta ise arayanın yönelimi sadece cinsel rol almayla sınırlı değildir. Hayatın yaratıcı dansıyla ahenk içinde olan erkekler vardır ve O'nun tecellîlerinin esrarengiz güzelliği içinde kolayca sevgiliyi bulabilirler. Bir ressam bu mânevî mizaca sahip olabilir ve işine teslim olarak sevdiğine yakınlaşır."

Kalbin içinde ayrılık olmadığı gibi, diyebiliriz ki, eril ve dişilin evliliği kalpte yer alır. Aşk limitsiz bir okyanus olarak kutsal kollarıyla her şeyi içeren dişildir.


## DAHİL ETME VE HARİÇ TUTMA

Dişil ve eril dahil etme ve hariç tutmayla paralellik gösterir. Ve arayan bu meziyetlerin ikisine de ihtiyaç duymaktadır.

Birleşmenin de ayrılığın da hikmeti vardır. Doğruluk yolunda feragat etmek bile bir sınırlama olabilir. "Terki terk etmek de bir terktir" sözünde ifâde edildiği gibi dünyada olmak ama dünyadan olmamanın anlamı, bizim dünyayı tüm karışıklıkları ve ihtişamlarıyla, ızdırap verici kıskançlık ve sefâletleriyle kabul etmemiz gerektiğidir. Kalbimizi yaşama açmak demek, bizim ikilikle veya aykırılıklarla sınırlanmadığımız anlamındadır. Bizler, kalbimizi tüm zıtlıkların içinde esas birliğin bulunduğu kendimizin yuvası yapmak için savaşmalıyız.[15]

Derine inersek, anlamalıyız ki, çokluk birliği yansıtır ve birlik yani tevhid kendisini çoklukla aşikâr eder. Eğer biz çokluğun kerâmetini inkâr edersek, biz Hakk'ın bir olduğunu gösteren hayatı inkâr etmiş oluruz. Şunu idrak etmeliyiz ki, biz sadece O'nun güzelliğinin bir aynası değil, aynı zamanda O'nun güzelliğinin bir parçasıyız. Biz kendimizde yaratılışın gizemini de taşıyoruz. Varoluşu zuhura getiren sır, yaratılışın tam ifâdesi olan "Kün" yani "Ol" emridir.[16]

Çocuklarına ihtimam gösterirken, dişil, hariç tutulmanın tehlikesini bilir. Hayatın kutsallığı O'nun bütünlüğüne bağlıdır, çünkü her şey O demektir. Gerçek terk ediş dünyadan vazgeçiş değildir, fakat BEN'liğin terk edilişidir. Bununla birlikte benlik dış dünyanın içine o kadar gömülmüştür ki, kendimizi benlik kalıbından serbest bırakma yolunda mal, mülk sahiplenme ve diğer kazanımlar, dünyadan yüz çevirmeyi çok zor bir süreç haline sokmaktadır. Şimdi biz cihadın gerçek mânâsını ve belki de namaz gibi ritüellerin amaç ve faydalarını görüyoruz. Eğer bireysel kimliğimiz önemli bir makam veya güzel bir ev gibi dış koşullara bağlıysa, biz bu sınırlamalarla hapsolmuşuzdur. Eğer kendimizdeki cevheri tanımlamak için gerçeğe doğru bir arayış içindeysek ve dünyevî çabalarımızda vahdet fikriyle hareket edebilmek istiyorsak, bağlarımızı kesmemiz gerekir. Terk edişin kökeni, nefsin birliğe dahil edilmesi ki, bu, tüm benliğimizi geride bırakıp, hadîs-i şerifte belirtildiği gibi "ölmeden önce ölmeyi" gerektirir.

Bizler hayatımızın kısıtlamalarını; boş ve aldatıcı dünyayı görmek için kendimizi eğitmeliyiz. Nefis tarafından kucaklanmak, yaratılışın engellerinden kurtulup sonsuzluk ve özde hiçlik boyutuna geçmektir. Biz kendimizle olan sınırlarımızı eritirken aşkın sıcaklığına nasıl ihtiyaç duyuyorsak, hayatımızdaki bağlarımızdan kurtulmak için de aşkın kılıcına ihtiyacımız vardır. Bu aşk ve sıcaklık bizim dişil dünyamızda zaten bulunmaktadır. Yeter ki biz Allah'ın içimizde oluşunu hissedebilelim.

Bu arada Vaughn Lee'nin dediği gibi, anlamalıyız ki, nefes alıp verme gibi büzüşme ve genleşme hareket ve değişimin devam edegelen sürecidir. Lee, bir noktaya odaklanıp dikkatimizi bir noktada toplamamız gereken anlar olduğunu, ancak kalbin farklı tecrübeleri içine alacak genişleme dönemlerinin de olduğunu belirtiyor. Bu, kendimizin farklı yüzlerimizin ve Sevgili'mizin idrakine vardığımız anda olmaktadır. Bizim tek bir safhada, mesela bir erkeksi dinamik olan küçülme veya dişil özellik olan genişleme aşamasında takılıp kalmamamız lâzım. Hepsinin bir zamanı ve hikmeti vardır ve sonra da tersine döner. Burada nefsimizin rehberliğine ihtiyacımız vardır. Biz sadece belirli bir mânevî dinamiğe bağlı kalmamız konusunda uyarıldık. Her birimize yolun farklı bir cephesi daha kolay ve daha çekici gelir. Bazı arayanlar, terk etmenin erkeksi enerjisini daha çekici bulabilirlerken, dişilin dahil olma çabası kırılganlık hissine yol açabilir. Diğerleri belki de doğal olarak dişil yaklaşıma yatkın olup, hariçte tutmanın gücüyle başa çıkmakta zorlanabilir.[17]

## ERKEKLE KADIN ARASINDAKİ ERİLLİK VE DİŞİLLİK AÇISINDAN OLUŞAN FARKLAR:

Hepimizde eril ve dişil niteliklerin olmasına rağmen biz erkek ve kadınlar, fiziksel, psikolojik ve mânevî hislerimiz açısından farklı yaratılmışızdır. Kendi vücudunda yeni bir hayatı hisseden bir kadın, hayatın mânevî hakîkati hakkında içgüdüsel bir anlayış içindedir. O bu bilgileri doğumunda, kendi mânevî ve fiziksel merkezindeki Allah'ın yaratıcı gücünden alır. Diğer bir taraftan erkek, bu bilgiyi elde etmek için çok çalışmak zorundadır ve bu şekilde olmak için, içgüdüsel gücünün şeklini değiştirerek onu Allah'ın irâdesine teslim etmek zorundadır. Bu yüzden görebiliriz ki, bir kadının içgüdüsel doğası her zaman hayatın mânevi hakîkatiyle bağlantı halindedir, ancak erkeğin içgüdüsel gücü onun ilâhî potansiyelinin farkına varması için dönüşüm geçirmek zorundadır. Kadının doğal benliğinde, kadın her zaman mübârek merkezdedir, ancak bir erkek kendi mânevî doğasını keşfedici kahramanca bir yolculuk yapmak zorundadır.

Kadınlar, içgüdüsel olarak hayatın bütünlüğünün farkında olmasına rağmen, dış bağlardan ayrılmakta zorlanırlar. Genellikle, erkek için ayrılmak ve görünmez hedeflere odaklanmak daha kolaydır. Bir kadın mürşid bu durumu şöyle anlatıyor:

"Kadınlar çocuk sahibi olduklarından, bu dünyanın gereçleri onlar için erkeklere olduğundan daha önemlidir. Bizim sıcaklığa ve güvenliğe ihtiyacımız vardır. Bir kadın için ev, sıcaklık, güvenlik, sevgi, erkeklere olduğundan çok daha önem arz eder. Hindistan'da görürsünüz ki kadın 'sannyasin'den (münzevi) daha fazla erkek 'sannyasin' vardır. Bir kadın için dünyayı terk etmek çok daha zordur. Biz kadınlar için mânevî hayata uyum sağlamak erkekler için olduğundan daha kolaydır ama terk etmesi erkeğe göre çok daha zordur. Bir kadın için dünyadan ayrılmak, hayatın her şeyi içine dahil eden yapısından uzaklaşmanın verdiği acıya yol açar. Bu Yüce Ana, her şeyi kucaklamasına rağmen, çocuklarının idraksiz olmasını ve kendisine kulluk yaparak bağlanmasını ister. Ancak arayan, Allah'tan başka hiç kimseye başını eğmez. Ayrılış, kişinin yaratılıştaki rahatsızlıklarından azat edilirken, aynı zamanda onun mânevî yapısına değer vermektir."[18]

Bununla birlikte son olarak, tüm gerçek öğretmenlerin bize söyleyeceği gibi idrak, kısıtlamaların acısını içinde taşır. İdraksizliğin tabiatı sınırsızdır ve tanımlanmamıştır. İdraksizlik okyanusunun sınırları ve farklılıkları yoktur. Tüm bu savaşa rağmen sonunda yolcu bilemeyeceğini bilir ve Vaughn Lee'nin bize hatırlattığı gibi bizler büyük Sıddık Hz. Ebu Bekir gibi dua etmeliyiz: "Şükürler olsun o Allah'a ki, yarattıklarına O'nu bilmedeki aczleri dışında kendisiyle ilgili bilgi edinme yolu göstermemiştir." Bu dünyada O'nun kulu ve hizmetkârı olarak devamlı O'nun arzusu dahilinde yaşamak için hem aklımızla hem de kalbimizle O'na ait olduğumuzu bilmemiz gerekir. O'nu bilmek yalnız O'ndan dolayı ve O'nunla olur, gerçek hizmetkâr olmanın yüksek şerefiyle ve tamamen O'nda yok olunarak.[19]

## ERİL

Kadın olarak konuşup belki diyebiliriz ki, bilgi ve Dişil'i anlamak ancak aynı zamanda Eril'in önemini anlayarak tamamlanabilir. Yalnız böyle yaptığımız zaman, biz ikisi arasındaki dengeyi nihâî olarak sağlamış oluruz. Pratik anlamda, bizim ahlâkî değerler şeklinde dünyaya sunduğumuz bu dengedir ki, medeniyetleri birbirine bağlar ve bunu tüm kâinata uyguladığımız zaman da ahlâk bizi ekolojik krizlerden koruyan güç olur.

Bu bağlamda, Arapça'da etik ilmi olarak kullanılan "Ahlâk" kelimesi, iyi ya da kötü 'karakter özelliği' anlamına gelen *huluk*'tan türetilmiştir. Övgüye değer karakterler nefsin aydınlanmış tarafına (ruh veya akıl) aittir ve suçlanan karanlık taraf ise (nur eksikliği anlamındadır) genellikle feminen, dişil ruh ile ilişkilendirilmiştir.[20] Yeniden vurgulanması gereken şey, sadece şükretmeye değer ve gerekli özelliklerin ne olduğu değil, bunların kadın ve erkekte var olan dişil ve eril tarafların ayrılmaz bir parçası olduklarıdır. Bu sadece kendimizin "yin" ve "yang" veçhelerimizi dengeleyerek tam itidâle (adâlet kelimesiyle aynı kökten gelmiştir ve her şeyi doğru bir şekilde yerli yerine yerleştirmek anlamına gelir) ulaşılır. Kendinde (erkek ve kadında) dengenin kurulumu, toplumda adâletin kurulmasına tekâbül eder.

Dişiliğin genel özelliklerini târif ettiğimiz gibi, erilliğin özelliklerini aşağıda veriyoruz ki, hiçbirimiz bu özelliklere kadının da ihtiyacı olduğunu inkâr etmeyecektir.

Bu özellikler şövalyelik özellikleridir ve şunlardan oluşmaktadır:[21]

- Yasal olmayan şeylerden uzak durmak

- Davranışlarda iffetli olmak

- Biraz sanat ya da ticaretle uğraşmak

- Birisinin açık açık yapmaktan utanacağı bir işi gizli yapmaktan geri durmak

- Tasvip edilen davranışları yapmayı alışkanlık haline getirmek

- Gayrimeşru olandan kaçınmak

– Ruhu, kirli ve ayıp fiillerden muhafaza etmek

– Edepli olmak

– Diline sahip olmak

– Tamahtan kaçınmak

– İyi davranışlarda sebat etmek

– Güzel ahlâk sahibi olmak

"Erlik" cömertlik, hürriyetperverlik ve asil kalplilik mânâsına gelen 'fütüvvet'le de ilişkilidir.

Son olarak, aşkla alâkalı olarak sıklıkla yaşadığımız şaşkınlıkla ilgili Murata bize şunu hatırlatıyor: Onunla ilgili deneyimimiz ne olursa olsun, ondan hiç vazgeçmemeliyiz. Câmî'nin şu sözünü naklediyor:

"Yüzlerce şey deneyebilirsiniz ama aşk yalnız başına sizi kendinizden kurtarır. Bu nedenle, hiçbir dünyevî şekil için aşktan kaçma, çünkü o, en ulu hakîkat için hazırlıktır."[22]

Ancak Allah'la olan ilişkimizi hiçbir zaman insanla olan ilişkimizle karıştırmamalıyız. Kanunlaştırsak da veya içten kontrol altına alsak da, anlamalıyız ki, kalpler, irâde ettiğimiz ya da içimizde var olan her aşk ilişkisinde bizim gerçekten âşık olduğumuzun, O -Allah- olduğu tasavvufî hakîkatini ve en derin tutkularımızı insanî ilişkilerin maddî dünyasına yöneltmenin bizim için sadece çok kolay olduğunu idrak eder.

Aynı remizle, "kıskançlık" (*gayra*) ve "diğer" (*gayr*), kadın-erkek/karı-koca ilişkisinde hem biçim hem de anlam olarak sıkı bir ilişki içindedir. Kıskançlık, Murata'ya göre, bütün "diğer"lere arkasını dönmek ve garazsız bir dikkatle Allah'ı hedeflemektir. Çünkü Allah, kendi yerine tapılacak hiçbir "diğer" istememektedir. Kıskançlıkta sebat etmek veya başkalarını reddetmek, şirke engel olur, tevhidi tesis eder.[23] O halde, insan boyutunda gerçekleşenlerin nasıl mânevî anlamlar taşıdığını yine görüyoruz.

## SONUÇ

Erkek-kadın ikilemini incelerken, Müslümanlar, sembol ile sembolize edilen arasındaki farkı veya cisim ile o cisimde tecessüm etmiş niteliği ayırmalıdır. Konumuzun ana amacı, dişi ve erkek özellikleri ile bu özellikleri erkek ve kadın olarak nasıl elde etmemiz gerektiğini ve bu elde edişin neden ve nasıllarını anlamaktır.

Son olarak, tartıştığımız konunun halîfelikle de alâkası vardır. Çoğu zaman İslâm'ın bize insanların Allah'ın dünyada / bu hayatta halîfesi olduğunu söylediğini duyarsınız. Bu nedenle çevreyi, fiziksel, ahlâkî, politik kontrol etme hakları vardır. Ama bu halîfeliğin şu an içinde bulunduğumuz durum olmayıp, amaç olduğu hakîkatini göz ardı etmektir. Murata bize bunu hatırlatır.[24]

Teknolojinin çevreyi ve bizim yaşantılarımızı değiştirmek üzere kullanılması şeklinde gördüğümüz halîfeliğin gerçek olmayan şekline karşılık, gerçek halîfelik, tamamıyla Allah'a itaate dayanır. Kulun kişisel arzusundan dolayı değil, kişisel arzusuna rağmen ulaşılmasıdır. Sen ve ben, erkek ve kadın eğer egolarımız teslimiyete dönüşmediyse, Allah'ın halîfesi olmayı isteyemeyiz. Teslimiyet ve hilâfet kulluktur ki, bunun yokluğunda bugün gördüklerimizle kalırız, yani çevrenin ve kadının ırzına geçilmesi ve insanların kulluk ve huzura ulaşmasına yardımcı olan değerler ve kurumların yok edilmesi.

Murata şu hadîsi naklettiğinde, konuyu bugün bizim için özetlemiş oluyor:

"Son saatin belirtileri arasında ilmin yok olması, kayıtsızlığın yerleşmesi, gayrimeşru ilişkilerin hüküm sürmesi, kadınların sayısının artması öyle ki; her elli kadına bakacak bir erkek olması." (Buhârî ve Muslim - dünyanın sonunda kadın ve erkeğin durumu hakkında).

Bir başka deyişle, bugün problem erkek ve kadının eşit olmaması durumu değil, fakat daha az hakîkî kadın ve hakîkî erkeğin kaldığıdır. Çoğumuzun ruhları (dişi) Allah'la ve dolayısıyla da kendileriyle, başkalarıyla ve çevreyle huzur bulmuş değildir. Gördüğümüz gibi bu huzurun bir kısmı, dişi ve erkek olmanın doğru mânâsını anlamaya bağlıdır.

## DİPNOTLAR

[1] A. Rahman (1994), *Islam: the Natural Way of Life* (İslâmiyet: Doğal Yaşam Tarzı), Londra, s. 2-3.

[2] Otto Weininger (1906), *Sex and Character* (Cinsiyet ve Karakter), G. P. Putnam and Sons, New York. Alıntı: Azizan Baharuddin (1995), *Women: Ideals and Reality* (Kadınlar: İdealler ve Gerçek), Politika Araştırma Enstitüsü, Kuala Lumpur, s. 105.

[3] F. Capra (1982), *The Turning Point: Science, Society and the Rising Culture* (Dönüm Noktası: Bilim, Toplum ve Yükselen Kültür), Flamingo, Londra, s. 23.

[4] Carolyn Merchant (1980), *The Death of Nature* (Doğanın Ölümü), New York: Harper and Row, s. xviii.

[5] G. Kass-Simon and Patricia Farnes (eds.) 1990, *Women of Science: Writing the Record* (Bilim Kadınları: Kayda Geçenler), Hindistan UP, s. 257-258.

[6] Fritjof Capoa 1982, a.y.

7    Aynı. Sachihiko Murata, *Tao of Islam* (İslâmiyet'in Taosu) adlı kitabında aynı noktayı vurguluyor.

8    Anne-Marie Schimmel in Sachiko Murata (1992), s. vii-x.

9    a.y.

10    Lwellyn Vaughen-Lee (1996), *The Paradoxes of Love* (Aşkın Çelişkileri), s. 95-102.

11    a.y.

12    a.y.

13    Murata, s. 164-165.

14    Vaughan Lee (1996), s. 95-102.

15    a.y.

16    a.y.

17    a.y.

18    a.y.

19    Vaughan Lee, s. 117.

20    Murata (1992), s. 257.

21    Murata, s. 266.

22    Murata, s. 260.

23    Murata, s. 266.

24    Murata, s. 322.

# Bir Kadın Bakışıyla
# 21. Yüzyılda Tasavvuf

Rabia Brodbeck UZUN

Çeviri: Can Ceylan, Aylin Atikler Yurdacan

Önce size neden başlıkta 21. yüzyılı vurgulamak istediğimden bahsetmek istiyorum. Tüm gücümle vaktin çocuğu olmak hem insanoğlunun başına gelen günümüz olaylarına karşı duyarlı hem de benim içimde ve dışımdaki hakîkate olanlara karşı duyarlı olmak istiyorum. Muhyiddin Arabî'nin dediği gibi, "Zaman bir kılıçtır. Eğer sen onu kesmezsen, o seni keser."

Kadın evliyâlar üzerinde çalışmamın tek nedeni, onların hayat tarzlarının sanatını öğrenmektir: Onlardaki kendimi tanımak, onların izinde yürümek ve onların en sâfiyâne hâllerini taklide gayret etmek ve inşallah nihayetinde onlar gibi olabilmek. Ehl-i Beyt'in en yüce kadın evliyâlarından Hazreti Fatma (r.a), Hazreti Hatice (r.a) ve Hazreti Ayşe (r.a) hâricinde başka kimseye karşı onlara duyduğumuzdan daha yüce bir aşk ve hayranlık duyamayız. Onların ebedî güzelliklerinin kölesi olmalıyız.

Ve şunu da belirtmek isterim ki, tüm zamanların en müçtehid evliyâlarından Râbiatü'l-Adeviye, beklentiye dayalı dinî inancımızı yok etmiş ve mânevî riyakârlığımızı, kutsal değerlerimizin suistimal edilmesini, kafamızı karıştıran akıl oyunlarını, pazarlık yaparcasına ettiğimiz ibâdetleri, yanlış dinî saplantılarımızı, mânevî hayalleri şu duasıyla bir tayfun gibi darmadağın etmiştir: "Allah'ım, eğer sana cehennem korkusu yüzünden ve cennet nimetleri yüzünden ibâdet edersem, bunu benden al. Eğer sana sadece Senin için ibâdet edersem, beni o sonsuz güzelliğinden mahrum etme." Bu aziz kadın, kutsal aşkının sırrını en sâfiyâne vecd içinde temsil etmektedir.

Buna ilâveten, sık sık tartışılan şu mevzuyu da belirtmek isterim. Biliyoruz ki, evliyâlık mertebesine ulaşılınca, Allah'ın (c.c) muhteşem vahdeti içinde cinsiyet kalmaz! Kadın ile erkek arasındaki fark, hâl ve makam değildir. Böyle yanlış düşüncelerden Allah bizi korusun. Rahmeti sonsuz olan Allah (c.c.), kadına ve erkeğe farklı görev ve sorumluluklar vermiştir. Mesela, kadın peygamberlik görevini kolay kolay taşıyamaz; onun taşıyamayacağı kadar ağır ve tehlikelidir. Allah (c.c), merhametinden dolayı bu gibi görevleri kadına yüklememiştir.

Diğer taraftan, erkek doğum yapamaz ve annelik görevini kadının yaptığı kadar mükemmel yapamaz. Daha fazla örnek vermem zamanımız olmadığı için şu an mümkün değil. Kitaplarda yazıldığı gibi bazı yüce evliyâ kadınların tasvirini yapmak yerine, günümüz dünyasında bu konuyla mücadele eden bir kadın olarak yaşadığım tecrübelerden bahsetmek istiyorum. Bana göre, mânevî yolda, kadın olarak ihtiyaçlarımız hakkında konuşmak, uzun yıllar önce yaşamış kadın evliyâlar hakkında konuşmaktan daha değerlidir, özellikle de yüce örneklerden mahrum günümüzde. Sanki Allah (c.c), içinde bulunduğumuz yüzyılda, kadın evliyâların büyük çoğunluğunu setrediyor, gizliyor. Hepimizin bildiği olağanüstü kadın evliyâlar, binlerce yıl önce yaşamıştır. Yazdığım son yazıya şöyle başladım: "Bu makaleyle, zamanın sonu için bir lisan bulma çabası içindeyim. Çok sevdiğimiz yüce Allah (c.c) ile aramızdaki kaybolmuş ve âcizâne beraberliği bulabilmek için tüm gayretimi ortaya koyuyorum."

Bu bâtınî mücadele, ilâhî bir mücadele demektir ve buna "cihad" denir. Eğer insanoğlunun bütün sanatların en yükseğinde, bütün mücadelelerin en çetininde, 'cihad'da uzmanlaşırsak, Allah, bize velâyet elbisesini giydirecektir. Bu yolla yaşam tarzınız, âhiret yaşamının tarzı haline gelecektir. Ben hayatın din ile alâkasının bulunmadığı, dinin ise hayatla ilişkisinin sınırlı olduğu Batı toplumunda yetiştim. Hayatın tüm kutsiyetini aksettiren ebedî güzelliğin diniyle yüz yüze gelene kadar ben de hayatı dinden, dini hayattan kopuk algıladım. İslâm'la tanıştığımda, bu dünya ile ötesi, kutsalla profan, maddiyat ile mâneviyat arasındaki ayrımın anlamsız olduğunu öğrendim. Tüm mahlûkat sürekli bir ibâdetle müstağrak, tüm varlık ilâhî bilgi ile dolu, her şey varlığın birliğini kutluyor. İnancım hayretle kuvvetlenmişti, çünkü bütün hayatın ilâhî olduğunu görebiliyor ve tecrübe edebiliyordum. Bütün sıkıntılarımızın kaynağı, ilâhî beraberlikten gafletimizle ötelere duyduğumuz susuzluğumuzu hissetmemizdedir. En büyük düşmanımız farkında olmamak ve cehâlettir.

Bu hayat okuluna davet edilmem ile bana ilâhî bir idrak kabiliyeti verildi. Başka bir deyişle, Cenâb-ı Hak bizim yeryüzündeki yaşamımızın bir okul olduğunu idrak etmeme izin verdi. Ayrıca nur yoluna, Yüce Rabb'imizin ilâhî hikmet yoluna, hakîkî değişime, bâtınî mânâların tadını çıkarmaya davet edildim. Ben bunu "Aşk Okulu" olarak adlandırıyorum. Bu konuşmamda sizinle mânevî kemâle uzanan bu muhteşem yükseklik yolunu paylaşmak istiyorum. Mânevî gelişme, itaatte mükemmellik demek değildir. Onun anlamı, aşkın mükemmelliğidir. Yaratılış bağlamında insan saf ruhtur; alıcıları sonsuza kadar ilâhî sıfatlara açık bir velî, İlâhî Nefestir. Bu nedenledir ki, evren velâyet üzerinde kuruludur. İlâhî sıfatlar kozmosun mimarî yapısını bir arada tutar. Eğer insan, kendi beşerî tabiatını son raddesine kadar yaşarsa, Hazret-i İnsan yani insân-ı kâmil olur.

Ahmed Sem'ânî Hazretleri diyor ki: "Gel, bütün işin arayış olduğu bu dünyaya katıl. Öğretmenin olan yokluk, sana aşk alfabesini anlatacak." "Âdem, yokluğun gizli sığınağından, varlık çölüne geçtiğinde, çamurdan var edilen Âdem'in göğsündeki cennette bir aşk yıldızı parlamaya başladı. Aşk güneşi, onun sonsuz gizeminin semasında ışıldamaya başladı."

Kur'ân-ı Kerîm'deki âyetler de insanın kemâle ermesinin bir delilidir: *"O, onları seviyor ve onlar da O'nu seviyor."* Kur'an sadece aşk söz konusu olduğunda Allah ile insanı karşılıklı getiriyor. Yaratış kavramı içinde, ilâhî aşk ile insanî aşk arasında bir denge var. Allah'ın bize olan aşkı sebebiyle var oluyoruz. Allah kendi yakınlığını bize öğretiyor. Bir adım daha öteye gidersek, kâinat, evliyâların temeline dayanmıştır, yani kâinat tevhid temeli üstüne kurulmuştur. Var olan her şey Allah'ın karşı konulamaz birliğini bize işaret ediyor. Bütün hayat ilâhî. Tevhid kâinattaki en büyük güçtür. Her şeyi bir arada tutan birlik nurudur. Birlik yoluyla kendi varlığımızın aydınlanmasına ulaşırız. Bu müminin en yüksek gayesidir. Bencillik yok olduğunda birlik doğacaktır. Kâinatı bir arada tutan saf diğergamlıktır. Ancak diğergamlık kâinatı aydınlatabilir. Birlik, mânevî eğitimin en üst biçimidir; en mükemmel derstir. Zîra tevhid nuru her şeye yayılır ve bütün yaratılmış hakîkatlere nüfuz eder. Bu nur bütün ikiyüzlülükleri, hurafeleri, mitleri, yanılsamaları, şehveti, kargaşayı, sihri, bilinçsizliğimizin karanlığını yok edecektir. Herkes tevhid ihtiyacı içindedir, çünkü bizim ruhumuz Allah'a aittir.

İşte bu yüzden tasavvufu öğrenmeli ve yaşamalıyız. Bu sebeple aşkın yolunda yürümeye gayret ettiğim için kendimi Allah'ın (c.c) büyük lütfundan nasiplenmiş olarak hissediyorum ve bu aşk yoluna Tarîkat-i Muhammedî, Muhammed'in Yolu ismini vermek istiyorum. Bu yol, Hakîkat-i Muhammedî'ye bütün kalbiyle inanan herkesi içine alır. Ayrıca, 21. yüzyılda da bu yolu yürüyebildiğim için Allah'ın (c.c) büyük lütfuyla nasiplendirildiğimi hissediyorum, çünkü günümüzde ilmin ufukları sonuna kadar açılmış durumda.

Kemâle ermiş bir din ilmi ve mükemmele ermiş bilim içinde yaşıyoruz. Modern akıl gerçekle buluşuyor ya da modern bilim dinle buluşuyor veyahut Allah'ın vahiylerinin mutlak doğruluğu modern akıl tarafından teyit ediliyor.

Bilim adamları maddenin derinliklerine daldıklarında, kâinatın birliğini ve dinamik karakterini idrak etmeye başladılar. Yani mistik tefekkür ve modern fizik aynı sonuca vardı. Bilim ve din birleştiğinde, bizler İlâhî Huzur'un muazzam konsantrasyonunun farkına varacağız. O zaman bütün mevcudatın mükemmelliğini ve birliğini görebileceğiz. Yani tasavvufî tefekkür ile modern fizik aynı neticede buluşuyor. Bu sebeple, günümüzde Doğu ve Batı'nın ilminin birleşmesinden hareketle, görüyoruz ki evrensel din olan İslâm'ın farkındalığı yeniden doğumu tecrübe ediyor.

Bu yüzden söylemek istiyorum ki, artık hakîkatin evrenselliğinin zamanıdır. Tek bir din var, tek bir Tanrı var, tek bir kitap var ve sadece tek bir hakîkat var. Daha yüksek bir farkındalıkla uyanmanın tam zamanı, çünkü sadece bu yüksek farkındalık ile Doğu ile Batı arasında bir köprü kurulabilir. Sadece bu yüksek farkındalık tüm dünyada sesini duyurabilir. Doğu ile Batı arasındaki köprü uzun zaman önce inşa edildi. Mutlak hakîkat ve sonsuz aydınlanma çok uzun zamandır mevcut. Kur'ân-ı Kerîm'de buyruluyor: *"Ve Allah nurunu tamamlayacak."* Biz nur üstüne nur olan bir dine mensubuz. Allah'ın ilâhî nuru, müminin ruhunun arınmış nuru ile buluşacak. *"Bugün ilmini tamamladım."* Allah gaybın anahtarlarını uzatıyor. Bize aracısız bilgi, algı gücü veriyor. *"Ve Biz onlara katımızdan ilim verdik."* Keşfin ihtişamlı güneşi en üst seviyeye yükseliyor ve şuursuzluğun tüm karanlıklarını yok ediyor.

Hazreti Muhammed'in (s.a.s) dünyaya teşrif etmesiyle her şey değişti. Kâinat nura gark oldu. A. Yusuf Ali'nin dediği gibi, "İslâm'ın nuru mümkün olan en büyük ihsandır; eğer bunu idrak edebilirsek, biz de onun ihtişamıyla parlarız." "Muhammed Mustafa'nın (s.a.s), O'na değil, O'nun ile birlikte indirilen nuru, onun ümmeti olan herkesi şereflendirmektedir." Dinin bu iç zenginliği ortaya çıkmıştır. İnsanoğlu sonsuz bir servete, Allah'ın sonsuz ihsanına, yüce bir idrake, sonsuz keremine, en parlak aydınlığa, ilâhî cömertliğin hazinesine ve en yüce ahlâka kavuşmuş ve insanoğlu her alanda tekâmül ve kusursuzlukla karşılaşır. Sevgili Peygamberimiz, tüm akıl ve gönülleri, Allah'ın güzelliğine ve mükemmeliyetine yükseltmiştir. Başka bir deyişle, Hazreti Muhammed'in (s.a.s) gelişiyle, mânevî tasfiye devri başlamıştır. Onun için Hazreti Muhammed (s.a.s), insanlığa evrensel bir rehber sunmaktadır. Kur'ân-ı Kerîm evrensel bir çağrıdır ve evrensel doğruları söyler; o evrensel bir eğitim sistemidir.

Şeyh Muhyiddin İbn Arabî diyorlar ki: "Hazreti Muhammed'in (s.a.s) sözleri Doğu'dan Batı'ya her yere düzen getirmektedir. Dahası, Hazreti Muhammed (s.a.s) tek bir milletin peygamberi olarak gönderilmedi, O âlemlere rahmet olarak gönderildi. Bu yüzden ruhun anlamı, insan tabiatını sadece bir yönüyle değil, bir bütün olarak düzene koymaktır."

Tekrar söylemek gerekirse, insan olarak ruhumuzun bütün derinliklerini keşfetmek ve kâmil insana ulaşmak gibi bir mesûliyetimiz var. İnsanın nihâî tamamlanışı yüce Allah'ın (c.c) şu sözlerinde anlam buluyor: *Ben bir kulumu sevdiğimde, onun gören gözü, duyan kulağı olurum ...*"

Sevgili kardeşlerim, bu sebeplerden dolayı inanıyorum ki, kendi hayatımızdaki tevhid ilmini idrak edebilmek için Tasavvuf'u iyi anlamımız ve uygulamamız gereken bir zamandayız. Şimdi Muhammedî oluşumuzu kutlama zamanıdır ve Hz. Muhammed'in (s.a.s) ümmeti olma şerefine erişimizi kutlama zamanıdır.

Çok ilginç bir nokta da şudur: Günümüzde insanlık tarihi göstermiştir ki, Doğu ile Batı ayrılamaz bir hale geldi. Modern dünyanın yaşadığı sorunlar bütün ülkeleri aynı şekilde etkiliyor. Maddî ve mânevî depremler insanoğlunu derinden sarsıyor; bugün dünya evrensel bir sabahın seherinde. Yaşanan acılar evrensel boyutlara ulaşmış durumda. Gezegenin her tarafına hâkim tahrip edici güçler bizi dehşete sevk ediyor. İnsanoğlu Cemâlullah'tan, ilâhî güzellikten mahrum kaldı. Allah bizlerden, kendimizle barışıklığımızı, güveni, emâneti, huzuru çekip aldı. Tüm karanlık hâdiselerle beraber, bir acziyet hissi dünyanın bütününe yayılıyor. Matemin evrensel bir tabiatı vardır. Gittikçe global boyutlara dönüşen ciddi ve mühim bir ihtiyaç oluşmaktadır. İnsanlık, hakîkatin şiddetli gereksinimi içerisindedir, çünkü ondan çok tehlikeli bir şekilde uzaklaşmış bulunuyoruz. Demek ki ebedî değerlere muhtacız ve bu yüzden çözüm evrensel boyutlarda olmalıdır. Söylemek istiyorum ki, evrensel bir dinin zamanı geldi. Din, hayatın tüm aşamalarına çözüm getirir. Milletler, insanlar, kültürler, ırk ve renkler arasındaki sorunları ancak din düzeltebilir. Din; kalbi, zihni, ruhu, bilinci ve inancı bütünleştirir. İnsana yüce bir birlik muamelesi yapar.

İnsanlık, bugün yıkım ve kurtuluş arasında bocalıyor. Küllî cehâletin koyuluğu inancın saflığı ile karşılaşıyor. En büyük kötülükler, en yüce güzelliklerle bir arada. Karanlık ve aydınlıktan başka geride bir şey kalmadı. Kötü düşünceler zirvesine ulaştı. Kötü artık iyi ile, Şeytan da Allah ile yüz yüze. Uç noktalardaki zıtlıkları bir araya getirerek, Allah (c.c), yaşattığı kutsal tecrübelerle, bizi şekillendiriyor ve daha büyük bir farkındalığa hazırlıyor. Yaratıcımız, bu âlemdeki herkesi uyandırıyor ki bizler, görmeyi öğrenelim. 11 Eylül'den beri, Allah (c.c) çok ciddi bir dil kullanıyor. Allah'ın dilinin insan üzerinde çok ağır ve hiçbir şeye benzemeyen bir etkisi vardır. Onun için hayatımız içinde yükselen ilâhî bir huzur hissediyorum. Daha önce hiç olmadığı kadar, şu an âşık olmanın o güzel kokusunu hissedebiliyorum.

Gördüğümüz gibi, Batı ve Doğu gerçekliği bugün birbiriyle buluşuyor, fakat maalesef bu buluşma, terör, doğal felâketler ve insan hayatının yozlaşması ile oluyor. Dünyayı küresel bir köy haline getiren sadece bütün insanlığı birleştiren yüksek bilginin farkındalığı ve Doğu ile Batı'yı birbirine bağımlı kılmak değil, aynı zamanda insanlık tarihinde son zamanlarda gelişen olumsuz hâdiselerdir. Allah saptırılmış mânâsı ile cihadın yaşanmasının sonuçlarını bize yaşatıyor, çünkü Yüce Allah'ın istediği cihadı yani bâtınî mücadeleyi yaşamıyoruz. Allah bizi insan hayatının en fazla sayıda kaybı olarak görülen ölümle yüzyüze bırakıyor, çünkü biz "ölmeden evvel ölmek" tecrübesini uygulamıyoruz. Allah bize evrensel bir ızdırap veriyor. Çünkü O'nun tüm evreni kucaklayan dinini yaşamıyoruz. İçinde yaşadığımız bu yüzyıl bizimle konuşuyor. Bizim Allah'ın olmamızı istediği gibi yaşamadığımızı gösteriyor. Her acı çekişimiz, Allah'tan uzaklaşmış olmamızdan kaynaklanıyor.

Şu siyah ve beyaz düşünmeyi bırakalım. Helâl ve haramın kısır döngüsünü terk edelim. Sevapların arkasından koşmayı bırakalım. İlkokul birinci sınıf düşünme tarzını bırakalım. İbâdeti yüzeysel yapmayı terk edelim. Kendimizi ebediyete, İlâhî Güzelliğe ve Sevgili Yaratıcımız'ın mükemmelliğine yöneltelim. Hz. Mevlânâ'nın dediği gibi:

> *"Tevhid âlemi duyuların hissettirdiğinden farklı yöndedir.*
> *Eğer Birlik istersen, o yöne git."*

Ve son yıllarda şu hikmeti Allah bana sürekli gösteriyor, bizim kaybımız kazancımızdır. Bizim nefes almaya ihtiyacımız olduğu gibi Allah'a ihtiyacımız var.

# Kadının İbn Arabî'deki İkili Görüntüsü (Tasavvuru): İnsan Olarak Kadın ve Kozmik Prensip Olarak Kadın

Suad el-HAKÎM

Çeviri: Mehmet TAV (Orijinal metin Arapça'dır.)

Şaşırtıcıdır ki, 8 asırdan fazla bir zaman önce büyük Müslüman bilgin Muhyiddin İbn Arabî (H 560-638), insanı yeteneklerde erkek ile kadın arasında tam bir eşitlik bulunduğu görüşüne varmıştır. İbn Arabî, erkeğin kadına[1] karşı sahip olduğu 'derece'yi ise ontolojik (varlıkbilimsel) bir şekilde tevil ederek, evrenle ilgili eril ve tekil düşünceleri bir kenara atarak, onun yerine yaratılış ve bilgi düzeyinde erilliğin ve dişiliğin birbiriyle kaynaştığı evrensel ve zorunlu bir birlikten bahseder.

Muhyiddin Arabî İslâm kültür tarihinde yeni bir kadın görüntüsü ve imajı sunmuştur. Bu bakış, çağdaş Müslümanlara ilham verecek ve onların İslâm'da kadın mefhûmu ve tasavvurlarını yeniden gözden geçirmelerini temellendirebilecek bir bakıştır. Bu sayede, kültürel değişim çarkının doğru yönde ilerlemesine katkı sağlar.

İbn Arabî'nin görüşlerine temel çizgileriyle belirleyebilmek için bu çalışmamı iki ana bölüme ayırıyorum. Her kısım ise iki alana ayrılarak toplam dört bölüm olur ki, her bir tanesi kadın konusunda yeni bir düşünsel açılım sağlayacak yeterliliktedir.

Birinci Bölümün başlığı 'bir insan olması özelliğiyle kadın'dır. Bu konu, iki alanda incelenebilir:

a. Kadının ilmî ehliyeti

b. Kadının ruhsal ehliyeti.

İkinci Bölüm ise, bir varoluş ilkesi olarak dişiliktir. Bu da iki alanda araştırılır:

a. Erkeğin varlık ve irfanî tamamlayıcısı; dişi olarak kadın.

b. Varoluşsal bir mertebe olarak dişilik.

## BİRİNCİ BÖLÜM:
## BİR İNSAN OLMA ÖZELLİĞİYLE KADIN

İbn Arabî, dişi ya da erkek olsun, insanlık hakîkatinin bütün insanlarda tek olduğunu düşünür. Her iki cins insanlıkta eşittir. Asıl olan budur. Dişilik ve erillik ise, insan cevherine ilişen durumlardır. İbn Arabî şöyle der: "İnsanlık erkek ve dişiyi kapsar. Erillik ve dişilik, insanlık hakîkatinden olmayan bu hakîkatteki iki arazdır."[2]

Başka bir yerde ise şöyle der: "Havvâ, Âdem'den yaratılmıştır. Bu nedenle onun iki hükmü vardır. Asıl itibarıyla erkeklik ve dolaylı olarak da dişilik hükmü."[3]

İnsan olmada iki cins arasındaki bu eşitliğe dayanarak, kadın erkeğin yaptığı bütün işleri yapmaya ehildir ve bütün akılsal ve ruhsal faaliyetlere muktedirdir.

Şimdi onun ilmî ve ruhî ehliyetine bir göz atalım:

## Kadının İlmî Ehliyeti

Çeşitli metinler, bize kadının bilimsel ve siyasal hayata aleni ve direkt olarak katıldığı sonucunu çıkartabileceğimiz pek çok olay aktarır. Bu, Peygamber'in daha sonra da sahâbelerin döneminden Hicret'in ilk yüzyıllarına kadar sürmüştür. Daha sonra karanlık çağların başlamasıyla esir ya da satın alınarak câriyelerin sanat hayatlarına ve sultanların saraylarına girmesiyle hür kadının toplumsal yaşamdaki rolü giderek gerilemiştir. Bu ise erkek ile kadın arasında eşit olmayan yeni bir ilişki getirmiştir. Bir tarafta güçlü, yöneten ve sahip ile, diğer tarafta kişisel çıkarlarına ulaşmak için çoğu kez hile ve desiseye başvurmaktan çekinmeyen zayıf ve sahip olunan arasında bir ilişki, kadın ve erkek topluluklarının arasındaki bu hayatî kopukluğa rağmen sûfî ortamın çoğunluğu her iki cinse açık kalarak kadına dişi olarak değil, tıpkı erkek gibi ilâhî yakınlığa ve irfana ehil bir insan olarak bakmıştır. İbn Arabî, ondan önceki sûfî seleflerinin ilim ve irfan sahibi kadın hakkındaki görüşlerini geliştirmiştir. Bu da onun metinlerinde tasavvuf ve fıkıh alanında açıkça görülür.

Şimdi bu her iki alandaki kadını görelim:

## Kadın: Ruhsal Öğretmen, Mürşid, Şeyh ve İlâhî Anne Olarak

Bu kişiliğe en iyi örnek İşbiliyeli (Sevillalı) bilge kadın "Fatma Bint el-Musanna el-Kurtubî" (Kurtubalı el-Musanna kızı Fatma) ki, İbn Arabî gençliğinde iki yıl ona hizmet etmiştir[4] ve bu süre İbn Arabî'nin bir sûfî bilgenin dostluğu ile geçirdiği en uzun süredir. Sûfî terminolojisinde hizmet ve dostluk kelimeleri muaşeret yoluyla, yani yaşayarak dostluk ederek, hizmet ederek öğrenme ve terbiye olma anlamına gelir ki, bu da sûfîlerin öğrenme biçimidir. Hocaların telkine dayanan informatik yönteminden farklıdır. İbn Arabî 'hizmet ettim' derken, hizmet edileni şeyh, mürşit ve ruhsal öğretmen edindiğini kasteder. Demek ki, şeyh ve mürid ne ise, Fatma Bint el-Musanna ve İbn Arabî öyleydi. İbn Arabî, bu İşbiliyeli bilge hanımın onun ikinci doğumundaki rolünü ve ona olan ruhsal bağını benimsediğini açıkca belirtmiştir ki, bu da hizmet ettiği ve yaşadığı diğer şeyhlerde olmamıştır. Sadece ona "Ey Annem" diye hitap etmiştir. O da, ona "Ben senin ilâhî ananım ve bedensel annenin (gerçek annesi Nur Hanım'ı kastederek) 'nur'uyum."[5] der. Bu bilge hanımın İbn Arabî'nin yeniden doğuşundaki etkisi *Fütûhat* adlı eserinde, onun görüşlerine yer verdiği ve ona verilen velâyetin lütuflarının anlatıldığı az sayıdaki metinden anlaşılır. Örneğin İbn Arabî'ye der ki: "Allah'ı sevdiğini söyleyip, onun tarafından hep görüldüğüne sevinemeyene hayret ederim."[6]

İbn Arabî, Fâtiha'nın kendisine yardım ettiğini söylediğinde, hocasının makamını öğrenmiştir. Sonra onunla birlikte hocasının istediği bir şey için Fâtiha'yı beraber okuduklarında ve onun okumasının etkisiyle sûre odada havada yüzerek belirince yüce makamını anlamış ve görmüştür.[7] Ayrıca harf biliminde, ki bu da 'evliyâ bilimidir,'[8] bu bilge hanımdan yararlandığından bahseder. Demek ki bu İşbiliyeli bilge hanım, İbn Arabî'nin hayatında ruhsal öğretmen ve mürşit velî olarak tecellî etmiştir. Ondan bahsetmekten ve alıntılar yapmaktan onun şeyhliğini ve ilminin önünde mürit olarak durduğunu belirtmekten çekinmemiştir. Bu da pratik olarak İbn Arabî'nin kadının şeyhliğine, ruhsal mürşitliğine ve müritlerinde erkeklerin de bulunabileceğinin ifâdesidir. Cinsler arasında karışma bahanesiyle erkeğin kadına mürit olmasını câiz görmeyenlere burada hiç itibar edilmez. Çünkü kadın da tarih boyunca ve günümüze kadar erkeğin müridi olabilmektedir. Konu burada kadına müridin hayatındaki rolünü oynamasına müsaade edecek ilmî ehliyet ve irfan konusudur.

## Kadın Fakih, Kadın İmam

İbn Arabî, Belkıs'a fıkhî bir mertebe vermiştir. Allah'a inanınca Süleyman'ın peşinden gitmemiş, ona tâbi olmamış, inancında bir peygamber veya imam izlemeyip aracı istemeyerek Allah'a tıpkı peygamberler gibi doğrudan inançlı ve bağı olduğunu ilan etmiş, "Mûsâ ve Hârun'un Tanrısı"[9] diyen Firavunun aksine "âlemlerin Rabbi olan Allah'a Süleyman ile birlikte inandık" demiştir. İbn Arabî'nin hayatına baktığımızda, onun kadından üçüncü şahıs olarak bahseden bir teori adamı olmayıp, tecrübe ve pratik adamı olduğunu görürüz. Kadının yeterliliğini, ehilliğini ve erkeğe eşitliğini söylerken, kadın konusuna bakan veya baktıran biri olarak değil, tanıdığı ve bildiği kadınları gören biri olarak söylemiştir. Onun kadınla ilgili söyledikleri kadının kendisine kudretini ve imkânlarını açtığı yaşanmış engin bir tecrübeye dayanır. İki cinsin ilmî yeterlilikteki eşitliği konusunda, kadının erkek ve kadınlara imamlık yapabileceğini bile söylemiştir. Der ki; "Bazı insanlar kadının hem erkeklere hem de kadınlara imamlık yapabileceğini câiz görür, ben de öyle diyorum."[10] Bu çok çağdaş bir konudur, 21. yüzyıldaki hiçbir İslâm bilgininin söylemeye cesâret edemeyeceği bir söylemdir. Bu da sanırım birçok müctehidin hüküm üretmeyi metinlerle gerçek yaşamın arasındaki diyalektizmden değil de, metinlerden metin üretme çabalarına hapsolmalarından kaynaklanır.

## Kadının Ruhsal Ehliyeti

İbn Arabî'nin şeyhlerinden İşbiliyeli Fatma Bint el-Musenna'nın ruhsal yeterliliğine bakarak şu soruyu sorabiliriz: Kadının önünde ona açık olan ruhsal mertebeler nelerdir? Varabileceği ve varamayacağı en üst tavan nedir?

İbn Arabî, varlık anlayışında kadının insana özgü kemâl mertebesine ulaşabileceğini ve insân-ı kâmil olabileceğini söyler. Der ki: "Kemâl, kadına kapalı değildir. Erkekten yaratıldığı için yaratılış sırasında ondan bir derece gerisinde olmasına rağmen, kemâl, kadına kapalı değildir. Kemâlde bu sıra işlemez."[11] Ayrıca *Fütûhât-ı Mekkiyye* adlı eserinde erkekliğin kemâlinden bahsederken, bunun erkek ve dişide de olabileceğini söyler.[12] Kezâ aynı eserinde Bâtın Devlet bahsinde bâtınî evrensel faaliyetlerde makamları sayarken bu makamların erkeğe ve dişiye de açık olduğunu belirtmiştir.[13]

Kadının tarihsel zayıflık imajına karşı gelirken, İbn Arabî kadının gücüyle ilgili şöyle der: "Yaratılmış evrende kadından daha güçlüsü yoktur. Allah'ın kadınların nefesinden yarattığı melek, melâikenin en güçlüsüdür."[14] İbn Arabî daha da ileri giderek kadın ve erkeklerin kutupluk dâhil bütün makamlarda ortak olduklarını söyler.[15] Peki kadına açık bu yüksek makam nedir ve kadının kutb olması büyük Şeyh'in düşüncelerine göre ne anlama gelir? Bu soruya cevaben deriz ki, kadın kutb olunca vaktin sahibi ve zamanın efendisi olur. Allah'ın yeryüzündeki halîfesi, Seyyid'el mürselinin'in ümmetindeki vekili, seçkinliğin ve insanî husûsiyetlerin vârisi olur.[16] Dünya onunla döner,[17] dünyanın hükmü ve yönetimi ona verilir, Hak onunla beraber olur ve onun zamanında sadece ona bakar. O en yüksek örtüdür.[18] Cenâb-ı Allah onu huzurunda koltukta oturtur, ona kendisinin ve dünyanın istediği bütün ilâhî isimleri verir. O da ilâhî sûretle oturunca bütün âleme ona bîat etmesine ve emrine girmesini emreder. Bîadına yüksek veya aşağı bütün memurlar girer. Sadece meleklerin üst mertebede olanlarıyla, insanlar arasında kendisi gibi mükemmel ve kutb makamına ehil olanlar onun bîatına ve tasarrufuna girmez.[19]

İbn Arabî, kadının erkeğe velâyetini reddedenlere karşı gelirken, açıkça kutupluk makamına varılabileceğini belirttikten sonra şöyle der: "Peygamberimizin 'kendilerini kadına yönettiren kavim iflah olmaz' demesi sizi yanıltmasın. Çünkü biz Allah'ın velî etmesinden bahsediyoruz, insanların velî etmesinden değil. Hadis, insanların velî etmesinden bahseder. Ayrıca Peygamberimiz'in bu meselede *Kadınlar erkeklere kardeştir.* diyen hadîsi bize yeterlidir." Yani erkeğin sahip olması câiz bütün makam, mertebe ve sıfatlar Allah'ın istediği kadınlar için de geçerlidir. Demek ki, İbn Arabî kadının erkeğe olan kardeşliğine dayanarak kardeşin muadil ve eşit olduğunu söyler. Dolayısıyla kadın, erkek gibi velâyet makamlarının hepsine ehildir.[20]

Kadının aşamayacağı tavan ise Peygamberlik ve risâlet makamıdır. İbn Arabî der ki; "Kadın kemâl mertebesinde erkeğe ortaktır. Ama ekmeliyet makamı ki, bu da risâlet ve Peygamberlik makamıdır,[21] erkek tercihtir ve Hz.

Muhammed'in son peygamber oluşuyla da kadın diğer tüm Müslüman erkekleriyle eşit olmuştur.

## İKİNCİ BÖLÜM:
## DİŞİ: VAROLUŞ İLKESİ OLARAK KADIN

Şimdi ise, kadının müstakil, hür insanî varlık mefhumundan, diğer ile yani erkek ile ikili, eş ilişkisine giren "dişi" mefhumuna geçelim.

Burada dişilik seviyesinde rollerdeki ve varlık mertebelerindeki farklar ortaya çıkar. İbn Arabî, eşitlik ve farklılık konularında der ki: "İnsaniyet yönünden bakan, kadını erkekle eşitler. Erillik ve dişilik yönünden bakan ise erkek ile kadını ayırır. Cenâb-ı Allah der ki; *Erkekler onlardan bir derece fazladır.*' Yani etkin edilgenin önüne geçer. Burada dişiliğin varlıksal bir mertebe olduğuna dikkat çekeriz."[22]

O bir sıfat, mevki ve roldür, sınırlanmış bir kişilik değildir. Bu da dişi mertebesinde 'er'in (erdişi) veya er mertebesinde bir dişi (dişi er) olmasında herhangi bir varlıksal bir engel yoktur, anlamına gelir ya da aynı kişinin bir konumda dişi başka bir konumda ise er olmasındadır. Önümüzdeki iki alanı incelediğimizde bu konu anlaşılacaktır.

### Dişi Olan Kadın, Er Olan Erkeğin
### Varlıksal ve İrfanî Tamamlayıcısıdır

Dişi kadın ve er olan erkeğin ilk çıkışı Âdem ve Havvâ'nın yaratılışlarında ve aralarında olan varlıksal eşleşmesidir, evliliğidir. İbn Arabî'de, er olan erkek ile dişi kadındaki her ilişkide Âdem ile Havvâ'nın varlığını görürüz. Sanki insan tarihindeki her ilişkinin kaynak örneği varoluşun başlangıcıymış gibi.

İbn Arabî, insanın başlangıcı ve iki cins arasındaki ilk ilişkinin ve kadın sevgisi mâhiyetinin ilâhî bir sevgi oluşu ile ilgili görüşünü yorumlara açık sembolik üslubuyla açıklar.

Bu iç içe geçmiş ve kavrayıcı görüşü iki madde halinde elden geldiğince özetlemeye çalışacağız:

## Dişi Kadın, Erkeğin Varlıksal Tamamlayıcısı

İbn Arabî, Âdem'in vücudunu ilk insan vücudu olarak görür. O da -bizim düşüncemize göre- çömlekçinin çamurdan vücutlar ve cisimler yapmasına benzer. Ve Âdem'in kaburgasından Cenâb-ı Allah, Havvâ'nın vücudunu yaratır, tıpkı marangozun tahtayı yontması gibi.[23]

İbn Arabî, Âdem ve Havvâ'nın aralarındaki ve daha sonra insanların her çiftine sirâyet eden varlıksal yakınlığı şöyle tasvir eder: "Allah, Havvâ'nın çıkışıyla Âdem'in vücudundaki boşalan yeri arzu ile doldurmuştur, zîra varlıkta boşluk olmaz."[24] Böylece Âdem kendisine olan sevgisiyle onu sevmiştir. Çünkü onun bir parçasıydı. Havvâ da Âdem'i sevmiştir. Çünkü o geldiği ve oluştuğu mekân idi. Havvâ'nın sevgisi mekânına olan sevgidir. Âdem'inki ise kendine olan sevgidir.[25]

Demek ki, er olan erkek kendinden ve sûretinde olan kadınla birleşmeden, varlıksal doluluğu hissedemez.[26] İbn Arabî, dişi güzelliği göreceğimiz pencereyi açmışken şöyle diyebiliriz: İbn Arabî'nin arzu ettiği ve sevdiği kadın kendi sûretinde yaratılan kadındır. Özel yaşamına baktığımızda, sadece bayan Nizam bint Mekineddin'i görürüz. O, Âdem'in vücudundan yaratılan Havvâ'sı olmuş ve varlıksal olgunluğa ulaşmak için onunla birleşmeyi istemiştir. *Divân*'ın Mukaddimesi'nde bu söylediklerimizi kanıtlayacak vasıflarla ondan bahseder: "Çağın tek örneği; o gözün siyâhında, göğsün yüreğinde oturur, sevgisi kadîmdir."

### Dişi Kadın, Er Olan Erkeğin İrfanî Tamamlayıcısı

İbn Arabî, *Fusûsu'l-Hikem* adlı kitabının son bölümünde sadece bir kereliğine çok ince bir konuya değinir, özetle: "Cenâb-ı Hak maddeden başka bir şeyde görülemez. Görüntünün sadece maddeyle olacağından, erkeğin Hakk'ı kadında görmesi en büyük ve en mükemmel görüştür."[27] Böylece kadın erkeğin irfanî tamamlayıcısı olur.

Peki, İbn Arabî bu düşüncesini nasıl sunmuştur? Çıkış noktası Peygamberimiz'in şu hadîsi olmuştur: *"Dünyanızı bana sevdiren üç şey vardır: Kadınlar, güzel koku ve namazdır."*

Ona göre temel olan erkeğin Rabb'ine olan sevgisidir. Allah da ona kadını sevdirmiştir. Cenâb-ı Allah nasıl kendi sûretindekini sevdiyse, erkeğe de ondan yarattığı ve onun sûretinde olan kadını sevdirmiştir.

Erkek kadını sevip de onunla birleşmeyi ve bir olmayı istemiştir. Birleşme olunca da arzu her tarafını kaplamış ve kadında yok olmuştur. Hak ise kulunu sakındığı için ona yıkanmayı emretmiş ve sonra yok olduğu kişiye, yani kadına bakmayı. Onu yıkanma ile temizlemiştir. Çünkü Hakk'ı kadında görmesi gerekiyordu. Bu da en mükemmel görüdür. Çünkü bu, Hakk'ı, eden ile edilgenle birlikte (aktif ve pasif) görmektir.[28] Kâşânî, bunun ilişki ânında[29] olduğunu söylese de, metinden bunun hemen sonra ve akabinde olduğu anlaşılır.

### Dişilik, Bir Varoluşsal (Kevnî) Mertebedir

İbn Arabî, dişiliğin bütün varlıklarda geçerli olan varoluşsal ve ontolojik bir ilke olduğunu ve erillik ile var edilişliğin bütün aşamalarını paylaştığını söylerken zirveye çıkar. Dişilik ve erillik varlıksal hacimlerde eşit ama varlıksal rollerinde ve mertebelerinde farklıdırlar.

Dişilik mertebesi edim ve etki mertebesinin sahibi erillikten etkilenme ve edilgenlik kabiliyeti mertebesidir. Dişilik erilliğin atım, tohum dönüşüm, oluşum ve ortaya çıkış yeridir.[30] Ona göre her olabilen, her edilgen ve etkilenen er de olsa dişi mertebesindedir. Her kim ki ekim, dönüşüm ve oluşum yeri ise, er de olsa dişilik mertebesindedir. Binânaleyh evrendeki her mahlûk varlıksal ve irfan düzeyinde dişidir.

İbn Arabî, der ki:

*Biz dişiyiz oluşturduklarıyla*
*Şükür Allah'a ki kâinatta hiç erkek yoktu.*
*Toplumun ve geleneklerin erkek dediği ise*
*Ben de onlardanım, onlar dişidir ve umudumdur.*[31]

Ve der ki; "Her edilgenin mertebesi dişiliktir ve edilgenden başkası da yoktur. Fiil veya edim, eden ve edilgenin arasındaki hakîkate bölünür. Edenden yapabilmeyi, kabul edilenden ise yapılabilmenin kabulü beklenir.[32]

İbn Arabî'de dişilik ve erillik varlığın her yerinde vardır ve her biri diğerini var eder. Çünkü edime açık edilgen ekim ve oluşum yeri olan dişi olmadan, eden ve ekip oluşturmak isteyen er de olamaz.

Dişillik ve erillik birbirlerine karışan ve aynı fiili paylaşan iki eşit prensiptir. Ona rağmen dişilik mertebesi erin gerisindedir. Peki, İbn Arabî erkeğin kadına olan önceliğini ve derecesini nasıl açıklar?

İbn Arabî bu dereceyi ve önceliği toplumsal ve yaşamsal alandan çıkartarak, varlıksal alana taşır. Ona göre erkek

Allah'ı kadından önce idrak etmiştir. Çünkü ondan önce varolmuştur. İlâhî emir tekrar etmeyeceğinden, öncekine oluşan görüntünün aynısı sonradan gelene olmaz. Çünkü Cenâb-ı Hak aynı sûrette iki defa tecellî etmez. Bu ilâhî büyüklüğün gereğidir. İşte erkeğin kadına göre önceliği budur.[33]

*Futûhât*'ın bir başka yerinde ise, erkeğin bu varlıksal önceliğini yok etmeden kadına başka bir öncelik ve ayrıcalık mertebesi koyarak dengelemeye çalışarak şöyle der:

"Allah'ın hikmetini görmezsin ki, kadına isimde erkekten fazla kılmıştır (Arapça'da erkeğe MeR', kadına ise MeR'e denir)."[34]

Arapça dilbilgisinde kadının erkeğe olan fazlasına devam ederek şöyle der:

"Dişiliğin şerefindendir ki, Allah için kullanılan zat ve sıfat kelimeleri dişildir."[35]

Böylece kadını erkeğin tam karşısına eşit koymakta ısrar ederek şöyle der:

"Evren her ikisinin üzerinde durmakta"[36] yani erkek ve kadının üzerinde.

## SONUÇ

İbn Arabî'nin kadına olan bu pozitif, dejenere olmayan görüşü, yeniliği ve modernliği ile gerek kadını eksik ve aşağı gören mutaassıp İslâmcıları gerekse hem Doğu'da hem Batı'da kadının tarihsel, kanunî, fıkhî ve diğer alanlardaki konumunu tekrar gözden geçirilmesini isteyenleri epey şaşırtır. Aynı zamanda bu görüş İslâm'ın insanlığını göstererek isnat edilmeye çalışılan kadına zulüm, aşağılama ve haksızlık safsatalarından arındırır. Kadına, bugün fazlasıyla ihtiyacı olan kutsiyeti vermek için yılların sürgüne yolladığı ve çıkarların inkâr ettiği İslâmî değerleri tekrar kadına kazandırmak için, İbn Arabî'nin görüşü Hicri 6. yy'dan günümüze yetişmektedir.

## DİPNOTLAR

[1]   İbn Arabî, *el-İnsân el-Küllî*, (Mahtût ez-Zâhiriyye), no. 4865, 2b.

[2]   İbn Arabî, *el-Fütâhât el-Mekkiyye*, c. IV, s. 84.

[3]   *el-Fütûhât*, c. I, s. 274.

[4]   Suâd el-Hakîm, *el-Mu'cem es-Sûfî*, s. 124-125.

[5]   *el-Fütûhât*, c. II, s. 347.

[6]   Aynı yer.

[7]   Aynı eser, c. II, s. 135.

[8]   *el-Mu'cem es-Sûfî*, s. 213; *Fusûsu'l-Hikem*, c. I, s. 156-157.

[9]   *el-Fütûhât*, c. I, s. 447.

[10]  A.g.e., c . I, s. 708.

[11]  A.g.e., c. II, s. 588.

[12]  A.g.e., c. II, 6-39, İbn Arabî ricâlin sayılarını ve mertebelerini zikrederken, onlar arasında birçok yerde kadın ve erkeğin birlikte bulunduğunu açıkça belirtir.

[13]  A.g.e., c. II, 466.

[14]  A.g.e., c. III, s. 89.

[15]  Bkz. *el-Mu'cem es-Sûfî*, s. 680; *el-Ecvibe el-Lâika*, li-İbn Arabî, 9a.

16　*el-Mu'cem es-Sûfî*, s. 912; *Menzilü'l-Kutb*, li-İbn Arabî, s. 2.

17　*el-Mu'cem es-Sûfî*, s. 912; *el-Fütûhât*, c. II, s. 555.

18　*el-Mu'cem es-Sûfî*, s. 913; *el-Fütûhât*, c. III, s. 136-137.

19　*el-Fütûhât*, c. III, s. 89.

20　A.g.e., c. III, s. 88.

21　A.g.e., c. I, s. 486.

22　A.g.e., c. I, s. 124-125.

23　"Havvâ'nın çıkışıyla Âdem'in vücudunda boşalan yeri arzu ile doldurmuştur, zîra varlıkta boşluk olmaz." fikrini İbn Arabî kitaplarının birçok yerinde tekrar etmiştir.

24　*el-Fütûhât*, c. I, s. 124.

25　Bkz. *Fusûsu'l-Hikem*'in Hz. Muhammed ile ilgili fassı.

26　Bkz. *Fusûsu'l-Hikem*'in son fassı ve Bâlî Efendi'nin *Fusûsu'l-Hikem Şerhi*, el-Matbaa en-Nefîse el- Osmâniyye, s. 427.

27　Bkz. *Fusûsu'l-Hikem*'in son fassı ve *Bâlî Efendi'nin Şerhi*, s. 425-427. Kâşânî'nin *Fusûsu'l-Hikem Şerhi*, Matbaatü Mustafâ el-Bâbî el- Halebî, Mısr, s. 332-333.

28　Kâşânî'nin *Fusûsu'l-Hikem* Şerhi, s. 333.

29　*el-Fütûhât*, c. III, s. 297: "el-Ünsâ Mahallü't-tekvîn."

30　*el-Fütûhât*, c. IV, s. 445.

31　A.g.e., c. I, s. 507.

32　Bkz. A.g.e., c. I, 679.

33　*el-Fütûhât*, c. III, s. 89. Erkeğin ve kadının şâhitliği meselesini incelediği bu yerde, İbn Arabî çok dikkate şâyan noktaları ortaya çıkarır.

34    *el-Fütûhât*, c. III, s. 90.

35    Aynı yer.

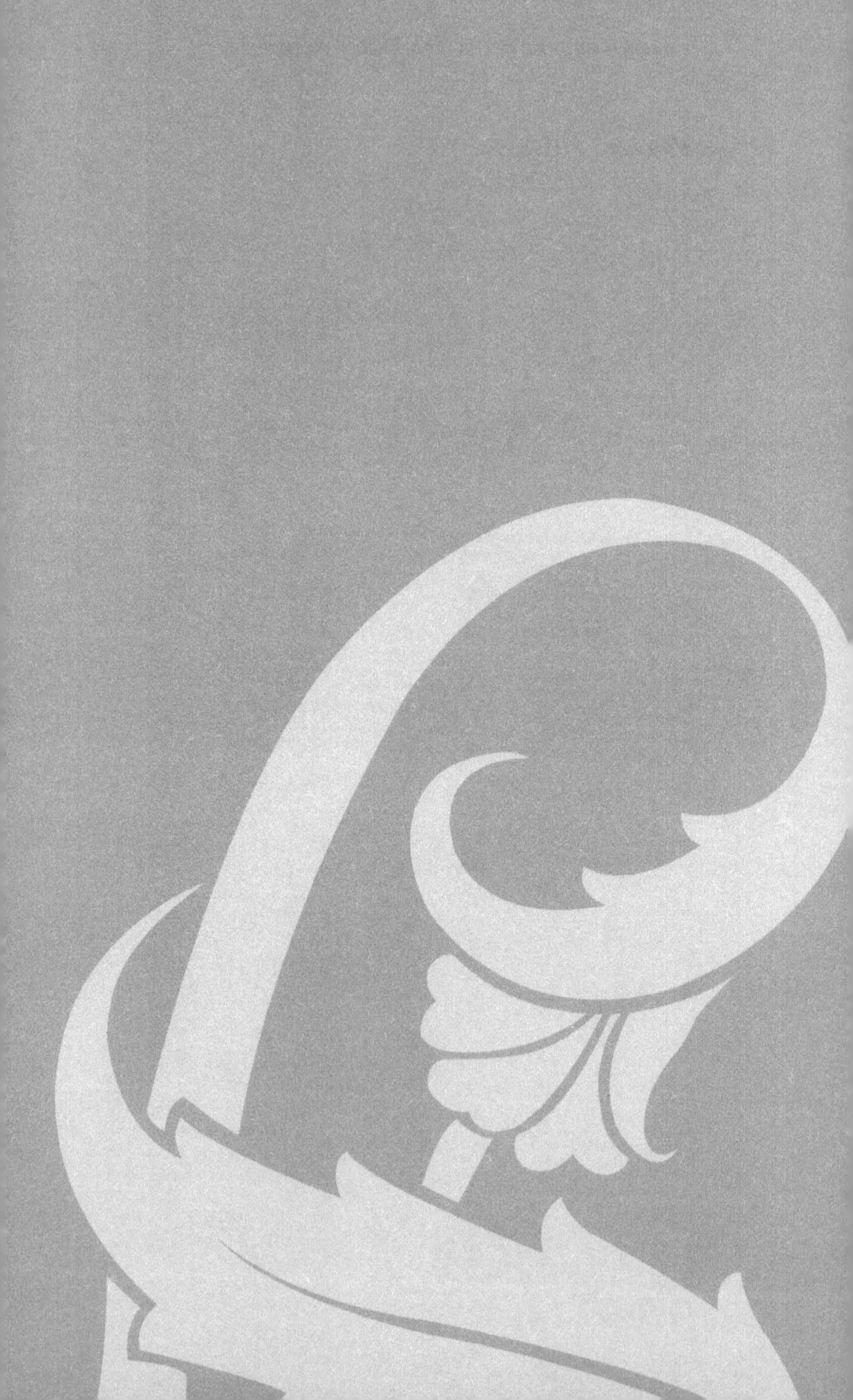

# Mevlânâ'nın Kadına Bakışı

## Prof. Dr. Mehmet DEMİRCİ

Müslüman toplumlarda tarih boyunca kadının konumunu belirleyen unsurlar şunlardır: Dinî kurallar, sosyal, siyasî ve etnik çevre ve İslâm öncesinden gelen kültür mirası. Bu sebeple İslâm dünyasında, kadının her yerde ve her dönemde aynı konumda ve durumda olduğu söylenemez.

Kur'ân-ı Kerîm'de kadının gerek yaratılış, gerekse hak ve sorumluluklar yönünden erkekle müsâvî konumda olduğu görülür. Kadın, Allah'ın kulu olması bakımından erkekle eşit seviyededir. Dinî hak ve sorumlulukları da aynı düzeydedir. Hz. Peygamber'in kadınlara yönelik söz ve uygulamaları da benzer çerçevededir.[1]

Hz. Peygamber 25 yıl boyunca Hz. Hatice ile tek eşli olarak yaşadı. O da kendisini daima destekledi, O'na teselli kucağını açtı. Sonraki eşi Hz. Ayşe, kızı Hz. Fatma, hem sağlıklarında hem de sonraları toplumda çok seçkin bir yere sahip oldular.[2]

Ne yazık ki İslâm toplumlarındaki uygulamalar her zaman bu çizgide devam etmedi. Hz. Peygamber'den sonraki dönemlerde kadının mevkii geriledi. Kökleşmiş ataerkil aile anlayışı ve erkek egemen tavır, kadın haklarını kısıtladı. Sıhhati şüpheli bazı hadisler yaygınlık kazandı. Naslar bu istikamette yorumlandı.[3]

Tasavvuf çevrelerinde ise kadının yeri başka alanlarda olduğundan daha ileri seviyededir. İlk önemli kadın eren Râbia-i Adeviye'nin ismi bir sembol haline geldi. O, bu alanda tek örnek değildir.[4]

*"Bana dünyadan üç şey sevdirildi: Güzel koku, kadınlar ve gözümün nuru olan namaz."*[5] mealindeki hadîs-i şerif, tasavvuf muhitinde daha çok tanındı, revaç buldu ve zengin yorumlarla iz bıraktı.[6]

Tarih içinde hemen her toplumda kadın konusunda farklı değerlendirmeler yapılmıştır. Erkek egemen bir tavrın yaygınlığı açıktır. Buna tepki olarak doğan feminist cereyanların bazı zorlama düşünceler ileri sürdüğü de bir gerçektir.

Bütün bunların ötesinde, soğukkanlılıkla meseleye bakacak olursak şunu görürüz: Kadın, yaratıkların en üstünü olan insan nev'inin bir örneğidir. Tıpkı erkekte olduğu gibi, onun da meziyetleri ve zaafları vardır. Yapı olarak genellikle duygusal tarafı ağır bastığından, bu meziyet ve zaafları daha belirgin şekilde ortaya çıkar.

Hz. Mevlânâ'nın kadına bakışına gelince; onda tasavvuf düşüncesindeki kadına olumlu yaklaşımın ağır bastığı açıktır. Gölpınarlı'nın belirttiği gibi, Mevlânâ'nın zaman zaman "Kadınları daima erkekten aşağı gören ortodoks düşünceye teması, ancak bir gelenekten, herkesin söylediği sözü icap ettiği için tekrarlamaktan başka bir şey değildir."[7] Bu tutum, realist oluşuyla da ilgilidir. Evet, kadın bir şeytan değildir, ama o, bir melek de değildir. Her insan gibi olumlu ve olumsuz örneklere sahiptir; kişi bazında da bazan iyi bazan kötü davranışlar sergileyebilir. Ne ki Mevlânâ'da kadınla ilgili olumlu unsurların daha çok öne çıktığı görülür.

Kendisinin mutlu bir evlilik hayatı olmuştur. Buna rağmen *Fîhi Mâfîh*'in bir yerinde evlilik hakkında olumsuz ifâdelere yer verir. Ona göre kadınlarla birlikte yaşamak çok sabır gerektirir. Bu beraberlik insanın kendisini iyileştirip olgunlaştırması için bir vâsıtadır. Tıpkı elleri kirden temizlemek için bir havluyla silmek gibidir. Hayatta asıl olan, evlilik ve onun zahmetine katlanmaktır. Ama buna güç yetiremeyecek olanlar, Hz. Îsâ gibi bekârlığı tercih edebilirler.[8]

*Mesnevî*'deki Şeyh Harakanî hikâyesi ilgi çekicidir: Bir müridi bu şeyhi ziyaret için binbir sıkıntıya katlanıp gelir. Kapıyı Şeyh'in karısı açar ve kocası hakkında fevkalâde kötü sözler eder. Onun bir sahtekâr ve riyakâr olduğunu söyler. Çok üzülen mürid ayrılır, ormanda Harakanî'yi aramaya koyulur. Nihâyet onu bulur. Harakanî bir arslan üzerine binmiş ve elinde kamçı olarak bir yılanı tutmaktadır. Der ki: *"Ben sabredip bu kadının yükünü çekmeseydim, arslan benim yükümü çeker miydi?"*[9]

Arâbînin karısı hikâyesinde de, yoksulluktan müştekî olan bir kadının dırdırını tasvir eder.[10] Hikâyenin sonunda iş tatlıya bağlanırsa da, yer yer kavga şiddetlenir, koca: *"Ey kadın, kavgadan çekişmeden vazgeç, vazgeçmeyeceksen benden vazgeç!"* der. *"Susarsan ne âlâ! Yoksa şu dakikada evi barkı terk ederim"* noktasına kadar gelir.[11] Bu arada ağlamaya başlayan kadın için şu hakîmane söze yer verir: "Gözyaşı kadının tuzağıdır." Hikâyenin devamındaki şu ifâdeler ne kadar beşerî tasvirlerdir:

*"Ağlamadan bile gönül çekici olan kadının, gözyaşı ve âh ü vâhı hadden aşınca; gözyaşı yağmurundan bir şimşek çakıp o merd-i vâhidin kalbine bir kıvılcım sıçradı.*

*Güzel yüzüyle erkeği esir eden kadın, kendine bendelik süsü verince hâl ne olur?*

*Azametinden yüreğini oynatan, kibrinden seni tir tir titreten o, gözünün önünde ağlamaya başlarsa ne hâle gelirsin?*

*İstiğnâsı ile gönülleri kanatan o güzel, işi yalvarmaya dökerse ne hâle girersin?*

*Cevr ü cefâsının tuzağına düşürmüş o dilber özür dilemeye kalkışırsa ya bizim özrümüz ne olabilir?*

*Allah (Züyyine linnâs...)[12] hükmünce kadının muhabbeti ile insanı tezyin etmiştir. Hakk'ın bu tertibinden insanlar nasıl kaçabilir?*

*Zîra Allah kadını erkeğin sükûn ve teselli bulması için yarattı. Bunun için Âdem Havvâ'dan nasıl ayrılabilir?*

*Bir kimse yiğitlikte Zaloğlu Rüstem bile olsa ya da Hamza'dan bile ileri geçse, ferman dinlemek hususunda yine de karısının esiridir.*

*Sözlerine cümle âlemin mest olduğu Hz. Muhammed bile: 'Kellimînî yâ Hümeyrâ' derdi (Bana bir şeyler söyle ey Hümeyrâ).*

Hz. Mevlânâ bu noktadan itibaren beşerî-maddî âlemin üstüne çıkıp metafizik dünyaya adım atar. Önce sembollere başvurur; erkeği suya, kadını ateşe benzeterek der ki:

*"Her ne kadar su ateşe galip ve baskın ise de, bir kabın içindeyken ateş o suyu kaynatır.*

*Ne vakit bir kap ikisinin arasına girse (ateş) o suyu havaya çevirip yok eder.*

*Zâhiren su ateşe galip olduğu gibi, sen de kadına hâkim isen de bâtınen kadına hem mağlup hem de tâlipsin!*

*Böyle bir husûsiyet ancak insanda vardır. Hayvandaki muhabbet duygusu eksiktir. Bu da hayvanın insandan aşağı olmasından ileri gelir.*

*Resûlüllah Efendimiz: 'Kadınlar, âkiller ve gönül sahipleri üzerine galiptir.' dedi.*

*Diğer taraftan câhiller kadına galiptir, çünkü onlar sert ve kaba muâmeleli olurlar.*

*Câhillerde rikkat, lütuf, muhabbet azdır. Çünkü tabiatlarında hayvanlık galiptir.*

*Muhabbet ve rikkat insanî sıfatlardır. Gazap ve şehvet ise hayvanî sıfatlardır."*

Ve yüce Mevlânâ son noktayı koyar:

*"Kadın Hakk'ın nurudur, sadece sevgili değil, sanki hâliktır, mahlûk değil."*[13]

İşte kadının gerçek değeri buradan gelir. O, Allah'ın yaratıcı kudretinden vasıflar taşımaktadır. Hayatın devamlılığında büyük vazife görmekte, böylece ilâhî faaliyet ve tecellînin aziz bir rüknü olmaktadır. Belli bir irfan seviyesine varanlara göre: "Kadına muhabbet, onların vücutları aynasında Cenâb-ı Hakk'ı müşâhede edebilmektendir." Mâneviyat âlemlerinde mesafe kat etmiş erkeğin kadına sevgisi, bir bakıma onun vâsıtasıyla ilâhî güzelliğin vuslatını dilemek mânâsı taşır.[14]

Kadını Hakk'ın nuru olarak gören ve yaratıcı vasfına vurgu yapan Mevlânâ, kadın-erkek denkliğine, her bakımdan bunların birbirini tamamlayıcı olduklarına, dolayısıyla tek kalınca ikisinin de eksik ve yarım olacağına işaret eder. Şu benzetme ne hoştur:

*"Âlemde her cüz' muhakkak kendi çiftini ister. Kehrüba nasıl saman çöpünü çekerse her cüz' muhakkak kendi çiftini çeker."*

*Gökyüzü yere "Merhaba" der, "demirle mıknatıs nasılsa ben de seninle öyleyim."*

*Gökyüzü aklen erkektir, yer kadın. Onun verdiğini bu besler yetiştirir.*

*Yerin harareti kalmadı mı gök hararet yollar, rutubeti bitti mi rutubet verir.*

*Bu yeryüzü, hanımlıklar etmekte, doğurduğu çocukları emzirip yetiştirmektedir.*

*Şu halde yerle göğün de aklı var, böyle bil. Çünkü akıllıların işlerini işliyorlar.*

*Yer olmasa güller, erguvanlar nasıl biter, gökyüzünün suyu, harareti olmasa yerden ne hâsıl olur?*

*Dişinin erkeğe meyli ikisinin de işi tamamlansın diyedir.*

*Bu birlikte âlem baka bulsun diye Tanrı erkekle kadına da birbirlerine karşı meyil verdi.*

*Gece de böylece gündüzle sarmaş dolaş olmuştur. Geceyle gündüz suretâ birbirine aykırıdır, ama hakîkatte birdir.*[15]

Arâbî hikâyesine Mevlânâ kendisi yorum getirir: *"Bu karı kocadan maksat nefis ve akıldır. İyiyi de kötüyü de ayırt etmek için bunların ikisi de çok lâzımdır. Bu ikisi (akıl ve nefis) şu toprak evde (yani bedende) gece gündüz cenk ve cidaldedir.*"[16]

Başka bir hikâyede şu benzetme yapılır: "Aklı erkek bil, nefsi ve tamahı kadın." Bunlardan biri nura öteki karanlığa götürür. Fakat ruh doğru yolu bulunca nefisle akıl birbirini destekleyerek, hep birlikte hakîkate, nura kavuşurlar. Bu durum her iki cins için geçerlidir.[17]

Düşünce dünyasında böyle olan Hz. Mevlânâ'nın gündelik hayatına, tavır ve uygulamalarına bakarsak, kadınlara karşı çok daha sevecen ve anlayışlı olduğunu görürüz.

Mevlânâ tek eşli bir evlilik hayatı yaşadı. Eşinin ölümünden sonra bir daha evlendi, kendisi ondan önce vefat etti. Evinde ayrıca câriye kullanmadı.[18] Evlilik kurumuna bakışını oğlu Sultan Veled'e evleneceği sırada yaptığı şu tavsiyelerde görebiliriz. Eşi olacak Fatma Hatun'la evliliği esnasında oğluna şunları yazar: "Allah için yüzümüzü ak etmek istersen, onun hatırını aziz, ancak pek aziz tut; onunla her günü ilk gün, her geceyi gerdek gecesi say. Hani bir gün Hz. Peygamber kızı Fatma'yı hoş tutması için Hz. Ali'ye: 'Fatma benim bedenimin bir parçasıdır' buyurmuştu ya. Eşin için sen de böyle düşün."[19]

Mevlânâ'nın kadınlarla ünsiyetinin çok ileri seviyede olduğu görülür. Bu kadınlar hem yüksek tabakaya mensup ailelerden hem de sıradan halk içindendir. Eflâki'nin *Menâkıb*'ında, ilk gruptakilerden bir kısmı ismen zikredilir.[20] Bu eserde Mevlânâ hakkında birçok kadından rivayetler yer alır. Mevlânâ'nın asıl ilgi gösterdiği kadınlar ise, halk tabakasından idi. Onlar Mevlânâ'yı severler, toplantılar yapıp onu evlerine çağırırlardı. İrşad için onlara gider, gelince üstüne güller saçarlardı. Gölpınarlı'nın beyanına göre onunla birlikte semâ ederlerdi.

Eflâki'deki şu rivâyette Mevlânâ'nın kadındaki insanlık cevherine saygı duyarak aldığı güzel sonucun örneğini görürüz: O, insanların hakir gördüğü bir fâhişe kadının ve mâiyetindekilerin, kendisine saygı gösterisinde bulunmaları üzerine, onlara gönül alıcı sözler söyleyerek, tövbe edip düzgün bir hayata dönmelerini sağlamıştır.[21]

Schimmel, Kur'an'daki Belkıs-Süleyman kıssasına dikkati çeker. Sadece Mevlânâ'nın bu konuyu Hz. Süleyman'la Belkıs arasında cereyan eden romantik duygular ve aşk zemininde[22] derinlemesine ele aldığını belirtir.[23]

İnsan psikolojisini iyi bilen Mevlânâ, kadın ruhunun inceliklerine dikkati çeker. Aşırı baskıların ters tepeceğini hatırlatır. *Fîhi Mâfih*'te kadının zorla örtülmesi konusunda hoş bir örnek vardır:

"Kadın nedir?.. Sen nasıl bakarsan bak, ne söylersen söyle, o neyse odur. Kendi bildiğinden şaşmaz; belki çok söylemekle daha beter olur."

"Kadına karşı: 'Kendini sakla, örtün!' diye ne kadar aşırı gidersen, onda kendini gösterme arzusu o nispette fazlalaşır. Halkta da, gizlendiğinden dolayı, o kadını görme eğilimi o kadar ziyâdeleşir. Şu halde sen oturmuş, iki tarafın da görmek ve görülmek arzusunu ve isteğini artırıyorsun."

Mesela bir ekmek alsan, koltuğunun altına koyup, onu herkesten saklayarak desen ki: "Bunu hiç kimseye vermeyeceğim, hatta hiç kimseye göstermeyeceğim bile!.." Her yerde ekmek bolluğuna rağmen, sakladığın o ekmeği görebilmek için insanlar senin peşini bırakmazlar ve: "Biz o sakladığını mutlaka görmek isteriz!" diye, tuttururlar. Çünkü "İnsanlar yasaklandıkları şeye karşı aşırı istekli olurlar."

Ayrıca eğer o kadının özünde kötü iş yapmama eğilimi varsa, sen mâni olsan da olmasan da; o, güzel yaradılışına, temiz ve iyi huyuna uyacaktır. Müsterih ol ve gönlünü bulandırma. Eğer durum bunun aksine ise, o yine kendi bildiği yolda, yaradılışına uygun şekilde hareket edecektir. Ona engel olmaya çalışmak, isteğinin şiddetini artırmaktan başka bir şeye yaramaz.[24]

## SONUÇ

Hz. Mevlânâ hayatın içinde, ayakları yere basan, gerçekçi bir insandır. Beşerî yönüyle kadını ele alırken, onu meziyetleri ve zaaflarıyla olduğu gibi değerlendirir. Kendisi tek eşli ve mutlu bir aile hayatı sürdürdü. Her sınıftan kadınla ülfet ve ünsiyeti oldu. Onlarla sâfiyet ve samimiyet içinde ilgilendi. Öte yandan metafizik açıdan ve hakîkat gözüyle bakınca kadını alabildiğine tebcil eder. Yaratıcılık ve doğurganlık özelliği dolayısıyla o sanki tanrısal bir vasfa sahiptir. Mevlânâ kadını "Hakk'ın nuru" olarak niteler.

## DİPNOTLAR

[1]   Bk. M. Akif Aydın, "Kadın", *Diyanet İslâm Ansiklopedisi* (*DİA*), c. 24, s. 86-87.

[2]   Annemarie Schimmel, *Ruhum Bir Kadındır*, çev. Ö. Enis Akbulut, s. 25, İz Yayıncılık, İstanbul, 1999.

[3]   M. Akif Aydın, *DİA*, aynı yer.

[4]   A. Schimmel, *Tasavvufun Boyutları*, çev. Ender Gürol, s. 363, Adam Yayıncılık, İstanbul, 1982.

[5]   Nesâî, *İşretü'n-n-Nisâ*, 1.

[6]     Bu yorumlar için bk. İbn Arabî, *Fusûsu'l-Hikem*, "Muhammed" fassı.

[7]     Abdülbaki Gölpınarlı, *Mevlâna Celâleddin*, s. 213, İnkılâp Kitabevi, İstanbul, 1959.

[8]     Bk. Mevlânâ, *Fîhi Mâfîh*, çev. A. Avni Konuk (S. Eraydın neşri), s. 81-82, İz Yayıncılık, İstanbul, 1994; Schimmel, *Ruhum Bir Kadındır*, s. 78.

[9]     *Mesnevî*, c. IV, beyit: 2044-2145.

[10]    *Mesnevî*, I, 2290.

[11]    *Mesnevî*, I, 2430.

[12]    Âl-i İmrân Sûresi 14. âyet: *"Kadınlara, oğullara, kantar kantar altın ve gümüşe, cins atlar ve develere, ekinlere karşı aşırı sevgi beslemek, insanlara hoş göründü. Bunlar dünya hayatının nimetleridir. Oysa varılacak en güzel yer Allah katındadır."*

[13]    *Mesnevî*, I, 2420-2437; Ken'an Rifâî, *Şerhli Mesnevî-i Şerif*, s. 346, beyit: 2455-2574, Kubbealtı Neşriyâtı, İstanbul, 2000.

[14]    Bk. Ken'an Rifâî, *Şerhli Mesnevî-i Şerif*, s. 350.

[15]    *Mesnevî*, III, 4402-4418.

[16]    *Mesnevî*, I, 2616-18; Ken'an Rifâî, *Şerhli Mesnevî-i Şerif*, b. 2656-58.

[17]    Ken'an Rifâî, *Şerhli Mesnevî-i Şerif*, s. 425.

[18]    Abdülbaki Gölpınarlı, *Mevlânâ Celâleddin*, s. 213.

[19]    Mevlânâ, *Mektuplar*, çev. Abdülbaki Gölpınarlı, s. 14, İnkılap ve Aka Kitabevi, İstanbul, 1963.

[20]   Bk. Schimmel, *a.g.e.*, s. 47.

[21]   Bk. Eflâkî, *Âriflerin Menkıbeleri*, çev Tahsin Yazıcı, I, 537, MEB Yayını, İstanbul, 1964.

[22]   *Mesnevî*, IV, b. 859 vd.

[23]   Schimmel, *a.g.e.*, 62-63.

[24]   Bk. Mevlânâ, *Fîhi Mâfih*, çev. Meliha Tarıkâhya, s. 114-118, MEB Yayını, İstanbul, 1958; aynı eser, A. Avni Konuk terc. haz: Selçuk Eraydın, s. 81-83, İz Yayıncılık, İstanbul, 1994.

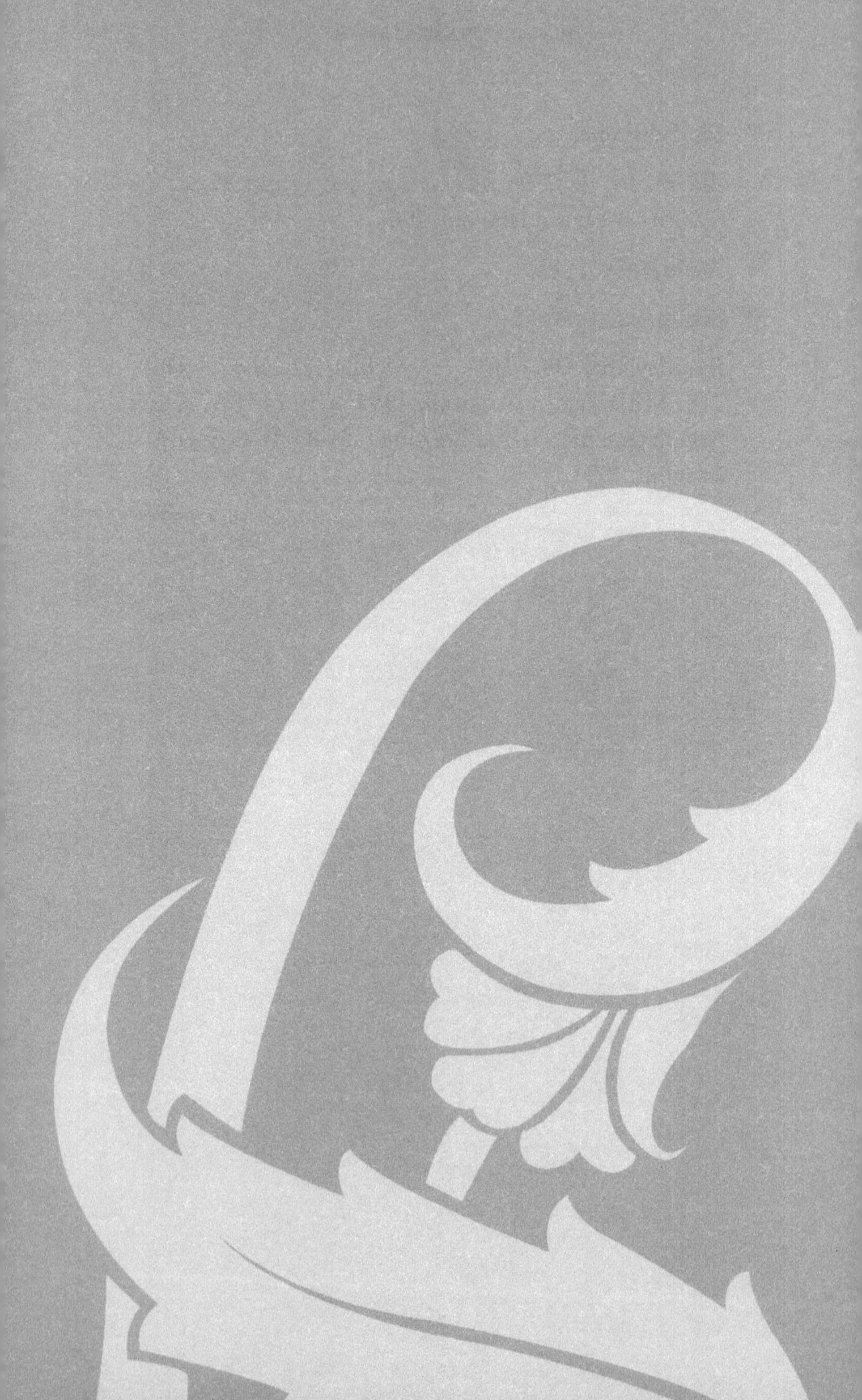

# *Güzellik ve Mâneviyattaki Kadın Unsuru*

Prof. Dr. Carl W. ERNST

Çeviri: Cangüzel Zülfikar

Hz. Muhammed'in bir hadîsi şöyledir: *"Allah güzeldir ve güzeli sever."* Bir başka hadiste ise, *"Dünyanızdan bana üç şey sevdirilmiştir: Kadın, güzel koku ve gözümün nuru namaz."* buyurmuştur. Mâneviyattaki güzellik aşkının önemi nedir? Ve bu hassas konuya cinsiyet ne şekilde dahil olur? Rifâî mutasavvıf geleneğinden gelen ve seçkin modern bir Türk kadını olan Sâmiha Ayverdi'nin hâtırası şerefine bir araya toplandığımız bu günde, bu soruların önemi daha da artmaktadır. İlâhî güzelliğin tefekkürünün estetik şoku ile mukayese edildiğinde, erkek veya dişi olmak önemini kaybetmektedir. Ancak belirli bir sosyal ve tarihsel zamanın içinde yer alıyor olmamız, toplumun erkek ve kadın üzerine yüklediği rol ve beklentileri göz ardı etmemizi imkânsız hale getirir. Geçtiğimiz yüzyıl içinde küresel ekonomilerde meydana gelen değişimler, dünyanın her yerinde, kadının eğitim, kültür ve dine katılımının bugüne kadar görülmemiş bir şekilde ortaya çıkmasına sebep olmuştur. Bu tecrübe ettiğimiz değişimlerden çıkarılması gereken büyük ders, kadınsı mâneviyatın erkeksi mâneviyattan farklı olduğu değildir; bunun yerine, anlayış kabiliyeti olan kadınların seslerini dinlemenin, haksız olarak kadını erkekten aşağı bir duruma koyan benlikçi ataerkilliğin kısıtlamalarından kurtulmamıza izin verebileceğidir.

Dünyadaki bütün büyük dinlerin geleneklerinde erkek egemen siyasî yapılanmaların olduğu sosyal teşkilatlanmanın benzer şekillerde yaşandığı kabul edilmelidir. Kadınların önemli mânevî roller aldığı gerçeği halen yürürlüktedir ve bu durum resmî tarihlerde genellikle kabullenilmez. Âlimlerin yakın geçmişte kaydettikleri en büyük başarılardan birisi; esrarengiz biçimde her yerde dışlanmış kadınların sesini dünyanın bütün medenîleşmiş bölgelerinde ortaya çıkartmak gayretidir. Tarih bir zamanlar özellikle sadece kralların ve büyük adamların tarihi olarak dikkate alınırdı, fakat artık kadınların rol aldıkları kısımlar anlaşılmadan; geçmişi anlayışımızın eksik ve çarpıtılmış olacağı kabul edildi.

Din tarihinde, Hıristiyan mâneviyatında kadın mistiklerin katkılarına hatırı sayılır derecede önem verilmektedir. Bu mühim konudan bahseden birçok yayın da vardır. İslâm mâneviyatına baktığımızda; yakın geçmişe dek özellikle az sayıda bulunan kadın eserleri sebebiyle durum daha karmaşıktır. Müslüman kadınların mânevî yaşantısına dair biraz bilgiye erişmek kabildir, ancak bu hususta biz daha ziyade erkeklerin yazdıklarına güvenmek durumundayız. Bir örnek olarak, Câmî'nin kitabı verilebilir. O, mutasavvıflar üzerine yazdığı biyografik eseri *Nefahâtü'l-Üns*'ü

(Yakınlığın Meltemleri), "Allah'ı bilen erkeklerin seviyesine erişmiş Allah'ı bilen kadınların anısına" başlıklı kısa bir ekle tamamlar.

Orada şöyle yazar:

*Futûhât-ı Mekkiyye* (Mekke Açılımları) eserinin yazarı Muhyiddin ibn Arabî (Allah'ın rahmeti üzerine olsun), yetmiş üçüncü bölümde, Hak dostu erkeklerin nesillerinden bahsettikten sonra, "Bu erkekler hakkında erkek olarak söylediklerimiz kadınları da kapsar, fakat erkeklere daha çok atıfta bulunulur, der. Birisi sordu: 'Kaç tane 'abdal' vardır?' Cevap verdi, 'Kırk ruh vardır.' 'Niye kırk tane erkek demedin?' diye soruldu. Cevap verdi, 'Çünkü onların aralarında kadınlar da var.'"

*Meşayihin Nesilleri* eserinin yazarı, Şeyh Abdurrahman el-Sülemî, *Allah'ı Bilen ve Kendini Ona Adayan Kadınların Mânevî Hâllerinin Hatırası* isimli özel bir kitap derledi ve birçoklarının mânevî hâllerinin açıklamasını ortaya çıkarttı. Şair el-Mütenebbi, "güneş" (şems) kelimesinin Arap gramerinde dişil kelime, "ay"ın (kamer) ise erkil kelime olduğu durumunu ima eden bir dörtlük yazmıştır:

> *Kadınlar benim tanımladığım gibilerse,*
> *Erkeklerden daha üstün olmalıdırlar.*
> *Dişillik güneşte bir kusur olmadığı gibi,*
> *Ay da erkilliğinden gurur duymamalıdır.*

Sülemî'nin kaybolmuş olan risalesi yakın geçmişte bulundu ve Rukiye İlaruy Kornel (Rkia Elaroui Cornell) tarafından İngilizceye çevirildi.[1]

Bu metin bizim biraz daha detaylı bir şekilde, sûfî hayat hikâyesinde cinsiyet meselesinin belirsizlik ve hassasiyetini görmemize izin verir (lütfen bu söz konusu dörtlükte el-Mütenebbi'nin kadınlara samimi olmayan bir iltifatta bulunduğunu kaydediniz, çünkü o sıradışı kadınları cidden, tuhaf bir fenomen görüntüsüyle sunmaktadır). Bu belirsiz durum bu antolojide yer alan kadınlardan biri tarafından tuhaf bir kuvvetle ifade edilmiştir. Mervli Ahmed'in kızı Ayşe: "Gizlilik kadınlar için keşiften daha uygundur, çünkü kadınlar kendilerini açığa vurmamalıdırlar."

Mutasavvıfların keşf (perdelerin kalkması, açılması) dedikleri tecrübeye dair sorulan bir soru hakkında Ayşe'nin verdiği bu cevap şaşırtıcıdır. Bu cevap beklenmez, zîra metnin içeriğinde kadınlar arasında benzeri mânevî tecrübenin bolca bulunduğuna ait deliller verilmiştir. Fakat bir bakıma, bu cevap bizim üzerinde durduğumuz konuyu anlamak için araştıranlara karşı koyuşun ana meselelerinden birini gösterir: Özel alana ait sınırı geçmeden İslâmî kültürün kadın boyutuna nasıl erişebiliriz? Bir anlamda, bu iktibas (alıntı), neden çok az sayıda kadının genelde biyografik eserlerde ve özelde de mutasavvıf biyografilerinde temsil edildiğini açıklar. Birçok hallerde bu kadınların biyografileri (belirtildiği takdirde) kitabın "başlıca" konusu olan erkeklerin biyografilerine ek bölüm olarak dahil edilmiştir. Kadın düşmanlığı, mutasavvıfların eserlerinde kesinlikle bulunan bir davranıştır. Bununla beraber, bir başka anlamda, kadınların gizliliği ve hususiyeti düşüncesi hem mutasavvıfların yazılarında onlara ayrılmış kısa bahisler ve hem de söz konusu bu eserlerde kişisel ayrıntılarıyla biyografik bilgi eksiği bu hali açıklamaya yardım edebilir. Kadınlar sûfî biyografilerinde tasvir edildiklerinde, bunun tipik sunum örnekleri bulunur ve bu durum, önceden tahmin edilebilir erkek-kadın dinamikleri ile gayet güzelce açıklanabilir. Etkisi güçlü bir kadının, esasen kadın sûretinde erkek olduğu kaç kere söylenmiştir? Bu tür menfî iltifatlar, bir kadının mânevî gücüyle kafası karışmış ve şaşkın (hayretten donakalmış) erkek şecere kayıtçısı için en son çare olarak görünür.

Dinin ve mâneviyatın, cemiyete açık yazılı kayıtlarında, kadınların genelde saf dışı bırakılmalarına rağmen; ilâhî varlığa erişmede aşkın doğası ve güzelliğe ait anahtar tartışmalarda kadınların belirgin bir şekilde tasvir edilişlerini görmek, ister istemez ve sık sık dikkati çekmektedir. Eflâtun *Sempozyum* isimli eserinde Sokrat'ı, aşk ve güzelliğin felsefî öğretileri üzerine rahibe Diyotima'dan talimat alır bir halde anlatır. Kur'an'da Yûsuf ile Züleyha hikâyesi anlatılırken, ona "hikâyelerin en güzeli" denilir. Bu neden böyledir?

İranlı mutasavvıf Ruzbihan Baklî'ye (ö. 1209) göre: Dünyevî aşk ilâhî aşkın başlangıcıdır. Hem çırak hem usta için, ilâhî aşkın mestliğine erişmek üzere kaçınılmaz bir durum vardır ve o da yaratılmışları ulûhiyetle kaplamaktır. Hz. Muhammed'in (s.a.s) dinî hukukunda iffetli aşka destek yolunda kanıt vardır. Yüce Allah'ın (c.c) kitabında *'Biz sana en güzel hikâyeleri söylüyoruz.'* (Yûsuf, 3) buyurduğu gibi, Yûsuf ile Züleyha (Allah'ın rahmet ve merhameti onların üzerine olsun) ve Ya'kûb (a.s) ile Yûsuf (a.s) gibi biz de sana âşık ve mâşûkun hikâyesini söyleyelim, çünkü onların aşkının hikâyesi aşk ve sevdanın olduğu en güzel hikâyelerdendir.[2]

Ruzbihan'ın hayat hikâyesinde, Şiraz'a döndüğünde ve halka ilk vaaza başladığında bir sansasyonun ortaya çıkmasına sebep olduğu anlatılır. En eski çevirisinde hikâye şöyledir:

"Şeyh, Pasa'dan Şiraz'a geldiğinde, ilk gün Atik Camii'nde vaaz etti. Vaazın orta yerinde dedi ki; ben camiye girdiğimde, bitki satıcılarının köşesinde bir kadın kızına nasihat ediyordu, 'Canım yavrum, annen sana yüzünü örtmeni ve güzelliğini pencereden herkese göstermemeni tavsiye eder. Bu senin güzelliğin ve sevimliliğinden dolayı değildir, herhangi birini ayartmaya sebep olmamak içindir. Beni duymuyor musun ve benim tavsiyemi kabul etmiyor musun?'"

Ruzbihan bu sözleri duyunca, o kadına şunları demek istedi; "Senin kızına kendisini saklamasını ve gözlerden yasaklamasını tavsiyene rağmen ben diyorum ki; ona kendisini göstermesi için izin ver! Kızın senin nasihatlerini dinlememeli veya bunları kabul etmemeli, çünkü o güzeldir ve güzellik kendisine aşk iştirak edinceye kadar huzur bulmaz."

Şeyh bunu söylediğinde, Allah yolunun yolcularından (müridlerden) biri o huzurda bulunuyordu. Bu sözlerin oku onun kalbi hedefini buldu, böylece bir çığlık ile ruhunu teslim etti. "Şeyh Ruzbihan canları kelimelerinin kılıcıyla param parça kesiyor!" çığlıkları şehirde yükseldi. Şehrin insanları ona doğru yöneldiler ve onun müridi/dervişi oldular.

Bazı daha sonraki nakiller, Ruzbihan'ın anneye olan tavsiyelerine şu yorumu da eklerler: "Aşk ve güzellik, hiçbir zaman birbirlerinden ayrılmamak üzere, ezel öncesinde bir anlaşma yaptılar."[3] Hakîkaten, kendisinin aşka dair önemli incelemesi olan *Âşıkların Yasemini* (The Jasmin of the Lovers) isimli eserinde, Ruzbihan, adeta hocası gibi davranan ve kendisine insanî aşk ile ilâhî aşk arasındaki ilişkiyi tanımlaması için meydan okuyan isimsiz bir kadın ile tartışmaya girer. Diğer bir meşhur mutasavvıf olan İbn-i Arabî (ö. 1240), ilâhî güzellik hakkında yorum yapar ve kendi ayrılış noktası olarak, Kur'an ve hadiste açıkça söylenen el-Cemil (Güzel) ismini alır. *Futûhât-ı Mekkiyye* isimli eserinde yer alan bu ilâhî ismin tartışmasına dair giriş kabilinden bir şiirinde, güzelliği duyguların algılayabileceğinin ötesinde olan ve fakat sevgilinin kalbi tarafından şâhit olunan ilâhî sevgili bilmecesini ortaya koyar -ve bu ilâhî güzelliğin aşkı, Arap şiirinde göklere çıkarılan büyük aşkların modelidir.

*Güzel fakat hasrette değil, aydınlık fakat görülmeyen,*

*Kalpler O'na şâhittir, ama bilmezler.*

*"Gözler O'nu ihtiva edemez" biri hariç*

*Gerçek idrakin geride bıraktığından başka*

*O'na "sevilen" dersem yalancı olmam*

*O'na "şâhit olunan" dersem, bu benim bildiğimdir.*

*O'ndan başka sevilen yoktur,*

*Ve sadece Selmalar, Leylâlar ve Zeynepler örtüdür.*

*Onlar örten perdelerdir, nakleden,*

*Sevenlerin şiirleri ve yazılarıyla,*

*Mecnun ve Leylâ gibi ve onlardan önce gelenler gibi,*

*Beşir ve Hind gibi —kalbim isimlerini taşıyamaz.*[4]

Bu şekilde, İbn Arabî, yaratıcı ve yüce ilâhî güzelliğin, bu dünyanın güzel şeylerine olan ilişkisini açıklar ve bu da ancak erkek ve kadın sevgililerin isimleri ile yapılabilir. İbn Arabî'nin, içlerinde büyük bir mutasavvıf olarak methettiği Kordobalı Fatma'nın da bulunduğu pek çok önemli kadın mutasavvıflarla çalıştığı hatırlanmalıdır. Ayrıca, tasavvuf öğreticisi olmak üzere icazet verdiği 14 kadının şerefine şiirler de yazmıştır.

Bununla birlikte, kadınlara yapılan bu göze çarpan önemli atıflara rağmen, kadının idealize edilmesinin sembolik veya zihnî bir hapishane oluşturduğu iddia edilebilir -özellikle bu kadının tamamıyla farklı bir rol için veya erkekten farklı soyut bir konumda tanımlanması anlamına geliyorsa. Fakat gerçek şudur ki, kadınlar erkeklerin saygısını kazanmış seçkin mânevî öğretmenlerdir. Menkıbelerin içine gizlenmiş ve sıklıkla da başka kadınların marjinalleşmelerini haklı göstermek için kullanılmış olmasına rağmen, Râbiatü'l-Adeviyye'nin (8. yüzyıl) hikâyeleri onun erkeklerin hocası (müeddibe) olduğunu açıkça göstermektedir. Hint Çiştî tarîkatinin kurucusu Şeyh Nizâmeddin Evliyâ (ö. 1232), Bibi Fatma Sam'ın karizmasından sitayiş ile bahsetmiştir: "Aslan ormandan dışarı çıktığında, kimse onun erkek mi dişi mi olduğunu sormaz; Âdem'in çocukları, ona erkek de olsa dişi de olsa itaat etmeli ve saygı göstermelidir. Fatma Sam ile ilgili hikâyelerde onun aşırı dindarlığından ve ileri yaşından çokça bahsedilir. Ben kendisini gördüm. Büyük bir kadındı."[5] Şeyh Ahmed Rifâî'nin kızı Seyyide Zeynep bint-i el-Rifâî (ö. 1232), bir biyograf tarafından "yüksek vasıfları ve hayran olunacak mânevi seviyesi sebebiyle; sabırlı, mütevâzi kadın, Allah'ı hatırlayan, mükemmel kadın velî, Allah'ı katıksız bilen, takva sahibi, ümitli aydınlık olan, erkek evliyâlardan daha kıdemli" olarak tanımlanmıştır.[6]

Modern zamanlardan önce pek nadir rastlanabilen, kadına mânevî hoca olarak hayranlığın bu açık ifadeleri, kadının pek çok Müslüman toplumlarda özel çevrelere itilmiş olmasına rağmen, kadın ve erkeğin mânevî eşitliğinin tarihsel kanıtlarıdır. Şimdi, ihtiyaçların, kadın ve erkeklerin eğitim almasını ve işgücü içinde daha önceleri hayal dahi edilemeyen bir ölçüde yer almalarını zorunlu kıldığı bir çağdayız. Yaygın eğitim politikaları ile okuryazarlığın yayılması, sayısız kabiliyetli kadının, bir asır önce düşünülemeyecek meslekleri elde etmelerini mümkün kılmıştır. Bu Orta Doğu için, Avrupa ve Amerika'dan daha az doğru değildir. Seküler devletlerde dinin yeniden yapılanışı, başka sektörlerde kadının giyim ve davranışı üzerindeki tutucu kontrol faktörünü artırmış olsa bile, dinî ve kültürel konularda kadının liderliğini ortaya çıkarmıştır.

Hocam Annemarie Schimmel, hâtıratında şöyle yazmıştır: "(Türkiye'de) ikinci kalışımda, yeni arkadaşlar, Türk kültürünün başka bir kısmına, Türk tasavvufunun en iyi geleneklerine ulaşmama yardım ettiler. Üst üste gecelerini sessiz meditasyon ile geçiren başarılı iş adamları vardı ve mutasavvıflar ve yazarlar arasında önde gelen bir isim olan Sâmiha Ayverdi vardı; geleneksel hayatın yüceltildiği pek çok kitap ve makalenin yazarı. Onun evinde Osmanlı Türkiye'sinin kültürü ile tanıştırıldım, ayrıca o ve ailesi İslâmî güzel sanatların ve özellikle hattın sonsuz güzelliğine gözlerimi açtılar. Boğazın üzerinde gökyüzü gül bulutları ile kaplıymış gibi görünürken, uzun ve akıcı cümlelerle yaptığı sohbetlerini dinlemeyi çok sevdim. Birkaç hafta önce, Mart 1993'te, narin ellerini son defa öptüğümden üç gün sonra, Ramazan Bayramı arefesinde öteki dünyaya göç etti."[7] Bu derin kişisel övgüden, bu Türk öğretmenin, kendisi de daha sonra İslâmî sanat ve mâneviyatta otorite haline gelen Alman arkadaşı üzerindeki güçlü etkisini görebiliriz. Onların ilişkilerinin güzelliğin takdirinde merkezlenmesi ve ikisinin de örnek öğretmenler olması tesadüf değildir. Hepimizin, böyle seçkin insanlar tanıyacak kadar talihli olmamızı dilerim.

## DİPNOTLAR

[1]    Ebû Abdurrahman es-Sülemî, *İlk Mutasavvıf Kadınlar: Zikre'n-nisâ el-muteabbidât es-Sûfiyyat*, gözden geçirmeli

çeviri Rkia Elaroui Cornell (Louisville, KY: Fons Vitae, 1999).

2   Ruzbihan Baklî, *'Abhar el-âşıkîn, Tasavvufun Öğretileri*, çev. Carl W. Ernst (Boston: Shambala, 1999), s. 90.

3   Ayrıntılı bilgi için bkz. Ruzbihan Baklî, *Mistisizm ve İran Tasavvufunda Velîlerin Belâgati*, Curzon Sufi Series, 4 (London: Curzon Press, 1996).

4   İbn Arabî, *Futûhât-i Mekkiyye*, II, 542 (ch. 142). "*Gözler onu ihtiva edemez*" Kur'an'dandır (En'âm, 103).

5   AbdülHak Muhaddis Dihlevî, *Ahbarü'l-ahyar, Tasavvufun Öğretileri*, s. 186.

6   Ahmed ibn Muhammed el-Vitrî, *Ravzatü'l-nazirin, Tasavvufun Öğretileri*, s. 191.

7   Annemarie Schimmel, "A Life of Learning," Charles Homer Haskins Lecture for 1993, American Council of Learned Societies, Occasional Paper No. 21. Ayrıca bk. Schimmel'in makalesi "Samiha Ayverdi - Eine istanbuler Schriftstellerin," in Der Orient in der Forschung: Festschrift für Otto Spies zum 5. April 1966, ed. Wilhelm Hoenerbach (Wiesbaden: Harrassowitz, 1967), pp. 569-585. Professor Schimmel *My Soul Is a Woman: The Feminine in Islam* (*Ruhum Bir Kadındır*) adlı eserini Samiha Ayverdi'ye atfetmiştir, trans. Susan H. Ray (New York: Continuum International Publishing Group, 2003).

# 20. Yüzyılın İslâm Mutasavvıflarından Ken'ân Rifâî'nin Kadına Bakışı

F. Cangüzel GÜNER ZÜLFİKAR

"İnsanları seveceksin, senin içinde tükenmez af, merhamet ve müsamaha hazineleri var. Onun için yalnız insanları değil, bütün mahlûkatı aynı yorulmaz hız ve aynı tükenmez iştiyakla seveceksin. Sende mevcut cevherleri cömertçe harcamalısın. İnsanları insanlara iştirak ederek, hatâlarında ve sevaplarında onlarla bir olarak seveceksin. Doğumları ile çoğalıp ölümleri ile eksilecek kadar onlardan olacaksın. Senin bir insan olarak vazifen, insanların yüzünü müşterek, samimî bir gayeye, bir ideale çevirmektir ve bunun birçok yolları vardır. Fakat en kestirme, en güzel, en büyük yol aşk ve îman yoludur. Hudutsuz bir insanlık aşkı.. beşeriyetin tek selâmet kapısı her zaman budur. İnsan kemâle, beşerîlikten ulûhîliğe, kısacası Allah'a ancak ve ancak bu yoldan ulaşır."[1]

*Hatice Cenân Vâlide Sultan*

## 1. TAKDİM: KEN'ÂN RİFÂÎ KİMDİR?

Hazırlığımızın yazıya geçirilmesi ve sunulabilmesi; öncelikle hâtıraları önünde hürmetle eğildiğim, aralarından göçmüş olanları rahmet niyazlarıyla andığım, hayatta olanlarına sağlık ve afiyet duaları gönderdiğim kadınlar sayesinde olabilmiştir. Araştırmalarıma ilk olarak Aralık 2001'de Amerika'da Chapel Hill şehrinde başladım ve kimi zaman ara vererek, halen devam etmekteyim.

Osmanlı Devleti'nin Mutlakıyet ve II. Meşrutiyet devirleriyle, Balkan Harbi'ni, I. Dünya Savaşı'nı, Kurtuluş Savaşı'nı ve neticesinde yeni kurulan Türkiye Cumhuriyeti dönemlerini yaşamış ve yaşadığı her dönemin şartlarına îmanının belirtisi bir huzur ve kolaylıkla uyabilmiş bir öğretici ve eğitici mutasavvıfın, kadın anlayışını dile getirmek üzere huzurunuzdayım.

Kendisi hakkında yazılmış birincil kaynakların başında öğrencisi olan dört kadın yazarın hocalarına dair görüşleri, hâtıraları ve hocalarının sohbetlerinden yaptıkları derlemeleri gelmektedir. Tarihçi olarak her araştırmada olduğu gibi, önceliği birincil kaynaklara vermek ve oradan elde ettiğim bilgi ile sorularıma cevap aramam zaten beklenendir. Yalnız bu noktada daha ilk kaynağın yayına hazırlayıcılarının kadın olması bile sorularımın cevabını bulmama ışık tutan bir faktör oluşturmuştur. Hakîkati ararken sorduğum bitmeyen sorularım, okuduklarımla bir arada ele alınınca Ken'ân Rifâî'nin yeryüzünde sevgi, huzur, barış ve özellikle de ahenk içinde yaşamak ve bu yaşam biçimine örnek olmak üzere gönderildiğini düşündürtür.

Kendilerinin kısaca hayat hikâyesi ile başlayıp daha sonra kadın anlayışını belirten çeşitli mahiyette notlardan derlemelerle, öğrencilerinden bahsederek anlatabileceğim bu özel ve özellikli anlayışı örnekleri ile vermeye çalışacağım.

Kenan Rifâî Hazretleri 1867'de Selânik'te doğmuştur. Babası Filibeli Hacı Hasan Beyefendi, annesi Hatice Cenan Hanımefendi'dir. Doğduğu dönem, Osmanlı Devleti'nde azınlıkların isyanlarının ortalığı ateşe verdiği savaş günlerinin habercisidir. Devlet idaresi savaşlarda yaşanan kayıplara çare olarak düşündükleri Batılılaşma hareketlerine Tanzimat'la başlamıştır. Balkanlardaki huzursuzluk artınca ailesi İstanbul'a göç etmeye karar verir. Eğitimini Galatasaray Sultânîsi'nde tamamlar, eğitim kadroları arasında ilk görevine Balıkesir'de başlar. Mânevî eğitimini annesinden alır. Annesinin mürşidi Filibeli Ethem Şah onun da mürşididir. Balıkesir'de *Muktezâ-yı Hayat* isimli kitabını yazar. Camille Flammarion'un *Dünyanın İnkılâbı* adlı eserini Türkçeye çevirir.[2]

Balıkesir'den Adana'ya, Adana'dan Manastır'a tayini çıkar. Manastır'da Maarif Müdürlüğü görevindedir. Oradan taltif ile Üsküb'e Kosova Vilayeti Maarif Müdürlüğü'ne getirilir. Oradan Trabzon'a ve daha sonra da İstanbul'a Nümune-i Terakki Müdürlüğü'ne tayin edilir. Ardından aldığı mânevî bir işâret üzerine Medine'ye tayinini ister. Orada İdâdî-i Hamîdî Müdürlüğü'ne getirilir. Medine'de kendisine Şeyh Hamza Rifâî tarafından icâzet verilir. Burada Türklere Arapça, Araplara Türkçe öğretmek için bir kılavuz kitap hazırlar. Güfte ve besteleri kendisine ait olan birçok ilâhi üzerinde çalışır. Derken İstanbul Erkek Mektebi Fransızca hocalığına ve iki ayrı göreve daha getirilir. Sonra tekrar Medine'ye ziyarete gider. Döndüğünde Fener Rum Lisesi'nde hocalığa devam eder.

İstanbul'da konağının bahçesinde kendi imkânları ile inşa ettirdiği Ümm-ü Ken'an Dergâhı'nda *Mesnevî* dersleri, sohbetler ve zikir âyinleri icra edilir. Kendilerine dair bu çok kısa biyografik bilgiden sonra şimdi Kenan Rifâî'nin eserleri üzerinde durarak, bu çağdaş Sûfî'nin kadın anlayışını anlamaya gayret edilecektir.

## 2. KEN'ÂN RİFÂÎ'NİN İNSANA YAKLAŞIMI - TERBİYE VE TALİM YÖNTEMLERİ

Kendisinin eğitim-öğretim konularında çok başarılı bir öğretici ve idareci olduğu, kısaca verilen özgeçmiş bilgisinde görülür. Ken'ân Rifâî'nin eserleri olarak yetiştirdiği insanlar incelendiğinde, kendisinin ne gibi değişiklik ve yeniliklerle eğitim-öğretim uygulamalarına devam ettiği daha iyi anlaşılır. Öncelikle alışılagelmiş sınırlandırmaları ortadan kaldırmış, kadınların tahsillerini tamamlamalarının üzerinde durmuştur. Bu, O'nun yaşadığı dönem için çok önemli bir değişiklik olarak belirir. İslâm dinini yorumlarken mesela Peygamber'in *"İlim Çin'de bile olsa alınız!"* veya *"Beşikten mezara kadar ilim tahsil ediniz!"* hadisleri yahut Hz. Ali'nin "Bana bir harf öğretenin kölesi olurum!" sözlerinin herkese hitap ettiğinin üzerinde durmuştur. Kadının sosyal hayatta yerinin hemen hiç olmadığı bir devirde yetişen öğrencilerinin sosyal hayatta çok aktif roller aldığını görüyoruz. Bunlara dair örnekler takdim edilecektir.

Ken'ân Rifâî'nin getirdiği en önemli yenilik eğitim-öğretim vesilesiyle meslek sahibi olmaktır, denilebilir. Çünkü kendisinin etrafında pek çok asil ve üst ekonomik grup üyesi ailelere mensup kadınlar, yaşanan savaşların getirdiği ekonomik ve sosyal krizlerle bir şekilde mevcut statülerinden olunca, hiç yüksünmeden ve herhangi bir şikâyet belirtisi göstermeden tam tersi şükürle derhal kollarını sıvayarak görev başına geçmişlerdir. Bunlardan en çok bilinen örnek olan Nazlı Hanımefendi'dir, Evrenos-zâdelerdendir ve ilkokul öğretmenidir. Bu öğretmenin evinde öğrencileri için bayram yemekleri kazanlarla kaynar. Nazlı Hanım'ın maddî imkânları bu ikramları yapmaya yetecek gibi olmasa da, o özellikle fakir çocukların tepeden tırnağa üstlerini giydirir, karınlarını doyurur. Bu çocuklar toplumda öz güvenle çalışan, etraflarına yararları olan insanlar haline gelirler.[3]

Ken'ân Rifâî'nin kadınların sosyal hayattaki rollerinin değişmesine dair yaklaşımını, tasavvufun ilkelerinden "bâtın zâhirle bağlantıdadır" ile okumak ve yorumlamak da mümkündür.

Onun Medine'de başarılı öğrencilere kitap dağıtımı töreni sırasında, öğrencilerine kendisinin yazdığı ve bestelediği ilâhileri okutması her vesile ile öğretmek için uyguladığı çeşitli yöntemler arasındadır.[4] Gün gelir piyano ile ilâhi besteler. Bunlar Ken'ân Rifâî'nin yenilikçiliğinin, yaşadığı çağın icaplarını önceden görerek; gereken uyarlamaların yapılması için aldığı tedbirlerdendir.

### 3. KEN'ÂN RİFÂÎ'NİN İLKELERİ

Değişen dünya şartlarında mânâsını ve özünü kollayarak; eline geçen her vâsıtayı gayesine hizmette kullanmaktan asla yılmamıştır. "Bildiğinizi kendinize saklamayın, öğretmek cihetiyle kıskanç, öğrenmek cihetiyle ihmalkâr olmayın. Bildiğini kendine saklayan kimse beşeriyet için bir ayıp teşkil eder, öğrenin ve öğretin."[5] dediği öğrencileri, hocalarının bilimsel gelişmeleri, teknik buluşları, felsefî ve estetik akımları yakından takip ettiğini yazarlar.[6]

Ken'ân Rifâî iki şeye özellikle çok önem vermiştir: "Bizzat yaşayarak öğretmek ve severek öğretmek."[7] Bir gün öğrencilerine sorar: "Çocuklar! Ben gıybet ediyor muyum? Ediyorsam siz de edin. Ben yalan söylüyor muyum? Söylüyorsam siz de söyleyin. Ben kalp kırıyor muyum? Kırıyorsam siz de kırın. Ben kin tutuyor, kibrediyor, hased eyliyor muyum? Yapıyorsam size de bol bol izin! Ama beni hocanız bilmişseniz, bende olmayan hasletlerin herhangi birinde konuklamak üstünüzdeki mânevî hakkımı reddetmek olmaz mı?"[8]

Öğrencilerinden Sâmiha Ayverdi ve Nezihe Araz hanımefendiler; "Bu idealist terbiyeci, sevinç kadar acının, neş'e kadar kederin, hayat muammasını hecelemek için önümüze konan müstesna fırsatlar olduğunu da biliyordu. Nasıl bilememiş olabilir ki bizzat kendisi -daha evvelki fasıllarda da belirttiğimiz gibi- yeryüzünün muzdarip adamıydı. O ızdırabın, bir keyfiyeti olgunlaştırıp kemâle getirdiğini kabul ettiği için; yazın sıcağı kadar kışın soğuğuna da ihtiyacı olan nebata acımayı nasıl hatırından geçirmiyorsa, beşerin olgunlaşmasında rol almış olan acılara da bir dost muamelesi ediyordu."[9] diyerek, hocalarının öğretim ve eğitim yöntemlerine dair belirgin örnek verirler. Ken'ân Rifâî Hazretleri ile ilgili yine bu iki öğrencisi; "İnsanoğlundaki tecessüs melekesinin istihale ve harekete tâbi olan hakîkati, kendi zihnî ve hissî imkânları ile araştırmaktan hoşlandığını da takdir etmiş, bu yüzden de hiç kimseye doğrudan doğruya 'inan!' dememiş, 'düşün!' diyerek bir tefekkür silsilesinden sonra inanıp inanmamayı yine düşünücünün hükmüne bırakmıştır."[10] ifadesiyle eğitim anlayışını özetlemişlerdir.

İkinci Dünya Savaşı günlerinde bir akşam, radyoda çeşitli istasyonlarda dolaşıp, haberleri dinledikten sonra üzülerek şunları söylemiş olduğunu yine *Ken'an Rifâî ve Yirminci Asrın Işığında Müslümanlık* isimli eserden okuyalım:

"Kur'an insanları sevip onlara hayır ve iyilikte bulunmak ve adl ü ihsan ile muamele etmek lâzım geldiğini, peygamberler de insanların, Allah'ın ailesi olduğunu ve onlara şefkat ve merhamet edenlerin Allah indinde makbul olduğunu beyan ediyor.

Halbuki şimdi, radyo düğmesini çevirdiğim zaman, her istasyonun düşman memleketine yapılan hücumları ve yapılan tahribatı sayıp döktüğünü duyuyorum. Roma, Filistin, Mısır, Londra, ilh.. hep o! Sonra da bize bir şey olmadı, kayıbımız yok, diye iftihar ediyorlar. 20. asırda insanlık için bu ne elim bir netice! Bu hesapça dost kalmamış. O halde dost kim?"[11] sorusunu sormuştur. Bu sözlerinin yirminci yüzyılın ilk yarısında yaşanan savaş ve zulümler kadar günümüz şartlarına da uygunluğuna dikkat etmek gerekir.

## 4. KEN'ÂN RİFÂÎ'NİN KADIN ANLAYIŞI

Kadın erkek arasında mânevî terbiye/mânevî eğitim konusunda da ayırım gözetmemiştir. Kendisiyle tanışmadan önce, evden yanında lalası, dadısı, her şeyi hazır olmadan merasimle çıkmayan, çok saygın bir aristokrat ailenin kızı olan Semiha Cemâl Hanımefendi,[12] Kenan Rifâî'nin öğretim ve eğitimi ile tasavvufun ilk adımlarından addedilen Peygamber'in hadîsi icabı *"mute ente kable mutu"* yani *"ölmeden evvel ölmek"* sırrına eriştirilince, hocasının gösterdiği istikamette çok çalışarak, önce okulundan mezun olmuş, sonra da felsefe öğretimini tamamlamıştır. 36 yaşında bu dünyadan göçerken arkasında, yazılarından derlenmiş *Gül Demeti* isimli kitabı ve Türkçemize kazandırdığı Eflâtun külliyatı, Mark Orel ve Epiktet çevirileri ve de yetiştirdiği birçok öğrencisi kalmıştır.

Semiha Cemâl Hanım, hocasının kadın anlayışını şöylece özetler: "Kadında dahi muayyen bir heykel-i hüsn ü hayal, onun için mevcut değildir. Kadın, mazhar-ı aşktır, diye onu tebcil eder."[13] Semiha Cemâl Hanımefendi'nin açıkladığı bu bakış açısı bizim için çok mukaddes ve azizdir. Acaba biz bugün bu anlayışı kavrayabilir miyiz? Materyalist ve sömürgeci mevcut düzenin, sanayileşmenin tekdüze ve acımasız çarkının dişlileri arasında giderek bir ticaret metaı gibi takdim edilen kadın bedeni ve reklam dünyasının yoz bir biçimde cinselliği ön planda sunan günümüz bakış açısına bu engin hürmet dolu bakışı nasıl anlatabiliriz? Öncelikle kendimiz nasıl anlayacağız? Kadını basit, bayağı ve anlık zevklerin oyuncağı olarak görmediği gibi, ona gösterdiği saygı kadının varlığında ortaya çıkan aşk içindir. İslâm tasavvufunun, yaratılışın gayesini aşk olarak açıkladığı düşünülecek olursa, onun bütün inandığı prensipleri her nefes yaşayan bir hoca, bir yol gösteren olduğu da açıktır.

Bu konularda yine öğrencilerinin yazdıklarına müracaat edince şu satırları okuyoruz: "Görülüyor ki o, hakîkî aşk problemini vazederken ne dünyevî ve fizik aşkı inkâr edip küçümsüyor ne de insanları devamlı bir vecd ve istiğrak âleminde tutarak insiyaklarını zihnî bir tecrübe planında hapsetmek istiyordu. Kenan Rifâî, cinsî insiyakın ruhîleşme planında ve içtimâîleşme yolları ile tahavvül ve istihale ederek, yani bir keyfiyet değişikliği geçirip yükselerek ulvî bir bütün halinde mükemmelliğe sevk edilebileceğine inanıyordu. Esasen insan psikolojisinde yaptırmak istediği şuurlu süblimasyon ameliyesi de buna dayanmaktadır."[14]

En genç yaşlarından beri kadınlar ve kadınlık hakkında, onları küçülten, onlarda nakîse görmeye mütemayil herhangi bir fikre verdiği cevap hemen hiç değişmiyor: "Dokunmayın benim kadınlarıma, beni bir kadın dünyaya getirdi, ben onlara söz söyletmem. (…)." 1942 senesinde önünden geçerken uğradığımız Andifonia Kilisesi'nde bizleri mukaddes hücreye sokmadıkları ve sebebini de "kadınlar günahlı oldukları için bu hücreye giremezler" diye izah ettikleri zaman, bu hadiseyi bir platform yaparak kendisinin ve İslâmiyet'in kadın meselesini ele alış tarzını eve gelir gelmez şöyle dikte etmişti:

"Asırlar boyunca kadın için neler söylendi, neler yazıldı, ne kanlı maceralara girişildi. Onun adı kâh hudutsuz ihtiraslara vâsıta edildi, kâh faziletin eline bir bayrak olarak verildi. Fakat İslâmiyet kadar hiçbir zihniyet, hiçbir felsefe ona bâhâ biçemedi, hakîkî mevkiini veremedi."

Zaman ve menfaatler İslâmiyet'in kadın telâkkisini ne kadar tahrif ederse etsin, onun bu husustaki görüşü inkâr kabul etmez.

Zîra en büyük delili Kur'ân-ı Kerîm'dedir. Orada hitaplar "mü'minin ve mü'minât, sâlihin ve sâlihat" diye tefriksiz yapılmış ve mü'mine ve sâliha kadınlar, mü'min ve sâlih erkeklerden ayrılmamıştır. İslâmiyet'in ilk zamanlarında kadın içtimâî hayatın her safhasında erkekle beraber yer almakta, hatta gazâlara bile fiilen iştirak etmekte idi.

*"Bana dünyanızdan kadınlar, güzel kokular sevdirildi ve nûr-ı dîdem salâttır."* diyerek, sevdiği şeylerin başında kadını sayan Peygamberimiz, onun içtimâî hayattaki yerini "kadın erkeğin yarısıdır" diye sarahaten ve kat'î olarak tayin etmiştir.

Acaba İslâmiyet'in kadına verdiği bu değer nereden geliyor? İslâmiyet Hakk'ın yaratıcı kuvvetini taşıması ve hayatı idâmede oynadığı rol bakımından kadına has bir değer vermiştir. Bu değeri Hazreti Mevlânâ şöyle ifade etmiştir:

> *"Pertev-i Hakkest an mâşuk nî*
> *Hâlıkest an gûyyâ mahlûk nî"*

Onun, kadını "mahlûk değildir, sanki Hâlik'tir" diye kabul edişi, hayatın ve âlemlerin mânâsı olan yaratıcı kudreti bizzat şahsında temsil etmesinden dolayıdır.

Görülüyor ki İslâmiyet, kadını, içtimâî hayatta bir süs, bir lüks metâı olarak değil de, iş ve hayat arkadaşı diye nazar-ı itibare aldığı gibi, cinsiyeti bakımından da sadece bir zevk âleti olarak görmüyor, onda Hakk'ın yaratıcı kudretinin bir numunesini müşâhede ediyor. Yine Hazreti Mevlânâ:

*"Gûyyâ Hak tâft ez perdeî rakîk"* (Sanki bir ince perdeden Hak tecellî etmiştir) diyor.

Esasen Peygamberimizin *"Bana dünyanızdan kadınlar sevdirildi"* sözü de böyle bir felsefenin mahsulüdür. Bu sözü Muhyiddin-i Arabî şöyle izah ediyor: "Resûlullah nisaya muhabbet ederek onların vücudu aynasında Hakk'ı kemâli ile müşâhede etmiştir." Zîra İbn-i Farid'in de dediği gibi: "Her güzelin hüsnü Allah'ın cemâlinden müsteardır." Şu halde erkeğin kadına muhabbeti bir bakıma Allah'ın cemâline vuslatı talepten ibarettir. Fakat şüphesiz ki böyle bir düşünce muayyen bir seviyenin ve mânevî terbiyenin mahsulüdür. Kadını sadece cinsî zevk ve şehvetlerin bir tatmin âleti saymak, bu yüzden de günahlı görmek basit ve iptidâî bir zihniyetin eseri olduğu gibi, mahbûb-ı hakîkînin aslına, hakîkatine varmak için bir vâsıta, bir köprü bilmek ve ona göre hürmet etmek olgun bir görüşün ifadesidir ki, bu da İslâmiyet'te ifadesini bulmuştur.[15]

Gelişen ve değişen dünya şartları derken onun üç farklı yönetim döneminde yaşadığını hatırlamak gerekir: Mutlakiyet, II. Meşrutiyet ve Cumhuriyet. Her dönemin kendisine göre özellikleri vardır. Her dönemde toplumun ahlâkî, kültürel ve sosyal değerler bütünlüğünde çok hızlı ve köklü değişimler yaşanmıştır. Bu değişiklikler içerisinde o her zaman kadına verdiği saygı ve gösterdiği özenle özde aynı ve fakat biçimde farklı ve yeni uygulamaları başlatmıştır.

Peygamber Efendimize Kur'an'daki emirlerin sadece erkeklere mi ait olduğunu soran kadınların soruları üzerine; Kur'ân-ı Kerîm'de Ahzâb Sûresi'nde şöyle bir cevap verilmiştir: *"Müslüman erkekler ve Müslüman kadınlar, mümin erkekler ve mümin kadınlar, taata devam eden erkekler ve taata devam eden kadınlar, doğru erkekler ve doğru kadınlar, sabreden erkekler ve sabreden kadınlar, mütevâzi erkekler ve mütevâzi kadınlar, sadaka veren erkekler ve sadaka veren kadınlar, oruç tutan erkekler ve oruç tutan kadınlar, iffetlerini koruyan erkekler ve iffetlerini koruyan kadınlar, Allah'ı çok zikreden erkekler ve çok zikreden kadınlar var ya; işte Allah, bunlar için bir mağfiret ve büyük bir mükâfat hazırlamıştır."* (Kur'an, 33: 35).[16] İslâmiyet'in mukaddes kitabında kadın ve erkeğin her türlü sorumlulukta eşitliğine dair verilebilecek en güzel örneklerden biri bu âyet-i kerîmedir. Ken'ân Rifâî Hazretleri'nin de sohbetlerinde ve günlük hayatta üzerinde en çok durduğu mesele budur: Kadının ve erkeğin insan olmak yolunda üzerlerindeki mükellefiyetin eşit oluşu.

Dinin esaslarında sağlam duran ve sosyal yapıda ortaya çıkan yenilikleri benimseyen bu çağdaş mürşid, kadınların sosyal hayatta da Kur'an'daki hitaba uygun eşitlikte sorumluluk almaları için çalışmıştır. İlkeleri aynı fakat uygulamalarında değişiklik söz konusudur. Cemiyetin ihtiyaçları doğrultusunda çalışma hayatında aktif olan birçok kadının eğitimlerinde rol sahibi olmuştur. Onun çok farklı alt yapılardan ve kültürlerden öğrencileri olmuştur. Bunlar genellikle tahsilli, diller bilen aydın kadınlardır.

Semiha Cemâl, Sâmiha Ayverdi, Safiye Erol, Sofı Huri, Nezihe Araz, Meşkûre Sargut, Müjgân Cumbur hanımefendiler eserleriyle çağımızın mümtaz kadın örnekleri arasındadırlar. Bu kadınların hepsinin ortak özelliği onların yazar oluşlarıdır. Onların tek tek eserlerini saymak ve tasnif etmek dahi başlı başına yeni bir çalışmanın konusu olmaları hasebiyle buraya kaydedilememektedir.

## 5. KEN'ÂN RİFÂÎ'NİN MÜRİDİ SÂMİHA AYVERDİ

Bu toplantının tertip gayesi Ken'ân Rifâî Hazretleri'nin öğrencisi Sâmiha Ayverdi'yi 100. doğum yıl dönümünde anmaktır. Çok küçük yaşta çok şükür, huzurlarıyla müşerref olmak bahtiyarlığının bahşedildiği Sâmiha Ayverdi Hanımefendi'nin bıraktığı en önemli tesir, daima ve sonsuz bir "tevâzu" ile durmaksızın çalışmasıdır.

*Hancı* isimli eserinde,

> "Ben, ustamın hazinesinde bir kara mangırım. Ama o, bu kara, bu kırık mangırcığı, kor gibi altınlar arasından çekip, pey sürerek hazinesinde yer verdi. Üstelik, "Seni kendim için, beni âleme söyleyip bildirmen için seçip aldım, dedi."

diyerek kendisini ve hocasını harika bir Türkçe ile tanımlar.

Hocasının kendisine verdiği ilham ve teşvik ile o; bu güzel ülkede çevre bilinci, hava kirliliği gibi konular henüz gündemde bile değilken, tek başına hiçbir engelden yılmadan Fatih, Fevzi Paşa Caddesi'nde kesilen ağaçların yerine kendi cebinden ödediği paralarla aldığı fidanları dikerek, onların sulanması için hiç üşenmeden, caddenin iki tarafındaki dükkân sahiplerine gidip "size susuz birisi gelse su verir misiniz?" diye sormak suretiyle, onların gönüllerine hitap ederek, bu dikilen ağaçlara yaz boyunca her gün birer kova su verilmesi için tek başına bir sivil hareket oluşturmuştur.

Onun "Ben bir Müslüman Türk kadın yazarım" diyerek sadece kitaplarını yazıp köşesine çekildiği görülmez. Kimliğini şahsiyetli bir şekilde dile getirerek eline geçen her fırsatta bu hüviyetin gereği, 'mürşidimizin yaşayarak öğrettiği ahlâkın icabı budur' diyerek, gayrette ve çok çalışmakta olduğu müşâhede edilir. Hiçbir zaman "ben" dememiştir. Vatanı için, İslâm âlemi için ve hatta dünya ve insanlık için gördüğü gerek üzerine hemen bütün yetkili siyasî kadrolara, bürokrasideki ileri gelenlere, devlette, özel sektörde, gazete köşe yazarlarına, dikkatini çekmek istediği herkese o konu hakkında mektuplar yazmış, mektubunun arkasını araştırmıştır.

Yaşananlardan haberdar olmak maksadıyla, en azından bir günlük gazete okumak onun için her aydının yapması gereken gayet tabii bir alışkanlık olmalıdır. Bunu etrafındaki herkese telkin etmiştir. Lüzum gördüğü takdirde derhal işittiği haberlerin aslını araştırarak onlarla ilgili gerekli tedbirleri almakta asla gecikmez.

Yazdığı tasavvuf romanlarını, sonradan daha çok hatıra, tarih ve eğitim ağırlıklı kitaplar takip etmiştir. Hicrî 1400 yılına girerken adeta bir arslan gibi kükreyerek bütün İslâm âleminin ileri gelenlerine hitaben mektuplar hazırlar, bir kitap yazar ve adeta haykırarak: *Kölelikten Efendiliğe* diye seslenir. Batılı güçlerin sömürgeciliğine karşı, yetsin artık bu kulluk ve kölelik hali diye feryat eder.

İslâm âleminin liderleri bu İngilizce ve Arapça basılan kitapları kendilerine hitaben yazılmış mektupları alınca ne yapmışlardır? Bilemiyorum.

Ondan ziyade günümüz şartlarında İslâm dininin temsilcileri olan biz Müslümanların, bundan 43 sene önce O'nun yaptığı çağrıyı duyup duymadığımızı düşünüyorum.

O da hocası gibi devamlı değişen zâhir şartlara kendisini uyarlayarak, yenilemiş ve yenilenmiş, kendisine ve cemiyete yeni istikametler çizmiştir. Onun bu yenilikçiliği hocasından gelir. Çünkü kendisi böyle anlatır. Hem kitaplarında hem sohbetlerinde 'mürşidimiz bize tasavvuf ilkelerini yaşayarak anlatmıştır', der.

Sâmiha Hanımefendi, ağabeyi Ekrem Hakkı Ayverdi Beyefendi ve hanımı İlhan Ayverdi Hanımefendi ile beraber, giderek kaybolmaya yüz tutmuş Türk-İslâm kültürünün el sanatları ve müziği gibi konulara özen gösterip bu eserleri koruyarak insanlığa hizmet vermek üzere Kubbealtı Akademisi Kültür ve Sanat Vakfı'nı kurmuşlardır. Bu aydınlık ocaktan yetişen öğrenciler, bugün dünyanın çeşitli yerlerinde eserleriyle sergiler açmakta, konferanslar-dersler verip insanlığa bu ata yâdigârı güzellikleri göstermektedirler. Bu üçlünün geniş ufukları kucaklayan îman, ahlâk ve aşk anlayışları Ken'ân Rifâî'nin elinde mayalanmış ve şekillenmiştir.

Sâmiha Ayverdi'nin hizmetleri sebebiyle "Vakıf sultan"[17], "Vakıf Ana"[18] veya "Vatan annesi"[19] gibi hitaplarla anıldığını tespit ettik.

Hocası Ken'ân Rifâî, Sâmiha Ayverdi'nin annesine "Sâmiha'ya dikkat ediniz; onun tesiri bir asır değil yüzlerce asır sürecektir ve o kitaplarıyla dergâh açacak, dünya durdukça gönülleri uyandırmaya devam edecektir." demişlerdir. Bazı kere araştırmacı olarak da sorulabilecek soruların cevapları kendiliğinden gelince susmak ve sessizlik içinde bu hâli dinlemek; kabil olduğunca, kabımız el verdiğince o ânı tefekkür ve terennüme niyaz elzemdir.

## 6. KEN'ÂN RİFÂÎ'NİN HANIM TALEBELERİNİN KALEMLERİNDEN

İlhan Ayverdi Hanımefendi, "Kesintisiz devam eden irşad" başlıklı yazısında, Ken'ân Rifâî Hazretleri'nin bir gün yakınlarına, "Benim, sizin dahi yüzlerini görmediğiniz nice evlatlarım var" dediğini yazar. "Etrafındakileri ömür boyu mânevî rızıkla besleyen aziz hocamız, tasarrufunu ve irşad vazifesini, yüzlerini görmediğimiz evlatları içinde kesintisiz devam ettirmiştir." diyerek devam eder. Sonra da "Sâmiha Anne'nin dediği gibi, 'Çok şükür, çok şükür... Miyânemizde bir keremli Dost var. Toprağın üstünde de olsa, altında da olsa, her zaman rehber, her zaman yâr-ı vefâdar...'" diye İsmet Binark'ın yayına hazırladığı *Dost Kapısı* isimli kitabın takdim yazısını tamamlar.[20]

Ken'ân Rifâî Hazretleri'nin kızları Kâinat Hanımefendi'ye 30 Nisan 1945'te yazdıkları mektupta, "Sen sakın bir şeye sıkılma. Biliyorsun ya, saadetin anahtarı hâdisatı olduğu gibi kabul etmektir. Hâlik'ına ve hâline olduğu gibi şükretmektir, benim melek kızım."[21] sözleri onun dünya anlayışını ve kadına da erkeğe de bakışını özetleyen hitabıdır.

Nezihe Araz Hanımefendi kendilerinin vefatının 2. senesinde yazdığı yazıda hocasına şöyle seslenir: "Kimdir bu fedâi ki günahlarımızdan bizim yerimize mahçup olur, inkârlarımızın çilesini çeker, hayatı kolaylaştırmak ve güzelleştirmek için bütün dertlerimizi yüklenir..."[22] "Aşk ve îman... İşte senin hayat felsefenin iki temel taşı!.. Hak'la halkı birlemek, Hakk'ı halkta görmek, halkı Hak diye sevmek. Fakat biz, senin ihlâslı sesine hâlâ niçin lâzım geldiği kadar kulak vermiyoruz?.."[23]

Safiye Erol Hanımefendi, hocasıyla ilgili bize şu bilgiyi vermektedir: "Hocam Ken'ân Rifâî derdi ki: "Bir kötü itiyadı sökmek, sıra dağları devirmekten daha güçtür." Bu sebepten hocam, talebelerine iyi itiyatlar vermek sistemini takip ederdi. İyi itiyatları sık zerk ederek kötülerine yer bırakmazdı. Bunların gümrah bereketi zemini kavrayınca kötü itiyatların durumu zaten müşkül safhaya giriyor. Ekseri imkânsızlaşıyordu. Hocamın ısrarla telkin ettiği esaslardan biri de yapılmaması lâzım gelen şeylerden sakınıldığı kadar, yapılması lâzım gelen şeyleri lâzım gelen tarzda, vaktini geçirmeden mutlaka yapmaktı."[24]

Filoloji doktoru ünvanını Almanya'da kazanmış olan Safiye Erol bir yazısında, "Uluların kelâmını dilde, zihinde, gönülde dolaştırmak bile insanı sorumlu kılıyor." demiştir.[25]

Safiye Erol hocasından öğrendiklerini aktarırken tahsilinin ona kazandırdığı engin düşünce ve felsefe ufuklarında rahatça gezinir. Doğu ve Batı filozoflarından bahseder. Karşılaştırmalar yapar. Sonunda hocasını anlatır. Onun zengin tasvirlerinden oluşan üç kısımlık etüdünde "Mürşid-i Agâh" isimli felsefî yazısında hocasından öğrendiklerini aktarırken, "Sabır, pasif bir tahammül değil, Müslümanlığın etik değerlerinden kopan aktif bir nurdur." demektedir, Safiye Erol:

"Osmanlı İmparatorluğu dağıldı, fakat Türkiye Cumhuriyeti ve Türk an'anesi bâkîdir. Devlet laik oldu, fakat İslâmiyet altıncı hissin bile erişemeyeceği sır ve ihtişamıyla vicdanlar tahtındadır. Tarîkatlar tasfiyeye uğradı; fakat tasavvuf, çağdaş üslûplardan geçerek Türk fikir ve san'at hayatını feyizlendirecektir."

dedikten sonra şöyle devam eder:

"Hocam Ken'ân Rifâî… mistik adam, sırrı görmüş, sırrı yaşamış, sırra katılmış adam.

Sırrı beşer planına çıkarmış, hikmete çevirmiş, cemiyete zerk etmiş insan… hakîm adam.

Bütün yaptıklarını din-i mübin dairesinde yapan büyük İslâm şeyhi, halkı irşad eden terbiyeci, yani mürşid; yolunun icaplarına, cemiyet bünyesine, insan ruhuna tam bir vukufla âgâh olan mürşid-i âgâh.

Tâcını, hırkasını ne kadar kolaylıkla çıkardı. Kendisinin herhangi bir makam ve kisve ile takyid edilmesine imkân mı vardı? Dünya onun mânevî saltanatından ne bir şey alabilirdi ne de o saltanata ilâve edecek değerde bir şey bulabilirdi.

Abdal Mûsa müridlerinden Derdimend Hüsnü'nün dediği gibi:

*Kudretten başında elîfî tâcı*
*Eşiğin bekleyen gürûh-ı nâci*
*Maşrıktan mağrıba oynar kılıcı*
*Kılıcı oynatan câna aşk olsun.*"[26]

Arap ve Hıristiyan bir aileden yetişmiş, İngiltere'de tahsilini tamamlamış Sofi Huri Hanımefendi, hocasını şöyle anlatır: Ken'ân Rifâî "Öyle bir ehlullah ki benliği aşk, ruhu aşk, kendisi bir aşk âbidesidir. Bu mistik aşkı anlamak için insanın ancak kendisi böyle bir aşkın hiç olmazsa bir katrasını içmiş, asırlar boyunca mütefekkir, şair ve mistiklerin kaleminden çağlayanlar gibi durmadan akmış, şelâleler halinde dökülmüş olan o aşk ummanına, zerre miktarı da olsa, dalmış olması lâzımdır."[27] Sofi Huri Hanımefendi, "Ken'ân Rifâî'nin benliğini saran öyle bir aşk vardı ki, o aşk yüzünden başkalarının hayatına kıymet vermiş, yüksek bir ideal ışığı altında onlara hizmet etmiş, kendi benliğini onlarla aynîleştirmiş; aşk, hayatının özü, enerjisinin en yüksek faaliyeti ve en yapıcı kudreti olmuştur. Aşk üzerinde durmak, her şeyi aşkta bulmak, bu onun umdesi ve hayatının nişangâhı olmuştur. Bu böyle olmasaydı, yüklenmiş olduğu azîm vazifeyi, mürşid ve mürebbi vazifesini böyle muhteşem bir şekilde nasıl ifa edebilirdi?"[28] Sofı Huri kendileri hakkında yazdığı kısmı şu sözlerle tamamlar: "Ey muazzez ve mükerrem ulu, ey faziletin, hakkın, tevâzuun ve aşkın timsali! Eğer vasfında kusur ettimse, bağışlarsın bilirim, af senin şânındandır. Ben seni tavsif değil, ancak tekrim ve tebcil edebilirim. İşte senin mihrabına takdimemi arz ettim, işte tuhfelerimi bir menekşe demeti halinde huzuruna koydum. Ey ruhu nur, kendisi serâpâ pürnur olan KÂMİL İNSAN, ebediyet boyunca nur içinde yaşa!"[29]

Sâmiha Ayverdi *Dost* isimli eserinde,

> "Kalem biliyor ki, yollar aşıp onun sevgi ve îman ile sağlama alınmış kapısına uğramak bahttır, bahtın ta kendisidir."[30] "Dost cümle âlemin dostu idi

işte. Herkese dağıtılmak üzere bekleyen şefkat ve muhabbet bereketleri vardı. Ona, gönülleri keşkülünü uzatanlar, bu mîrî maldan nasiplerini alarak geçip gidiyorlardı. (...) Dost'un ismet ve îman çizgisinin yolcuları, hisselerine düşen mânevî payla, ihlâslı, iffetli, sabırlı, feragatli, fedâkâr ve çalışkan oluyorlardı."[31]

Sâmiha Ayverdi, Nihad Sâmi Banarlı Beyefendi'den naklen: "Günlük hayatın en basit hâdiselerini dahi değerlendirip mânâlandıran iki büyük velî gördüm: Mevlânâ Celâleddin-i Rûmî ve Ken'ân Rifâî..."[32] dediğini nakleder.

Sâmiha Ayverdi hocasını *Dost* kitabında anlatmaya devam ederken, şunları söyler:

"O, insanı, kendinden habersiz, âtıl ve gafil bırakmanın, cemiyete karşı işlenmiş bir günah olduğunun takdiri içinde idi. Bu yüzden de kütleyi muvâzeneli, muhasebeli, kontrollü ve yüksek voltajlı bir enerji kaynağı olarak görmek istiyordu.

Ammâ, bu işte, insanı bir şuursuz malzeme gibi kullanmıyor, yetişme ve terbiye ameliyesinin mes'uliyetli adımlarını, bizzat insanın kendisinin atmasını isteyerek, gayreti ve kararı, karşısındakine bırakmakla, şahsiyetleri avucu içine alıp ezmiyordu.

Onun için de çevresinde yetişenler, kendi kendilerinin efendisi denecek olgun, seviyeli ve kifâyetli kimseler olarak, cemiyet safları arasına dağılmış bulunuyorlardı. Zîra Dost, kılıcın iki yüzü gibi olan madde ile mânâyı, birbirinden ayırmıyor ve insanı, var olmanın asâletine yakışan bir ruh düzeni içinde mütalaa ederek, ona göre hazırlıyordu.

Dost'un kütleleri tevhid anlayışında birleştirmek ve uyandırmak yolunda kullandığı harç, sevgi ve îmandı vesselâm."[33]

Sâmiha Ayverdi kadınların sosyal hayatta rol sahibi olmaları gerektiğini, onların insiyatifiyle elde edilecek gelişmelerin toplumu daha dengeli kılacağını görmüş ve 1966'da merkezi Ankara'da olmak üzere Türk Kadınları Kültür Derneği'ni kurmuştur. Bu dernekte Sabahat Gülay Hanımefendi senelerce birçok güçlükle uğraşmış, çok mücadeleler vermiştir. Şimdi rahatsız oldukları için kendisine Allah'tan hayırlı ve acil şifalar niyaz ediyorum. Sabahat Hanımefendi Ankara'da merhum şehidimiz rahmetli Tevfik İleri Beyefendi'nin eşi Vasfiye Hanımefendi ile elele senelerce çalışmıştır.

İstanbul'da dernek, yine kendisine acil şifalar niyaz ettiğimiz, Türk dilinin açıklamalı sözlüğünü tek başına, kahramanca hazırlayan, çok aziz İlhan Ayverdi* Hanımefendi idaresinde, çocuk iftarlarını düzenleyerek yine bir ilke imza atmış, kitaplarda yazılı olanların yaşanan hale getirilmesi için didinmiştir.

Meşkûre Sargut** Hanımefendi hocasının ona verdiği dersleri en acı, en kasvetli demlerde etrafına da örnek olacak şekilde yaşayarak, yaşamanın, konuşmaktan her zaman daha etkili olduğunu göstermiştir. *Duygulu Gönüllere Hitap, Ârifler Bahçesinden* gibi tasavvufî eserler hazırlamış ve adı sayılmakla bitmeyecek her yaştan öğrencilerinin sorularına bıkıp usanmadan cevap vermiş, ustasından öğrendiklerini anlatmıştır. Hele de iki zarif kız evladının annesi olarak toplumda güzel ahlâkıyla örnek insandır.

---

* İlhan Ayverdi 6 Kasım 2009'da vefat etmiştir.

** Meşkûre Sargut 9 Şubat 2013'te vefat etmiştir.

Meşkûre Sargut'un büyük kızı Cemalnur Sargut önce kimya mühendisi olur. Sonra o da kardeşi gibi annesinin yetiştiği yolun inceliklerinde dantel gibi işlenir. Hep Nazlı öğretmenin duasına bağlayarak kendisi için kimya öğretmenliği yolunu seçerek hiç usanmadan daima severek vermekle, fedakârlık ile yaşar.

Sâmiha Annesi ona "kızım gençlerle *Mesnevî* çalış", dediği için gençlerle çalışmaya başlar. Annesi Meşkûre Hanımefendi ile Sâmiha Ayverdi onun ilk mânâ hocalarıdır. Sadece Türkiye'de değil, çeşitli ülkelerde verdiği sayısız dersler, konferanslarla birçok gönülleri uyandırmaya, insanı insan olmak yolunda atacağı adımlara yöneltmeye haliyle örnek olarak her nefes çalışmaktadır.

Cemalnur Sargut, Türk Kadınları Kültür Derneği'nin İstanbul Şubesi'nin başkanıdır. İşte o da kendisine sorulan sorulara her zaman, 'hocamız Ken'ân Rifâî böyle söylerler', diyerek başlar. Cemalnur Sargut'un tek zevki annesi ve kız kardeşi gibi Allah rızâsı için çalışıp, hizmette olmaktır.

Meşkûre Sargut'un küçük kızı Dr. Asuman Kulaksız, iç hastalıkları uzmanıdır, o da iki çocuk annesidir. Mesleğinde yurt içinde ve dışında kaydettiği başarıların yanı sıra, tasavvuf edebiyatında örnek oluşturan serbest şiirler yazar. Ana babasının kardığı mayayı o da yorulmak bilmeden hizmete koştuğu herkese meslekî hayatında, ailesinde ve muhitinde her nefes yaşar, yaşatır.

## 7. KEN'ÂN RİFÂÎ'NİN VİZYONU

Ken'ân Rifâî Hazretleri'nin etrafına her nefes yaşayarak anlattığı, mânâ ve tasavvuf öğretilerinin artık günümüzün yaygın iletişim araçlarında seslendirildiğine şâhit oldukça; kendileri

1925'te dergâhların kapatılmasına dair çıkartılan yasa üzerine Altay Dergâhı, Ümmü Kenan Dergâhı isimleriyle bilinen hankâhına giderek, kilit vurduktan sonra "Dergâhlar cemiyete kendisiyle barışık insan yetiştirmek yolunda görevlerini yapmışlardır. Şimdi artık görevlerini tamamladılar. Bundan böyle gök kubbenin altı dergâhtır." demişlerdir. Ken'ân Rifâî bir başka sohbetinde ise "Bundan böyle akademide ders vereceğim. Sınıflarda kadın erkek karışık sıralarda oturan öğrencilere konuşacağım. Onlara Hakk'ın Cemâl'ini anlatacağım. Sırasında Fransızca ve hatta İngilizce bile ders anlatacağım." demişlerdir. Sözlerinin vücud bulduğunun delili çağımızın hızlı ve yaygın iletişim araçlarında yapılan konuşmalarda, yazışmalarda, yayınlarda ve bugün tertip edilen uluslararası sempozyumla taçlanmıştır.

Ken'ân Rifâî Hazretleri'nin torunları Ayşegül Hanımefendi'ye çocukken "Herkes bana bir isim veriyor, sen ne diyeceksin bana?" diye sorunca, onun "Aşkım" diyeceğim cevabı üzerine, "Ben herkesin aşkıyım, sen bana 'Aşkām' dersin, ben de sana 'Aşkām' derim, dediğini Haziran 2002'de lütfettikleri mülâkatta öğrenmiştim.[34]

Ken'ân Rifâî'nin aşkı ve sevgiyi bölüştürmekten yana olduğu sevgili torunuyla aralarında geçen bu konuşmadan da anlaşılır. İnsanları bu derece sevmek, onlarla hatâ ve kusurlarında bir olarak sevebilmek, sevginin paylaşıldıkça arttığını yaşamak ancak Ken'ân Rifâî'nin annesinin seslenişinin canlanmasıdır. O annesinden kadını da erkeği de kavrayan; cins, renk, ırk, din, dil, ekonomik sınıf ayrımı gözetmeksizin kucaklayan insanlık anlayışını öğrenmiş ve öğretmiş bir mübârek velî'dir. O'nun şânında söz söylemek haddimiz değildir, fakat ancak meşhur karanlıkta el yordamıyla filin ne olduğunu anlatmaya çalışanların hali gibi eksik ve kusurlu bir takdim olabilir. Duamız insanlığın bu güzel âbidevî şahsiyetinin sevgi nazarlarının her iki âlemde de üzerimize olmasıdır.

Allah gönlümüze verdiklerini almasın. Sadece ülkemizde değil bütün dünyada insanlara olumlu etkileriyle birlik ve huzur yolunda haliyle, hayatıyla, eserleriyle, öğrencileriyle örnek olmuş Ken'ân Rifâî Hazretleri'nin himmeti üzerimizde dâim olsun, âmin.

## KAYNAKLAR

Ayverdi, Sâmiha. *Dost*, İstanbul: Hülbe Baytaş Yayınları, 1980.

Ayverdi, Sâmiha. *Hancı*, İstanbul: Kubbealtı Neşriyatı, 1988.

Ayverdi, Sâmiha, Nezihe Araz, Safiye Erol ve Sofi Huri. *Ken'ân Rifâî ve Yirminci Asrın Işığında Müslümanlık*, Ankara: Hülbe Yayınevi, 1983.

Binark, İsmet. *Dost Kapısı: Ezel ve Ebed Arasında: Ken'an (Rifâî) Büyükaksoy, Yazdıkları ve Söyledikleri, Hakkında Yazılanlar ve Söylenenler*, İstanbul: Cenan Eğitim, Kültür ve Sağlık Vakfı, 2005.

Ernst, Carl. *Hazreti Muhammed'in Yolunda: İslâmiyeti Günümüz Dünyasında Yeniden Düşünmek*, çev. Cangüzel Güner Zülfikar, İstanbul: Okuyan Us Yayınları, 2005.

Erol, Safiye. "Sihirli Sözler", *Türk Yurdu*, 49. Yıl, 276/6, Ağustos 1959.

Güner, Agâh Oktay. "Sâmiha Anne", (Türkiye, 30 Mart 1993), *Kubbealtı Akademi Mecmuası*, Nisan-Temmuz 1993, sayı 2-3, s. 80-82.

Işık, Emin. "Sâmiha Ayverdi'ye Vedâ", "Duâlar, Fâtihalar ve Tekbirlerle" makalesinin içinde, hazırlayan Mustafa Tahralı, *Kubbealtı Akademi Mecmuası*, Nisan-Temmuz 1993, sayı 2-3, s. 12.

Palsay, İnci. "Vatan Annesi," *Türk Edebiyatı, Sâmiha Ayverdi Özel Bölümü*, sayı 127, s. 36-38.

## DİPNOTLAR

[1] Sâmiha Ayverdi, Nezihe Araz, Safiye Erol ve Sofi Huri, *Ken'ân Rıfâî ve Yirminci Asrın Işığında Müslümanlık*, Ankara: Hülbe Yayınevi, 1983, s. 15-16.

[2] Eserlerine dair ayrıntılı bilgi için bkz: İsmet Binark, *Dost Kapısı: Ezel ve Ebed Arasında: Ken'an (Rifâî) Büyükaksoy, Yazdıkları ve Söyledikleri, Hakkında Yazılanlar ve Söylenenler*, İstanbul: Cenan Eğitim, Kültür ve Sağlık Vakfı, 2005, s. 54, 19 numaralı dipnot.

[3] Nazlı Hanımefendi hakkında daha detaylı bilgi için bkz: *Ken'ân Rıfâî ve Yirminci Asrın Işığında Müslümanlık*, s. 63-67.

[4] Medine'deki bu törene ait ek bilgi için bkz: a.g.e., s. 79.

[5] a.g.e., s. 101.

[6] a.g.e., s. 101.

[7] a.g.e., s. 112.

[8] a.g.e., s. 112.

[9] a.g.e., s. 114.

[10] a.g.e., s. 122.

[11] a.g.e., s. 135.

[12]   Sâmiha Ayverdi, *Dost*, Ankara: Hülbe Yayınevi, 1980, s. 31-32.

[13]   *Kenan Rıfâî ve Yirminci Asrın Işığında Müslümanlık*, s. 189.

[14]   a.g.e. s. 191.

[15]   a.g.e., s. 193-194.

[16]   Carl Ernst, *Hazreti Muhammed'in Yolunda: İslâmiyeti Günümüz Dünyasında Yeniden Düşünmek*, çev. Cangüzel Güner Zülfikar, İstanbul: Okuyan Us Yayınları, 2005, s. 211-212.

[17]   Emin Işık, "Sâmiha Ayverdi'ye Vedâ", "Duâlar, Fâtihalar ve Tekbirlerle" makalesinin içinde, hazırlayan Mustafa Tahralı, *Kubbealtı Akademi Mecmuası*, Nisan-Temmuz 1993, sayı 2-3, s. 12.

[18]   Agâh Oktay Güner, "Sâmiha Anne" (Türkiye, 30 Mart 1993), *Kubbealtı Akademi Mecmuası*, Nisan-Temmuz 1993, sayı 2-3, s. 80-82.

[19]   İnci Palsay, "Vatan Annesi", *Türk Edebiyatı Mecmuası, Sâmiha Ayverdi Özel Sayısı*, Mayıs 1984, sayı 127, s. 36-38.

[20]   İsmet Binark, *Dost Kapısı*, s. 13.

[21]   a.g.e., s. 252.

[22]   a.g.e., s. 187.

[23]   a.g.e., s. 188.

[24]   *Kenan Rifâi ve Yirminci Asrın Işığında Müslümanlık*, s. 249.

25 Safiye Erol, "Sihirli Sözler", *Türk Yurdu*, 49. Yıl, 276/6, Ağustos 1959, s. 55 (Halil Açıkgöz'ün Safiye Erol'un *Makaleler* kitabına yazdığı "Önsöz"den alınmıştır).

26 *Kenan Rifâî ve Yirminci Asrın Işığında Müslümanlık*, s. 266.

27 a.g.e., s. 280.

28 a.g.e., s. 281.

29 a.g.e., s. 283.

30 Sâmiha Ayverdi, *Dost*, s. 40.

31 a.g.e., s. 44.

32 a.g.e., s. 44.

33 a.g.e., s. 45.

34 *Dost Kapısı*'nda sayfa 95'te muhterem Ayşegül Kaytaz Hanımefendi'nin yazısında da bana lütfettikleri bu hâtıra yer almaktadır.

# İnisiyatik Gelenek İçerisinde Sâmiha Ayverdi: Yusufçuk'ta Geçen Bazı Tasavvufî Mazmun Ve Temalar Üzerine

Sadık YALSIZUÇANLAR

Bir velîye tasavvuf nedir diye sorduklarında, 'Allah'ın seni sende öldürüp, Kendinde ebediyen diri kılmasıdır' der. Böylesi çetin bir meseleye dair konuşmaya başlıyoruz. Üstelik modern zamanlarda bütünüyle yitirdiğimiz bir hâlden, söze dönüşmesi en müşkil işten söz ediyoruz. Bir halk şairi, 'âşıklık ne müşkil hâldir' derken bunu îma eder. İşte anlam dünyası tamamen değişmiş bir söz daha: Aşk. Şeyh-i Ekber'in *Füsus*'un son fassında beyan buyurduğu üzere, aşk, parçanın bütüne olan iştiyâkıdır. Ki bütün aşklar aslında varlığın Vareden'e olan şevkindendir. Mecazî, hakîkî, yönü sapmış veya sahih hangi muhabbet olursa olsun, İlâhî aşk cümlesindendir. Hatta Şeyh, kadının erkeğe düşkünlüğünü de, insanın kendi yurduna olan vurgunluğu olarak tevil eder.

Bir sözcük daha: Te'vil. Bugün bizim için mânâsı değişmiş, farklılaşmış, anlamsal zemini yitmiş veya bizde ne tecellî ne inkişaf olarak belirmeyen bu kelimelerle konuşurken ne kadar çaresiz olduğumuzu bir kez daha ifâde edelim.

Tasavvuf için dinin bâtınî boyutudur, dense yanlış olmaz. Ya da en kapsayıcı ve sarih tanım budur, diyebiliriz. Bu anlamda örneğin, 'Lâ Mevcude illâ Hu' (O'ndan başka bir şey yoktur/Sadece O vardır -ki böylesi bir Resûl haberinden de söz edilir : "Başlangıçta O vardı ve O'nunla birlikte bir şey yoktu." Bu bugün de böyledir, yarın da böyle olacaktır. Yani vücûd-i hakîkî O'nundur, O'ndan gayrıya mevcûd denmesi gizli bir şirki ima etmektedir.) fikrini, 'Lâ ilâhe İllallah'ın bâtınî bir okuması olarak düşünebiliriz.

Tasavvuf bütün semâvî dinlerin bâtınî boyutunu ifâde eder. Zaten bir kavle göre Allah'ın yarattığı ilk varlık, Nûr-i Muhammedî'dir. Ârifler buna kâinatın yaratıcı ilkesi derler. Hakîkat-i Muhammedî, varlığın yazıldığı mürekkeptir. Bir başka kavle göre de 'Allah'ın yarattığı ilk şey kalem ve nur'dur. Kalem varlıkların yazıldığı kudret kalemidir. Hokka Nun'dur ki, Kün lafzının son harfidir. Hokkanın mürekkebi ise Nûr-i Muhammedî'dir. Bir haberde Resûl, *Âdem henüz su ile balçık arasındayken Ben peygamber idim.'* buyurur. O halde tüm semâvî haberlerin cevamiü'l-kelim sıfatıyla Resûl'ü, Muhammed'dir (s.a.s). Zaten kelâmların incisi olan Fâtiha'yı getirmesiyle hem sözün nihâyetini hem de bütün sözlerin hülasasını ifâde etmiştir. Fâtiha, fetheden demektir. Kitap onunla açılır, İlâhî Hakîkat'in kapısı odur. Ümmü'l-Kur'an'dır, Fâtihatü'l-Kur'an'dır. O halde söz O'dur. O'ndan beslenen söz de O'nun gibi İlâhî Hakikat'le aramızdaki perdeleri saydamlaştırma yönünde bir işleve sahip olabilir. Ama biz tasavvufî edebiyat derken, İbn Farid'ın şiirlerini kastederiz; sekiz on gün süren cezbelerinden sonra kendisine döndüğünde söylediği şiirlerden. Ki onları da modern insanın deşifre etmesi imkânsızdır. Bu konuda oryantalistlerin acz içerisinde olduklarını yine kimi oryantalistler söylerler. Çünkü İbn Farid gibi âriflerin şiirleri, melekût âlemindeki müşâhadelerinden ibârettir. Sekizyüz civârında eser kaleme almış olan Hz. Şeyh-i Ekber, *Fütûhat*'ta, 'Benim bütün eserlerim binlerce müşahedâtımdan sadece bir tanesidir.' der.

Tasavvufî eser derken böylesi bir alana girmiş oluyoruz. Keza Hz. Mevlânâ'nın, Niyâzi-i Mısrî'nin, Şeyh Bedreddin'in, Yesevî'nin, Yûnus Emre Hazretleri'nin, Şeyh Gâlib'in sözlerinden bahsediyoruz. Bunlar âlemi mânâya ait hakîkatlerin dünya diline dökülmesidir ki, onların adeta muamma gibi konuşmalarının sırrı budur. '*Mantıku't-Tayr*'ın lugat-ı mutlakından söyleriz' diyor şair, kimse anlamaz bizi; bizler muamma olmuşuz. Bu gerçekte dilsiz kulaksız sözdür. O halde ona kulak verenin de canıyla dinlemesi gerektir. Can kulağıyla dinlenmesi halinde anlam sırlarını açan bu sözün, modern zamanlardaki metinlerde ne kadar dile geldiğini takdir etmek bize düşmez. *Mantıku't-Tayr* müellifi imla-yı İlâhî ile yazmaktadır. Onun bütün sözleri Kur'ân'ın hazinelerinden gelir; Arş'ın altındaki büyük hazinelerden. O kapının kimlere açılacağı ise kimsenin mâlumu değildir. Modern ateşlerin ortasında yanmaksızın yaşayabilen bir aziz şaire de açılabilir.

Sûfî sözcüğünün kökenine ilişkin çeşitli görüşler ileri sürülmüştür. Bunlar arasında en makbulü, Beni's-Suffe kabilesiyle ilgili olanıdır. Kendilerini Kâbe'nin korunmasına adamış olan bu kabile, henüz Kur'an inmeden önce, Kâbe'nin temizlik ve güvenliğini bir tür ibâdet biçiminde gerçekleştiriyorlardı. Suf, Arapçada yün anlamına gelirdi ve bu kabile bağlıları yünden yapılmış sade bir aba giyerlerdi. İslâm'la tanıştıktan sonra Kâbe'yle ilgili duyarlıkları devam eden ve sûfîler gibi yaşayan bu insanlara izâfeten, dervişlere sûfî adı verildi. Bir başka görüşe göre, mârifet ilminin sultanlarından olan Hz. Ali, tasavvufî geleneğin Hz. Peygamber'e bağlı öncü adı idi. Nitekim ârifler ve sûfîler arasında, kendisini Hz. Ali'ye neseben veya mânen bağlayanlar çoktur. Sûfîlere göre, Kur'an âyetleri ve Peygamber sözleri, çeşitli anlam katlarına sahiptir. Herkes, Kur'an ve hadîsin içerdiği bu anlam düzeylerine nüfuz edemez. Zâhir ehli, bu iddiayı reddeder. Oysa âriflerin ortak kanaatine göre, sözgelimi Kur'ân'ın yedi anlam katı mevcuttur. Yedinci anlam düzeyi sadece Allah'ın ilmindedir, ama diğer katlara insan ulaşabilir. Bunun yolu ise, yine Kur'ân'ın ve Hz. Peygamber'in emrettiği nefsle mücâhade, riyazet ve tezkiye ile açılır. (Hatta bazı sûfîler, Kur'ân'ın mânâ denizinin dibinin olmadığını belirterek, *'Denizler mürekkep ağaçlar kalem olsa Rabb'inin âyetleri yazmakla tükenmezdi'* âyetini de bu anlamda yorumlarlar. Hz. Mevlânâ'nın, 'üzüm sarhoşluğu değil bizim sarhoşluğumuz, bizim sarhoşluğumuzun sonu yok, beyti de bunu ima ediyor olabilir.). Tevil ya da tefsir, mânevî bir mertebe, bir makam gerektirir. Allah kelâmının bâtınî zenginliklerine ulaşabilmek için, insanın mânevî bir gezi (seyr-i sülûk) gerçekleştirmiş olması gerekir. İnsandan amaç, halîfedir, bu ise, insân-ı kâmildir. Buna, kimi ârifler, abd-i küllî de derler. İnsân-ı kâmil, kâinatın minyatür hâlidir. Onda, İlâhî isimlerin tümü tecellî eder. Bir başka kavle göre, insân-ı kâmil, Kur'an'dır; Kur'ân'ın kardeşidir. Kâmil insan, Allah'ın yeryüzündeki halîfesidir, O'nun mahlûkatına merhamet ve şefkatle muamele eder; Allah'tan rahmet alır, varlıklara merhamet verir, yeryüzünü korur, Allah'ın gerçek bir halîfesidir. Şeyh-i Ekber'e göre, yeryüzündeki tüm varlıklar, insân-ı kâmilin parçalarıdır.

İnsanın bu mertebeye ulaşabilmesi için mânevî bir seyahat, bir mîraç yaşaması gerekir. Bu gezinin başlangıcını zühd oluşturur. 'Kötülüğü emreden nefsin tezkiyesi, ancak sürekli ve duyarlı bir ibâdetle gerçekleşebilir. Bu bakımdan İslâm'ın başlangıç günlerinden itibaren, mükemmel bir model olarak Hz. Muhammed'in (s.a.s) zühd ve takvası, nefsle mücâhade yöntemleri, tevekkülü, başkasının derdiyle dertlenmesi, sürekli Rabb'inin huzurunda bulunmanın gerektirdiği adap ve esaslar, sonraki yüzyıllarda oldukça sâdık izleyiciler bulmuştur. Özellikle bir ilim ve belağat merkezi olan Basra ve Kûfe, aynı zamanda zühd hareketinin de bereketli bir çevresine tanıklık eder. İnsanın kul olarak alçakgönüllü bir hayat sürmesi, eylem ve düşüncelerinde tam bir uyum içinde olması, sabır ve şükür ehli bulunması, bir bakıma, kâmil bir velî ve nebî olarak Hz. Peygamber'in bıraktığı mirasa vârislik edenleri işaret eder. Bunlar, 'Allah dostu/velî' olarak anılmışlardır ki, en yetkin örneklerine sahâbîler arasında tanık oluruz. Adı aynı zamanda mânevî bir makama özel isim olmuş olan Üveysü'l-Karânî, bunların en kâmil örneklerindendir. O, bir anlamda, kendisini insanlardan yitirmesiyle, sonradan Melâmetiyye biçiminde adlandırılacak olan bir damara da kaynaklık eder. Ârif ya da sûfî, hangi isimle anılırsa anılsın, bu samimî mümin, kendisine Hz. Peygamber'in yaşamını örnek edinir. O, daima Allah'ın küllî irâdesine bağlı, nefsin tutku ve arzularından arınmış, mârifet ve tefekkür dolu bir hayatın sahibidir. Sûfî, bu uhrevî ilkeleri esas alarak yola koyulur. Nefsini tezkiye edene ve mârifet nurlarına müheyya bir hâle gelene kadar bu yolda yürür. Bu yolun nihayeti yoktur. Gerçi ârifler, 'tevhid' makamının, mânevî seyahatte varılabilecek en üst düzey olduğunu söylerler, ama Allah'ın mutlak ve sonsuz varlığında tam olarak gaybubet etmenin nihayeti olamaz. Erken dönem zâhitlerinin ilginç bir örneği olarak görülebilecek olan Hasan el-Basrî'nin şu ifadeleri, sûfîyi bize net bir biçimde tanımlar niteliktedir:

'Bu dünyanın tüm çekiciliklerine dikkat et. Bir yılan gibi dokunuşta yumuşak, ama zehri öldürücüdür. Onda bir zevk buldun ise hemen terk et, çünkü ondan çok azı sana yol arkadaşlığı edecektir. Dünyanın hâli birdenbire değişir. Sen, değişene, kalıcı olmayana, sana sâdık yoldaşlık etmeyene sakın kalbini bağlama.' Bir anlamda zühdü de tanımlayan bu ifadeler, onun bir mektubundan alınmıştır. Basra, Hasan gibi daha pek çok zâhide ev sahipliği yapmıştır. Fakr ve istiğna vâdisinin yıldızlarından biri olan Râbiatu'l-Adeviyye bunlardandır. Kezâ erken dönemin iki önemli velîsini, Cüneyd-i Bağdâdî ile Hallâc-ı Mansur'u anmamız gerekmektedir. el-Muhasibî'nin öğrencisi olan Cüneyd-i Bağdâdî, 'Yolun Şeyhi' olarak da anılır ve nazarî tasavvuf tarihî açısından önemle kaydedilmesi gereken bir kişiliktir. 'Allah'ın seni sende öldürüp, Kendinde diri kılması' tanımı, özü itibariyle, tevhidin, 'Ezelî ve Ebedî olanın, zamanda başlangıcı olandan, yani fânîden ayrılması' ilkesine dayanır. Kur'an, bize, *'Her şey yok olucudur, (O'na bakan/O'nun vechi) müstesna.'* der. Bu, esasında, 'varlığın birliği' ilkesinin de kaynağını oluşturur. Sûfîler, varlık ünvanını Cenâb-ı Hakk'a lâyık görür, varolana bir ünvan olarak yakıştırmazlar. Varolan, gerçekte Esmâ ve Sıfat'ın tecellîsidir. Bu, bir görünüm, bir belirmedir; tıpkı denizin dalgaları gibi. Dalga, denizden ayrı bir varlık değildir, onun bir hâlidir. Tüm yaratılmışlar da, Allah'ın mutlak varlığından 'taşan' bir hâldir. Bu anlamda, varolanların, Allah'ın Esmâ ve Sıfat'ının tecellîsi olduğu söylenir. Tecellî ile aynı kökten gelen bir sözcük olarak 'cilve'nin anlamı, 'gerdek gecesi, gelinin yüzünü açması'dır. Bu, bize, varlığın, Allah'ın 'açılması' olduğunu ihsas eder.

Esmâ ve Sıfat'ın tecellîsi, bir bakıma, varlığın açılmasıyla, yani cilvesiyle gerçekleşmektedir. Bu ise, kaf ve nûn arasında ortaya çıkmaktadır. Bu yüzden kimi ârifler varlığın hazinelerinin anahtarının, 'kaf ile nûn arasında' olduğunu belirtirler. Yani 'kün' emriyle varlığın arketipleri yaratılmaktadır -ki bunlara ayân-ı sâbite denir- bu, zaman ve mekân ötesi bir varlık alanını işaret eder. Varlığın haricî vücut giymesi ise, Esmâ ve Sıfat'ın tecellîsiyle gerçekleşir. Varlığın vücûda gelmesi sürecinde görev alan 'sebepler'in, tenteneli bir perde olduğunu belirten Bediüzzaman, diğer ârif-i billahlar gibi, Allah'ın, Kendisiyle varlık arasına yetmiş bin zulmanî ve nuranî perde koyduğunu söyler. İbn Arabî Hazretleri'ne göre bu perdeler, nebîlerin ve velîlerin gözlerinden giderilmiştir. Hz. Ali'ye izâfe edilen bir söz şöyledir: 'Perde-yi gayb açılsa, yakînim ziyadeleşmeyecek.' Sûfîlerin, mârifet ilminin kapısı olarak gördükleri Hz. Ali, bu sözüyle, gözünden bu perdelerin giderilmiş olduğunu örtük biçimde ifâde etmektedir. İlâhî aşk şarabıyla sarhoş olanların en üstünü olan Hallâc-ı Mansur, çağdaşı Cüneyd-i Bağdâdî gibi, kalbine inen mârifet nurlarını 'şerîat'ın mizanıyla tartma konusunda, meleke sahibi olmadığından, 'fânîlerin elleriyle kirletebildikleri evi'ni, yani bedenini, bu uğurda kurban vermiştir. Kendisini öldürenlerin, 'Ene'l-Hak' deme, 'Huve'l-Hak' de, kurtul sözüne, 'ben zaten öyle diyorum, ama siz O'nun gaib olduğunu söylüyorsunuz' diye cevap verir. Bu söz, Allah ile varlık arasında tenteneli bir perde olan mahlûkatı, tümüyle aradan çıkarma eğiliminin üst düzeyde bir ifâdesi olmaktadır. Çünkü Hallâc-ı Mansur benzeri sûfîler, varolanın rüyeti, Hakk'ın rüyetidir, diye düşünürler. Varoluş tılsımını çözmede, Hallac, çağdaşı ve halefi sûfîler kadar 'şanslı' olmamasına rağmen, bu köktenci tutumu, sûfî geleneğin sınırlarını genleştirmeye de yardımcı olmuştur, denilebilir.

A. J. Arberry, *İslâm Mistiklerinin Öyküsü*'nde, zühd hareketinin, Basra'dan Kûfe'ye kadar, bütün İslâm âlemine ve özellikle Hicri 2./Milâdi 8. yüzyılın ikinci yarısında siyasal ve dinî faaliyetlerin önemli bir merkezi haline gelen Horasan'a nasıl yayıldığını anlatır: 'Emevileri yıkan ve Abbâsi hilâfetini kuran plan, Horasan'da yapılmıştı. Bir zamanlar Budizmin filizlendiği bir merkez olan bu uzak vilâyet, Belh Prensi ünlü İbrahim b. Edhem'e (v. 160/777) ait idi. İbrahim b. Edhem'in riyazete çekilişi, daha sonraki sûfîler arasında gözde bir tema haline geldi ve sıklıkla Gautama Buda'nın öyküsüyle karşılaştırıldı. İbrahim Edhem'in hikâyesi, tüm sûfîlerde gördüğümüz türden bir ruhî uyanış öyküsüdür. Rubûbiyet yanılsamasına yol açabilecek tüm mal varlıklarını tümüyle terk etmeden sâlikin seyr-i sülûkuna başlaması imkânsızdır. Bunun ilginç bir örneğini İbn Arabî'de görürüz. Mânevî yolculuğuna erken yaşta başlayan Şeyh-i Ekber, yirmili yaşların başlarındayken, sahip olduğu tüm eşyayı, babasına emânet eder ve ihtiyaç sahiplerine dağıtmasını söyler. Nedenini soran babasına ise şu cevabı verir: 'Üzerinde bir başkasının hakkı olan her Allah kulu, kulluğunda bu hak nispetinde eksik kalır.' İbrahim b. Edhem'inkine benzer menkıbeler, her sûfî için çokça anlatılır. Tasavvufun nazarî tarihi dışında, sûfîzm için bereketli bir kaynak olan menkıbeler, sûfîlerin, halktan Hakk'a doğru yürüyüşünün tanığı olarak karşımıza çıkarlar. Sûfî, mânevî mîracına yaşarken, dünya varlığından soyunmanın ilk adımı olarak, üzerinde herhangi bir dünyevî mal bırakmamalıdır. Tövbe kapısına bu halde yanaşan sûfî, adına zühd denilen ve İslâm'ın 'ibâdat' kısmını oluşturan amel-i sâlihalara titiz bir biçimde uymak olan bir yola girecektir. Zühd ve takva, sûfînin nefsiyle mücâhadede bulunması zorunlu bir sürece, bir hâle işâret eder. Olgun bir yakîne ulaşmak ve müşâhadelere hazır hâle gelmek için bu zorunludur. Farzların yanı sıra, insanı Allah'a yakınlaştıran nâfileler de sûfînin dikkatli ve duyarlı bir biçimde uyması gereken ibâdetler cümlesindendir. Huşû ve huzur hâli, havf ve recâyla gerçekleşecektir. Burada zikr ve virdler, halvet ve uzletler, sabır ve şükürler, sûfîyi, 'ubûdet' hakîkatine doğru yükseltecektir. Ubûdiyet, kulluğun çeşitli belirtilerini ifâde etmede kullanılır. Bu hâlin, sûfîde sürekli galebesi, artık onun rızâ makamına doğru yol aldığını gösterir. Geylânî Hazretleri'nin öğretisinin merkezine aldığı 'acz' ve 'fakr' hâli en etkili ve işlevsel yoldur. Bu yolda, istikamet üzere olmanın şartı, ihlâstır. Bediüzzaman'ın ısrarla üzerinde durduğu ve adına bir risâle kaleme aldığı ihlâs; kulun, her şeyde, samimî bir biçimde Hakk'ın rızâsını gözetmesi hâlidir. Bu, Melâmîlerde olduğu gibi, sûfînin dünyaya gelirkenki saf ve yalın hâline dönmesiyle sonuçlanacaktır. Saf ve katışıksız bir kul olma durumu sûfîyi, ferâsete, cud ve sehaya, gayrete, fakr, sefere, sohbete, muhabbete, aşka, şevke ve mârifete ulaştıracaktır. İhlâsın hakîkati, İhlâs Sûresi'nde 'ehadiyyet' olarak ifâdesini bulur. Ehadiyyet, Allah'ın âyan âlemindeki mutlak tekliğidir. Allah, tecellî âleminde vahid'dir, birdir. Ama tecellînin olmadığı öte âlemlerde ehaddir, tektir. Allah'tan başkasının huzurunu kabul etmeksizin yaşama hâli, ihlâs hakîkatiyle gerçekleşir. Bu süreçleri yaşayan ve sûfî geleneğin yaşam öyküsüyle en ilginç kişiliklerinden olan Bişr b. el-Haris el-Hafi, Melâmetiyye hareketinin bir diğer ismidir. Merv'in, bir zamanlar 'düzenbaz ve şakî' bir yerlisi olan Hz. Bişr, İslâm'ın çağrısına gerçek anlamda uyduktan sonra, 'başkalarının düşüncelerine aldırmazlık' doktrinine de içtenlikle sahip çıkmıştır. Antik Mısır hiyerogliflerini bildiği, Hermetik bilgeliğe âşina olduğu söylenen, yarı-efsanevî bir başka şahsiyet olan Zünnûn-ı Mısrî, 'mârifet' düşüncesini, tasavvufa dâhil edenler arasındadır. Sûfîler arasında, 'Benim şânım ne yücedir, takdis ve tesbih banadır' sözüyle şöhret bulmuş olan ve tevhid fikrinde Hallac'dan da ileri giden Bâyezîd-i Bistâmî, mârifetin şahikasında yer alır. Arberry'e göre, Bâyezîd-i Bistâmî'den sonra Sûfî nazariyesinde merkezî bir konum kazanan tamamen gelişmiş, Rabb'inde fânî olma (fenâfillah) doktrinini görüyoruz. Buradan, 'Allah'tan başka bir şey yoktur' ifâdesine geçmek, nefis ve dünya terk edildiğinde mistiğin, Rabb'inde fânî olduğunu ileri sürmek zor değildir. Zühd öğretisinin zorunlu sonucu olarak, dünya değersizdir ve müminin kalbinin meşru meşguliyeti, ancak Allah'a ibâdettir. [Hermetik bilgelikten söz etmişken 'flisofia'nın (hikmet sevgisi) kökeninden de bahsetmek yerinde olacak. Erken dönem Atinalı filozofların Mısır'dan Hermetik hikmetten istifâdeleri, filosofia'nın zeminini oluşturur. Hikmetli söz aktarılamaz, hikmetin dili sembol ve sükûttur çünkü. Ancak Atinalı kadim mütefekkirler hikmet sevgisini edinebilmişlerdir Mısır'dan. Felsefe adım adım hikmetten uzaklaşmanın tarihi haline gelmiştir sonraları. Heidegger'in 'Nedir bu felsefe denilen?' sorusu, kökene dönme ihtiyacıyla söylenmiştir ve felsefenin yeniden hikmete, en azından hikmet sevgisine dönüşüyle ilgili bir endişeyi içinde taşır. Zîra hikmet, 'varlık'la ilgilenir, varolanla değil. Zaten Hölderlin'in şiirine ilişkin yazısında da Heidegger, 'mülklerin en tehlikelisi' dediği şiirin 'işlev'inin varolanın varlığı tehdidini deşifre etmek olarak açıklar.].

Tasavvuf tarihinde Muhyiddin İbn Arabî, nasıl bir dönüm noktası ise, nazarî sûfîzmin özel tarihinde de Hüccetü'l-İslâm İmam Gazzâlî, bir aşama olarak görülmelidir. Gazzâlî'nin, özellikle Emevî Camii'nde itikafa çekildikten sonra, *el-Munkızu Mine'd-Dalal* eserinde anlattığı derûnî yaşamının ürünü olan düşünceleri, kelâmcı ve selefilerin tasavvufa yönelik şiddetli eleştiri ve itirazlarını püskürtme yönünde bir işlev görmüş, ayrıca sûfî tefekkürünü zenginleştirmiştir. Onikinci yüzyıl, çeşitli sûfî tarîkatların oluşmaya başladığı bir dönemdir. Tekke, zâviye ve hankahlar çevresinde belirli bir ritüeli olan, 'mürşid'e dayalı bir tasavvuf anlayışının giderek tüm İslâm coğrafyasında yaygınlaştığı bir süreç. Tarîkatlar arasında doktrin düzeyinde değil, daha çok ritüel bağlamında bir ayrımdan söz edilebilir. Esas itibariyle, her tarîkatın, Kur'ân'ın Hz. Peygamber'in emri olan nefsle mücâhede ve riyazet yöntemini, belirli zikir seanslarını, nefsin tezkiyesine yönelik eylemlerini izlediği söylenebilir. Zikir, tasavvuf ehlinin, vecde ulaşmada ve gerek nefs gerekse nefs dışı tağutları yok etmede öne aldığı bir ibâdet biçimidir. Namaz, en büyük zikirdir. Kur'an kıraati, bizzat zikrin kendisidir. Ne ki, özellikle Lafza-yı Celâl, kelime-yi tevhid ve şehâdet ile Esmâ zikirleri, sûfîlerin, arınmada ve aşkınlaşmada sıkı biçimde izledikleri düzenli bir ibâdet tarzı olarak bugüne değin gelmiştir.

Nazarî tasavvuf tarihinin en önemli adı, kuşkusuz Mağribli ünlü bilge ve Şeyh-i Ekber nâmıyla maruf, Muhyiddin İbn Arabî'dir. İbn Arabî, kendisine gelinceye kadarki sûfî geleneği tevârüs etmenin yanı sıra, gerek doktrin olarak gerekse sözlük bakımından sûfîzmi adeta yeniden kurmuş ve tedvin etmiştir. Onun oldukça kapsamlı mârifet ve tefekkür alanı içine, tüm İslâmî ilimler toplanmıştır. Fıkıh, kelâm ve hadis alanında da hayli eser vermiş olmasına rağmen, İbn Arabî, daha çok ünlü *Fütûhât-ı Mekkiyye* ve *Füsusu'l-Hikem*'iyle tanınır ve haleflerini özellikle bu eserleriyle etkiler. Bir bakıma, tüm sûfî literatür, İbn Arabî'nin bu iki önemli eserinin çevresinde gelişir ve döner diyebiliriz. Onun sistemli tefekkürü, tüm ilhâmını Kur'an'dan ve O'nun hazinelerinden alan tevil ve tefsir yöntemi, mânevî mîracı süresince yaşadığı çok sayıda vakıası, nazariyat ve sözlüğü, tasavvuf tarihi boyunca çok sayıda esere kaynaklık etmiştir. İbn Arabî, öncelikle belirtilmelidir ki, özel bir velâyet doktrinine sahiptir. Tüm peygamberlerin aynı zamanda velî olduğunu belirtir ve velâyetlerinin nübüvvetlerine galip geldiğini söyler. Peygamberlerin tümü, 'Hakîkat-ı Muhammedî'nin tezâhürüdür. O, hatemü'l-enbiyâ olduğu kadar, hatemü'l-evliyâdır da. Hz. Peygamber'in (s.a.s) velâyet bakımından dört büyük izleyicisi/vârisi vardır. Şeyh-i Ekber, kendisinin bunlardan biri olduğunu ifade eder: 'Hz. Muhammed'in ve Mesih'in mirasının hatemi, kuşkusuz benim.' Bu, Şeyh-i Ekber'in en çok itiraz gören düşünceleri arasındadır. İbn Arabî, hatem olduğuna ilişkin birkaç vakıasını da aktarmaktadır. Bunların çoğu, *Fütûhât*'ta yer alır. Zâhir ulemâsınca tekfir derecesinde itiraz ve saldırılara hedef olmasına karşılık, İbn Arabî, kendisinden sonra gelen hemen her sûfîde derin bir etki bırakmıştır. Bu etkiyi, sadece sûfîlerde aramak da yanlış olur, Şeyh, aynı zamanda âlimleri, feylesofları, mütefekkirleri ve düşünürleri ve siyaset adamlarını da etki alanında tutmuştur. Hakkında en çok şerh yazılan kitapların sahibidir. İbn Arabî'ye ilişkin çok sayıda tarihçe, şerh ve yorum yazılmıştır. Ona göre, kâinat, göreceli bir varlığa sahiptir. Hem sonsuz varoluş hem de fânî yok oluştur, Allah'ın ilminde oluşu bakımından ebedî varoluştur; fânî yok oluşu ise, Allah'a göre, dışsal oluşundandır. Allah, hem Zâhir'dir hem Bâtın. Zâhir ve Bâtın oluş, insanın bildiği biçimiyle, Hakîkat'in iki temel ögesidir. Her ne kadar Yaratıcı, mahlûkattan ayrılmışsa da, aşkınlığı kabul edilen Hakîkat, içkinliği kabul edilen âlem ile aynıdır. Yani Hak, mâsivâda, varlık aynalarında beliren sıfatların aynıdır. Hak, varlığın ruhu, âlem de O'nun zâhirî sûretidir. Allah'tan gayrı varlıklar, O'nun irâdesi yoluyla, şeylerin kurallarına uygun olarak haraket eder ve varolur; O'nun temsilcileri, esmâ ya da küllî kavramlardır. Varlık âleminde görünmeden önce, olgular dünyasının varlıkları, Allah'ın ezelî ilminde âyân-ı sâbite (ontolojik model) olarak var idiler ve bu nedenle, İlâhî Zat ve Şuur'un parçasıydılar. Denilebilir ki, âyân-ı sâbite, mutlak hakîkat olan Vahid-i Ehad ile varlık arasında bir berzahtır. Allah ile bir olma mânâsında birleşme, İbn Arabî'de asla söz konusu edilemez. Sûfînin, Allah ile bir oluşunun idrakine varmasından bahsedilebilir. Kâinatın yaratıcı ilkesi olarak Akl-ı Evvel, Hakîkat-ı Muhammediyye'dir. Bu ilkenin kusursuz belirtisi, İnsân-ı Kâmil'de olur. Hakîkatin minyatür hâli olan İnsân-ı Kâmil, aynı zamanda kâmil velî ve nebî olan Hz. Muhammed'in de bizatihi kendisidir. İbn Arabî'ye göre, her peygamber, Allah'ın bir 'kelime'sidir. Mutlak mânâda 'kelime' ise, peygamberlerin Hatem'i ve ilk hakîkati olan Hz. Muhammed'dir (s.a.s). Bütün bu ferdî kelimeler, Hakîkat-ı Muhammediyye'de toplanmıştır. Yüzlerce eser kaleme almış olan Şeyh-i Ekber'in çok sayıda izleyicisi olmuştur. Bunlar arasında, Konevî, Irakî, Cîlî, Molla Câmî, Kayserî, Konuk vd. ârifler sayılabilir. Bunların çoğu, Şeyh'in en çok tartışılan eseri *Füsusu'l-Hikem*'e şerh de yazmışlardır. Şeyh-i Ekber'in adı, eserleri ve düşünceleri, *Risâle-i Nûr*'da da çok geçer. Bediüzzaman, İbn Arabî'yi, 'bir mûcize-yi hakîkat, hârika-yı Kur'an ve ulûm-ı İslâmiyyenin mucizesi' olarak niteler. Şeyh-i Ekber'in eserlerinde isim zikretmeksizin alıntı yaptığı Hz. Mevlânâ da, sûfî geleneğin önemli adlarındandır. Hakîkat'ın tefekküri ve şiirsel boyutlarını, mükemmel bir imajinasyonla ortaya koyan Hz. Mevlânâ, bu vadinin diğer iki adını da anarak şöyle der: 'Attâr, ruh idi / Senâî, O'nun iki gözü / Ve ondan sonraki devirde / Biz geldik onların izinden.' Bir bakıma, Rûmî, İbn Farid ve İbn Arabî'den sonra, bütün bir tasavvuf geleneğinin sacayağını tamamlar. Artık karşımızda üç doruk isim vardır. Bu üç bilge, sûfîzmin hem nazarî hem de estetik açıdan kemâlinin zirvesini temsil eder. Bunlardan özellikle İbn Arabî'nin dünyası, bize, tasavvuf irfanını tanıma açısından gereğinden fazla veri sunar.

İnisiyatik geleneğin modern zamanlarda en saf ve katışıksız adlarından biri merhûme Sâmiha Ayverdi'dir. O geleneğin günümüzde gürbüz ve bereketli bir damarına mensûbiyeti olduğu gibi, ömrü boyunca elinden düşmeyen kalemiyle onlarca esere de imza atmış ve eserlerinin çoğunda tasavvufî neşve dile gelmiştir. Onun oldukça zengin mânevî ve zihinsel yaşamı içerisinde *Yusufçuk*'un ayrı bir değeri vardır. *Yusufçuk*, modern Türk Edebiyatı'nda dili ve dünyası bakımından yekta bir eserdir. İlk basımı 1946 yılında yapılmış olan *Yusufçuk*'ta, yazarın 'mesel' olarak niteleyebileceğimiz kısa öyküleri yer almaktadır. Ayverdi, Ken'an Rifâî'ye intisaplı ve O'ndan sonra da bir nevi postnişin olarak cemaatin 'anne'si olmuş, roman, hikâye, deneme, araştırma, sohbet, gezi yazısı ve günce türlerinden pek çok kitap yazmış velut bir sanatkâr. Rifâîliğin bir kolu olan bu geleneğin her ne kadar Ahmed er-Rifâî Hazretleri'yle silsile bağı varsa da, Ken'an Rifâî Hazretleri, aralarında Şeyh-i Ekber de olmak üzere bütün bir irfan geleneğinden beslenmiştir. *Yusufçuk*, günümüzde tasavvufî neşveyle yazılmış, mecaz ve mazmun dünyasıyla, diliyle, kurgusuyla, tarzı beyanıyla sûfîyâne denilebilecek bir metinler toplamıdır. Kısa, açık-uçlu, trajik olmayan, dramatik bir kurguyla ilgisi bulunmayan bu mesellerin ilkine Ayverdi, Feta'nın ilk olarak karşısına 'kâinat kitabı'nı çıkardığını, açtığını ve 'Oku!' dediğini söyleyerek girer. Kitaptaki meseller boyunca, Yazar kâinat kitabının sayfalarını okumaktadır. Her kıssa, bu kitaptan bir sayfa, bir cümle, bir kelime gibidir. İlâhî aşkın sarhoşluğu içinde yazılmış olan *Yusufçuk*, kâinat kitabının okunması için öncelikle insanın kendi kitabını okuması gerektiğini bize hatırlatır. Sanki kitap bu uyarı çevresinde döner. Bu, 'nefsini bilen Rabb'ini bilir' hakîkatinin ifâdesidir. Nefsini bilmek, insanın kendisinde tecellî eden İlâhî Esmânın tecellî düzeyince gerçekleşir. Nefsini bilmekten muradın bu olduğunu söyler ârifler. İnsan İlâhî isimlerin hangisinin ne zaman tedbiri altındaysa ve tecellî ne düzeydeyse, o yetkinlik düzeyince bilebilir Rabb'ini. Ayverdi, 'tepsisinin içine nisan yağmuru toplayan bir çocuk gibi, bu akıp giden selin altına çanağını' niçin koyduğunu sorup durur. Bu soruda bile sûfî mazmunlarından birkaçını bulmak mümkündür. Yağmur rahmeti simgeler. Allah Rahmân sıfatıyla arşı kuşatmıştır. Dünyada bu sıfatla, âhirette Rahîm ismiyle mütecellidir. Rahmân'da kayıt yoktur. Çanak, feyze kabil hâle gelme durumunu ifâde eder. Kulun yapabileceği şey hazırlanmaktır. Ki buna talep, edene de tâlip tabir edilir. Müritle eşanlamlı olan bu kelimeden anlarız ki, insan sadece ister ama asıl murad eden Allah'tır. İnsan diler fakat gerçekleşen murâd-ı İlâhî'dir. Nisan yağmuru da evrensel sembollerdendir. Sedef bedendir, inci kalptir. Nisan yağmuru inhisar kabul etmeyen kalbin kökenini simgeler. Kalp, insandaki İlâhî merkezdir. Namaz ve hac arzın merkezi olan Kâbe'ye yönelinerek edâ edilir. Zikirde ise insan kendindeki İlâhî merkeze, yani kalbe doğru bükülür. Kalp, beytullahtır. Bir kutsî hadiste, *'Yer ve gökler Beni kuşatamadı, ancak inanmış kulumun kalbi kuşattı'* buyrulmuştur. Ayverdi, sorular sorar ama ardından tecâhül-i ârif yaparak, 'biliyorum ama yine de soruyorum' der. *Yusufçuk*'un bir başka metni şöyle açılır: 'Herkes bu meydana bir zafer için gelir, ben ise sade Sana yenilmek için geldim.' Bu cümle yalnız başına bize sûfîliğin hâl dilini ele verir niteliktedir. İnsanla İlâhî hakîkat arasındaki en büyük engel insanın kendisidir. İnsan kendisinden tümüyle kurtulmaksızın İlâhî feyze kabil hâle gelemez. İbn Arabî, secdede Efendimiz'in sürekli yaptığı duayı hatırlatır: 'Allah'ım beni nur kıl.' Ona göre Efendimiz burada, 'Allah'ım beni Sen kıl' demektedir. en-Nûr, Allah'ın isimlerindendir ve 'beni nur kıl' diyen, gerçekte, 'beni benden al, Kendi sonsuz ve mutlak varlığında yok et' demek istemektedir. Secde madem en yakın olduğumuz yerdir, o halde kendimizi tümüyle aradan kaldırmamız gerekecektir. Ayverdi'nin, 'sade Sana yenilmek için geldim'ini de böyle okumak mümkündür. Bir başka metinde şöyle der: "Adını sordular. Söyledim. 'Tanımıyoruz, kimmiş o?' dediler. Az kaldı perdeyi çekip seni onlara gösterecektim, fakat ihtiyatkâr olmayı yine Senden öğrendiğim için vazgeçtim ve düşündüm ki, gösterseydim de göremeyeceklerdi. Zîra perdelerin kalktığı ezel gününde onlar Seni görmüşlerden olsalardı, şimdi burada, 'Tanımıyoruz' demezler ve demir âsâ demir çarık, bu kâinatın tek görülecek görülmemişini arar ve bulurlardı." *Yusufçuk*'un bu metninde Sâmiha Ayverdi muazzam bir hakîkati tek cümlede tasvir eder. Ezel bilişikliği dediği bu temaya kitapta sık sık döner: "Ezel gününün divâne yolcusunun parmağına dünyaya gelirken bir yüzük takmış, sonra da, 'bunu hırsızlar çalacaktır; sen gene onu ara bul' demiştin. İlk sözün pek çabuk çıktı. Gözümü bu âleme açar açmaz, onun parmağımdan çalınmış olduğunu gördüm. Çaldıran da ben, arayıp bulacak olan da bendim." Burada tevhit hakîkati dile gelir. İkilik aradan kalkar. Mutlak tekliğin ifâdesi olan başka bir meselinde Ayverdi, *'Henüz zaman yaratılmamışken insan sözü edilmeye değmez bir varlıktı'* mealindeki haberle, 'başlangıçta Allah vardı ve O'nunla birlikte bir şey yoktu' hakîkatini birleştirir: "Dünya şekilsiz bir yığınken, ne toprak ne su ne ateş birbirinden seçilmeden ve mükevvenat henüz tasavvur ve yaratılış teknesinde yoğurulmadan Sen vardın." Mutlak tekliğin hayret makamındaki seyircisi ve aşk yolcusu olarak da insanı anar: "Ve ben hep başım kapının eşiğinde, Senin hayranın olarak aşk rüyalarımı görürdüm." Ayverdi'nin bu metinlerinin çoğu naz makamında kaleme alınmıştır. Yazar, nazdan niyaza, niyazdan naza gider gelir. "Bugün Sensizliğe tahammülüm yok", "Beni kendimden geçir, sarhoş et." der. Bu dileğe erişinceye kadarki serencamını ise kozmik bir hikâye olarak anlatır : "Ruhum bir kalıbın esiri olmadan evvel, elimi bir el tuttu ve bana güneşleri, seyyâreleri, semâvâtın acaibini gezdirip seyrettirdi. Nihâyet bir âleme getirerek: 'İşte misafir olacağın yer... burası dünyadır' dedi. Böylece kimsenin kimseyi görmeden çalışıp didindiği bu patırtılı âleme ben de katıldım." Bu, insanın İlâhî varlıktan kesret âlemine inişinin hikâyesidir. İnsan ebedî sessizlikten gürültülü bir arza inmiştir. Ve su ile sarhoş olacak düzeye gelinceye kadar bu hengâme içerisinde yuvarlanacaktır.

Her metninde ayrı bir hikmetin dile geldiği *Yusufçuk*'tan şimdi de istiğna makamında yazılmış bir meseli analım: "Karşına dua etmek için oturup ellerimi açtım. Ne garip ki yüzünü görünce bütün isteklerim, sam vurmuş bir ağacın yaprakları gibi kavrulup döküldü. Bilmem niçin evvelden bu mukadder neticeyi bana haber vermedin? Ben dua mahalli değil, aşk ocağıyım demedin?"

Râbiatü'l-Adeviyye bir gün hastalanır. Acılar içindeyken Bayezid çıkagelir. 'Niçin Rabb'inden şifa dilemiyor, bu acıyı çekiyorsun?' diye sorar. Râbia, 'O'nun muradı bu iken niçin aksini isteyeyim, bu ayıp değil mi?' diye cevap verir. Dua, Şeyh el-Alevi'ye göre Allah ile kalben aracısız haberleşen kâmil velîler için gereksizdir. Ayverdi'nin bu metni gerçekten de üstün bir yetkinlik düzeyinden yazılmıştır. Buna ârifler

Zat meşrebi derler. Zaten insanın mânevî seyrinde gezinin zirvesi Zatiyyet düzeyidir. Bu bölüme fark-ı evvel tâbir edilir. Mahlûkiyetten Zatiyyet hakîkatine urûc eden velîler, oradan tekrar nüzûl ederler ki, bu da fark-ı sâni olarak isimlendirilir. Seyr-i sülûkunu tamamlamış kâmil velîler ümmiyyun, safiyyun ve zatiyyundur. Ümmiyyun, sanıldığının aksine câhil anlamına gelmez, okuryazar olmayan mânâsını içermez, ümmiyyundan kasıt, insanın kendi kişisel algısını ortadan kaldırmasıdır. İlâhî Hakîkat'e açık ve hazır hale gelmek için bu şarttır. Safiyyun ise kalbin ve hafızanın saflığından kinayedir. Neşati'nin, 'Ettik o kadar ref-i taayyün ki Neşâtî/ Ayine-yi pür-tab-ı mücellada nihanız' ifâdesindeki 'mücella' mazmunu bunu îma etmektedir. Ayna saf ve cilâlı olmaksızın İlâhî Hakîkat'i kusursuz biçimde yansıtamaz, aktaramaz. Zatiyyun olmak ise, yerden semâya, beşerî gerçeklikten semâvî hakîkate doğru bir gezinin gerçekleştirilmesini işaret eder. İnsan arza nüzul etmiş, inmiştir. Kudsî Kelâm da arza tenezzül etmiştir. İnsan hayattayken bu inişin simetrik bir gezisini gerçekleştirmek durumundadır. Bu geziyi gerçekleştirenlere 'zatiyyun' denir. Zatiyyun olan kimse artık merhume Ayverdi'nin yukarıda andığım metninde ifade ettiği hâle ulaşmıştır. Sürekli Rabbi'nin müşâhadesiyle meşgul hâle gelmiş ve O'nunla arasındaki haberleşme kanalları tümüyle açılmıştır. Rabb'inin müşâhadesine mahzar olan kimse için O, artık bir dua makamı değil, bir aşk ocağıdır. Bu, makama 'muhabbetullah' tabir edilir. Muhabbetullah, mârifetullahı netice verir. Tam da burada muhabbet, aşk ve şevk merdivenlerinden söz etmek yerinde olacaktır. Muhabbet, kuşun uçmaya çalışmasıdır. Aşk kendi kanatlarıyla uçabilmesidir. Şevk ise en üstün düzeydir ki, bu, kuşun kanadı kırıldıktan sonra da uçmaya gayret edişidir. Çünkü bu düzeye erişen kişi bilir ki, kendisi Rabb'ine kendi kanatlarıyla ulaşamaz, ancak Rabbi, 'el-Karib' adıyla kendisine yakınlaştırabilir. Bu makamda ise ancak insan aşkla dolar.

*Yusufçuk*'taki bir metin bize bu hakîkati olağanüstü bir saflık ve açıklıkta anlatır: 'Küçük kız! Mektebe başladığın gün, hocan ilk iş olarak sana harfleri öğretmişti. Az sonra bu öğrendiğin harfleri birbirine çatma temrinleri yaptın ve böylece kelimeler meydana çıktı. Sonra bunları sıraladın ve ibâre oldu. Böylece de okumayı söktün. Artık büyüdün, mektep bitti. Şimdi yeni bir dersaneden içeri giriyorsun. Ben de sana ilk iş, bu kitapsız kalemsiz kazanılan ilmin baş harflerini öğreteyim: Gülümseme ve utanma. İşte yavrum bunlar, aşk kitabının ilk harfleridir.' Ayverdi, burada hem hakîkatin zâhirî ve bâtınî boyutlarından söz açmakta hem de aşk mesleğinin mâhiyetinden konuşmaktadır. Zâhir, bâtının dış boyutudur. İbn Arabî Hazretleri, *Fütûhât*'ta şöyle der: Şerîat, Hakîkat'in örtüsü veya perdesi değildir, bizatihi kendisidir. Hakîkate geçmek için, bizzat şerîata nüfuz etmek gerekir.' Bu bize, zâhirin bâtından ayrı bir olgu olmadığını, onun bir boyutu, bir yönü olduğunu gösterir. Demek ki, bâtına geçmek esastır ve bunun yolu da zâhirden geçmektedir. Zâhirde kalmayıp bâtına nüfuz etmek gerekir. Bâtın aşktır. Aşk yolunda ise insanı ızdırap karşılar. Ayverdi şöyle der: 'Izdırap denen bir harf vardır ki, bunu hepsinden evvel öğrenmeye çalış; zîra onu ihtiva etmeden mânâ kazanmış hiçbir kelime, hiçbir cümle yoktur.' Bu, bize aşk şarabıyla sermest olanların en üstünü ve bir aşk şehidi olan Hallâc-ı Mansur Hazretleri'ni hatırlatır. Ölümünden birkaç gün önce, zindanda kendisini ziyarete gelen Cüneyd-i Bağdâdî Hazretleri'ne şöyle der: 'Yarından sonra beni öldürdüklerinde, sen medresene dön ve üzerindeki sûfîlik hırkasını çıkararak müderrislik cübbesini giy. Çünkü aşk yolunda, şehitlik kaçınılmazdır. Bu meslekte insanın kendi kanıyla alacağı abdestle kılacağı iki rekât namaz üzerine farzdır.' Izdırap sözcüğü, aşk yolundaki şehitliği ima etmektedir. Bu mazmun, '*ölmeden evvel ölünüz*' hadîsinden kaynaklanır. Ayverdi, meselinde küçük kıza son olarak şöyle seslenir: 'Eğer ızdıraba yer vermemiş bir ibâreye rastlarsan, korkma; 'bunun aşk kitabında yeri yok' diye haykır.'

Buna 'belâ' da tabir edilir. Belâ da inisiyatik bir mazmundur. Nitekim Hallâc-ı Mansur Hazretleri şöyle demiştir: 'Sultanlar, bir iklimi (mülkü, vatanı) fethettiklerinde, yeni bir iklimin, vatanın fethinin arzusuyla yanıp tutuşurlar. Biz ise, yıllardır Senden gelecek bir belânın umuduyla yanıp yakılmaktayız.' Belâ'yı hem Rabb'in bir ilâhî lütfu, bir bağışı olarak okumak hem de 'belî/evet' mânâsına yormak mümkündür. Bu ise, 'rızâ'yı talep etmektir. Rızâ makamı, sadece Allah'ın kuldan değil, kulun da Allah'tan râzı olmasını içerir. Bu makam, yetkinlik düzeylerin üst basamaklarındandır. Pîr Sultan Abdal Hazretleri, bir nefesinde, 'Güzel âşık cevrimizi çekemezsin demedim mi / bu bir rızâ lokmasıdır yiyemezsin demedim mi?' demek sûretiyle, 'rızâ'nın ne denli ulaşılması güç bir makam olduğunu belirtmiştir.

Rızâ, kulun her şeyden râzı olması, Rabb'inin her tecellîsini bir lütûf olarak kabullenmesidir. Müsibetler, yokluklar, yoksulluklar, yalnızlıklar, acılar, ayrılıklar, ölümler, her türlü maddî ve mânevî sıkıntıları can ve başla benimsemesi ve şükür makamında bulunmasıdır. Sâmiha Ayverdi, *Yusufçuk*'taki bir anlatısında bunun bâtınına doğru sızarak şöyle der: "Gidenin yerine benzerini getirmek gayreti, işte insanların tesellisi. Ama o bazen daha cesur, daha pervasız davranarak, insanoğlunun bu körü körüne sarıldığı, başını göğsünde dinlendirdiği ya da hizmetine çağırdığı 'teselli' adlı câriyeyi, ezel künyesinde rastladığı ismiyle çağırır: 'gaflet.'" Bu metnin alt okunması yapıldığında 'teselli'nin bâtınî hakîkatinin rızâ, 'gaflet'in ise 'tevekkül' olduğu anlaşılacaktır. Râzı olmak, teselli bulmak değildir. Rızâ, 'artık öyle olur ki Ben kulumdan kulum Benden râzı olur' hakîkatinin sırrıdır. Ya da 'ey nefs, artık râzı olmuş bir hâlde Rabb'ine dön' nidâsındaki sırdır. Nefs, dünyaya inerken yaşadığı irtifa kaybını, simetrik bir geziyle, yani mânevî bir mîraçla taçlandırdıktan sonra rızâ makamına urûc eder. Bu halde Rabb'ine dönen nefs artık 'safiyye' olmuştur. Gaflet ise, kulun Rabb'inden nisyanıdır. Sûfîler 'ben'lik duygusundan bir zerre kalmış ise kulun gafletten kurtulamamış olduğunu ifade ederler. Gafil olan tevekkül makamına erişemez. Tevekkül, insanın aradan çekilmesidir. Zîra insanla Rabb'i arasındaki engel kendisidir. Cüneyd-i Bağdâdî Hazretleri'ne Seriyü Sakatî Hazretleri'nin söylediği şu söz bunu ifâde eder: 'Senin varlığından daha büyük bir günah yoktur.' Ayverdi, metinde, 'Teselliyi bir câriyeye benzetmek sûretiyle hem teşhis sanatı yapmakta hem de tesellinin baştançıkarıcılık niteliğine atıfta bulunmaktadır.

Yine 'aşk'a ilişkin bir başka metinde, onun belirleyici işleviyle ilgili bir vurgu yer alır. Bunu Ayverdi, 'müstebit' kelimesiyle ifâde eder. Aşk gerçekten de tüm bağları yıkarak kendi bağlarını kurar. Bu onun kozmik niteliğidir. Ayverdi şöyle der: 'Konuşuyorduk. İçimizden biri sordu:

- Târihin kaydettiği en müstebit hükümdar kimdir?

Her ağızdan bir isim çıkmaya başladı. Saydılar, söylediler. Fakat sorgu sahibi bunların hiçbiriyle tatmin olmuyordu. Bir ara göz göze geldik. Bana,

-Niçin sesin çıkmıyor? Sen de bir şey söylesene, dedi.

Zaten ben de söylemeye hazırlanıyordum. Yavaşça,

-Aşk! dedim.'

Ayverdi bu hakîkati ifâde ederken, aşkın ezelden ebede tahtında tek rakibi olmaksızın saltanat sürüp buyruk yürüttüğünden bahis açmaktadır. Zaten sonunda, 'bunu, bu âşikâr zaferi koyup uzaklara gitmek ne reva' diyerek, 'aşk imiş her ne var âlemde' gerçeğini tahkim etmektedir.

Varlığın mayası aşktır. Varoluşun sırrı aşktır. Evren aşktan doğmuştur. Varlığın merkezinde hakîkat-i Muhammediyye bulunur. Bütün muhabbetler muhabbet-i Muhammediyye'dendir. 'Muhammed'den hâsıl oldu muhabbet / Muhammed'siz muhabbetten ne hâsıl' diyen şair bu sırdan konuşmaktadır. *Yusufçuk*'un bir metninde Sâmiha Ayverdi, insanı balçıktan yoğuran ve ona nefesinden üfleyen Yüce Rahmân'ın soluğunun rüzgârı oluşumuzdan söz eder: 'Sana soruyorum dostum, beni bu dünyaya kim davet etti? Anamla babam mı? Hâşa. Onlar, ezel tasarrufunun zavallı bir âletinden başka nedir? Sahibim bir mûcize göstermek istedi; gitti bir dağ başından bir avuç toprak alıp yoğurdu ve ona kendi nefesini üfleyerek dünyaya fırlattı. Bu çamur, dünyada bir ananın babanın çocuğu oldu. Adına da adımı verdiler. Yalan söylemiyorum; ben, onun nefesinin bir rüzgârıyım ve beni bu dünyaya, uğrunda binbir âlemi terk ettiğim bu ses, bu nefes sahibi çağırdı.' Bu anlatıda insanın zuhurundan söz açılmaktadır. Aziz Mahmud Hüdâyi Hazretleri, *Muhammed'in Zuhuru* adlı eserinde bu ezelî hikâyeyi anlatır. Sûfîlerin çokça rağbet ettiği bir kutsî hadiste Rabb'imiz şöyle buyurur: '*Gizli bir hazine idim, bilinmeyi sevdim. Bu sırla mahlûkatı yarattım.*' Mahlûkatın eşrefi olan insan, varlık âleminde en son zuhur edendir. Çünkü insan meyvedir. Varlığın özüdür, özetidir.

Kâinatın kalbidir. Allah'ın yeryüzünde halîfesidir. Allah insana soluğundan üflemiştir. Rahmân'ın nefesi insanın ruhudur. Gerisi kemiktir, kıldır. Sûfîler ruhun bedene tenezzül edişinden söz açarlar. Ruh, ten kafesinde mahpustur. Bu sıkışma, ruhun ölmeden evvel ölme isteğiyle yanıp tutuşma, özgürleşme arzusunu da beraberinde getirmiştir. 'Adamah' kelimesi İbranicede 'kırmızı toprak' anlamına gelir. Âdem yani insan kızıl topraktan karılmıştır. Rahmân, insanın çamurunu bir rivâyette dörtbin sene yoğurmuştur. O'nun katındaki bir gün bizim katımızdaki bin yıl gibidir. Allah, Âdem'in çamurunu iki eliyle yoğurmuştur; yani Celâl ve Cemâl yönüyle. Allah'ın iki eli de sağ elidir; yani Allah'ta baskın olan Cemâl boyutudur. Çünkü Allah gökleri ve yeri altı günde yarattıktan sonra Rahmân sıfatıyla arşı istiva etmiştir. O'nun rahmâniyeti dışında hiçbir varlık kalamaz. Bundan kinâye, İbn Arabî Hazretleri, Allah'ın iki eli de sağ elidir, buyurur. Ayverdi, metnin devamında, yere nüzul eden çamura üflenen soluğun Sahibi'ne seslenerek şöyle der: 'Ben de ne ham ne toy bir adamım. Onun uğrunda binbir âlemi bağışlamak da nedir? Bu ses beni yerimden, yurdumdan, saltanat ve daratımdan koparmışsa çok bir şey mi? Bu davete karşı ben kim oluyorum? O dile, târife gelmeyen ferman sahibi, kolumdan tutup dünyaya sürüklerken, elini elimden koparmaya kıyamayarak, kendi de beraber geldi. Daha ne isterim, söyleyin ben ne isterim daha?'

Bu isteğin sonuçlarından olmak üzere bir başka *Yusufçuk* kıssasında Sâmiha Ayverdi, 'secde'den bahseder. Secde kulun Rabb'iyle buluştuğu yerdir. Buna 'menzil' denir. Alak Sûresi'ndeki *Secde et, yakınlaş* buyruğuna uyan kul, Rabb'ine doğru iner. Rabb'i de kuluna doğru tenezzül buyurur. Ve bir yarıyol karşılaşması gerçekleşir. Buna nüzûlden, inişten kinâye menzil denir. Ayverdi şöyle der: 'Rabb'im, sanırlar mı ki, ben secde ederken, taşa, toprağa baş koyarım? Hayır, eğilen başım, o kaskatı yerde senin aşkının yumuşak dalgalarına karışır.'

Bu cümle gerçekten de zengin bir atıf alanına sahiptir ve okuma imkânlarına açıktır.

Secde, ubûdiyeti simgeler. Secdeye varmak üzere kulun eğilmesi Rahmân'ın gecenin üçte birinde dünya semâsına inişini simgeler. Bir rivâyette Allah, gecenin üçte birinde dünya göğüne değin tenezzül buyurarak, 'Yok mu Benden bir şey dileyen, vereyim' şeklinde nidâ eder. Namaz, kul ile Rabb'i arasında ortak bir münâcattır. Yine bir kutsî hadiste Rabb^'imiz şöyle buyurur: *'Ben, namazı kulumla aramda ortak bir münâcat kıldım. Onun yarısı Bana, yarısı kuluma aittir.'* İbn Arabî Hazretleri bundan hareketle, mesela Fâtiha'nın namazda vâcip kılınmasının hikmetinden de söz ederek, sûrenin ilk üç âyetinin Allah'a diğer dört âyetinin ise kula ait olduğunu söyler. Zîra *'Sadece Sana ibâdet eder, sadece Senden yardım dileriz'* ifâdesi kula aittir ve Rabb'ine râcidir. Kıyam, 'Rubûbiyet'i simgeler. Rükû, ubûdiyeti sembolize eden secde ile Rubûbiyet'i simgeleyen kıyam arasında berzahtır. Secdede insan kendi benliğinin sınırlarını tümüyle terk ederek Rabb'inde müstağrak olmaya çalışmaktadır. Bu istiğrak hâlini Sâmiha Ayverdi, 'İlâhî aşkın yumuşak dalgaları'nda kaybolmak şeklinde ifâde etmektedir.

Bu kayboluş nasiptir. Bunu bir başka metninde Ayverdi şöyle dile döker: 'İnsanoğlunun kulağını bükmek, nasihat vermek boştur; kıssadan hisse çıkarmak da boştur. Bu cihanda nasihat, nisan yağmuru gibi bol bol yağar, sel gibi akar. Ama nerede o sedef ki, ağzını açsın da yuttuğu bu damlayı inciye tebdil etsin. Her hâdise, içinde hissesi olan bir kıssadır. Ama nerede o göz ki, bu dolaşık ve sırlı yazıyı söküp heceleyebilsin.' Bu uyarı bize, muhâsebe günü gelmeden nefsimizi hesaba çekmemiz gerektiğini de hatırlatır. Her olayın içinde hissesi olan bir kıssa olması, bir âyetin anlam denizindendir. Varlıklar Allah'ın birer delili, birer âyetidirler. Her şey bize O'nu söylemektedir. Hiçbir şey yoktur ki, O'nu hamd ile tesbih etmesin. O halde kâinat kitabının birer kelimesi olan varlıklar ve olaylar bizim için birer hakîkat habercisidir. *Yusufçuk*'un bir meselinde Ayverdi bizi adeta tüm perdeleri kaldırarak yokluk hakîkatiyle yüzyüze getirir: 'Zaman zaman hislerimin kapısını çalan, aldırış etmezsem zorlayan bir el vardır. Ona,

-Kimsin, ne istiyorsun? derim.

Cevap yerine içeri bir el uzanır. Düşünürüm. Para istemeyen, mala, rızka tamah etmeyen bu avuca ne koyacağımı uzun uzun düşünürüm ve düşüncelerim bir karara bağlanamayınca da, sualimi hiddetle tekrar ederim. O belki dalgınlığıma, belki unutkanlığıma, belki de gafilliğime küsen, fakat gene de tesir ve halavetini eksiltmeyen sesiyle,

-Yokluk! der.

Yokluk, inisiyatik sözlükte 'fenâ'yla karşılanır. Acz, fakr, kusur vb. ıstılahlar da bu kavramın anlam dünyasına aittir. Bu tarîk, yani acz ve fakr yolu, Allah'a ulaşmada en etkin, en kısa ve tehlikesiz yoldur. Bekâ, fenâdan geçer. Varlığa yoklukla ulaşılır. İnsan yok olmadan Rab belirmez. İnsan azaldıkça ve yok oldukça Rabb'ine yakınlaşır, Rabb'i katında değeri artar.

Bu metnin yüzeyinde mâddi varlık-yokluk muhasebesi görünse de, gerçekte fakrın hakîkati anlatılmaktadır.

Sonunda Ayverdi, "Varlık ânında verilen, yokluk olmaz ki vereyim… Yokluk ânında varlık bulunmaz ki, 'gel al' diyeyim." diyerek varlığın yokluktan geçtiğini bildirmektedir.

Hikmetin dili sembol ve sükûttur. *Yusufçuk*'ta bu hakîkat de bizi karşılar:

"Bana, 'söyle' deme. Bugün susmak istiyorum. Sözlerimi gönlümün kınına sakladım; söyle, diye üstüme varma. Şayet sana uyar da onları çekip çıkarırsam, el sürenin parmakları doğranır." Sükût da bir hâldir ve velî seyri sülûkun bir yerinde buna uğrar. Halvet zaten sessizliğin yurdudur. Orada beşerî olan susar, İlâhî olan konuşmaya başlar. İnsandaki ilâhî merkez olan kalbin konuşması sükûttur. Hallâc-ı Mansur Hazretleri bir keresinde şöyle demiştir: 'Dillerin konuşması, kalplerin helâkindendir.' Metnin devamında Sâmiha Ayverdi, kalbe doğmayan bir hakîkatin dile gelmemesi gerektiğini hatırlatır: "Bana, 'söyle' deme. Sen söyle, sen haber ver ki ben neyim? Hangi göklerin hangi köşesinden bu dünyaya damladım?" Bu aynı zamanda, 'ya hayır söyle veya sus' uyarısının da tevili gibi görünmektedir.

Büyükler, 'dert ağlatır, aşk söyletir' demişlerdir. Muhabbet olmaksızın söz kemâle ermez. Kemâle ermeyen söz hayrı taşımaz. Ayverdi, bu hakîkati şöyle dillendirir: "Rabb'im, senin takat getirilemeyen ateşinle kavrulup yanarken, söyleniyor, haykırıyor, inliyor, feryad ediyorum. Beni divâne diye, biçâre diye de olsa dinleyenler var. Rabb'im, senin ateşinle kavrulup da yanmamak, yanıp da haykırmamak, inlememek olur mu? Ama bu ateş içine düşeni kendisine benzettiği, varlık tezahürleri içinde bir avuç kül olduğu, sözü, feryadı, şikâyet ve şekvâyı, bilinmez bir rüzgâr, bilinmez nerelere sürüp götürdüğü zaman, söyleyememek ızdırabı ile ben ne yapayım? Söyle bana o kıyâmet lahzasının lisânını olsun öğret!"

*Yusufçuk*'un hemen tüm metinleri inisiyasyon sözlüğünün ıstılah ve mânâlarıyla doludur. Modern zamanlarda yaşamış velî bir yazarın kaleminden dökülen bu eserin tekke-tasavvuf edebiyatı geleneği içinden okunması ve yorumlanması gerekmektedir.

Şerhi gerektiren bu metinler toplamı, bize yitiğimiz olanı, hikmeti aktarmayı deniyor.

**Sözü Ona bırakıyorum:**

"Bana târif edilmeyeni et' dedin. Bu nasıl mümkün olur Devletlim?

Bilirim, hep olmazları oldurur, muhâlin başını imkân tarağıyla tararsın. Ama gene de insaf et Devletlim, bende o taşları su gibi akıcı, bulutları kaskatı dondurucu, ateşleri bahar rüzgârına çevirici kudret nerede, söyle nerede?

Acaba târif edilmeyeni et, derken, yedi cehennemi yakıp kül edecek bu gönül ateşini mi dile getirmemi istedin? Ah Devletlim, sana evvelce de söylemiştim. Güneşler doğar batar, yıllar yılları, devirler devirleri kovalar; dünya seyrinde, kâinat devrinde, sâdık köleler gibi, şaşmadan, durup dinlenmeden, eskiyip yenilenir. Ve bu bir yandan ölüp bir yandan dirilen cihan, yiğitlerin kuvvetleri, cihangirlerin pazuları, zeka ve idrak hamlelerinin harikaları ile mâmur olup ahenklenirken, her zorluğu yenen, her müşkili başaran insanoğlu bir âşık gönlünün o kendini ve kâinatı yağmaya veren yanıklığını dile getiremez.

İzin ver Devletlim, izin ver de bu akşam, lafza gelmez bir kıyâmetin karşısında her zamanki gibi derin derin susayım."

# Woman and Tasavvuf

# Today's Mutasawwuf Woman as reflected in the Life of Samiha Ayverdi

Cemalnur SARGUT

Translated by Cangüzel Zülfikar,
Fahir Zülfikar and Aylin Atikler Yurdacan

Samiha Ayverdi says that, "Tasawwuf is the path that brings the collection of opposites, which is human's constitution, into wholeness through spiritual integration. The improvement of everything depends first on humans' putting himself in order." When the armour of wholeness manifests in humans' bodies, they no longer feel the need for happiness, have fear of suffering, nor do they have ambition for status or money. Neither do grudges, enmity, nor friendship based on profits remain. These are all daggers of the *nafs* (ego). The reason for our coming into this world is *wahdet*, unification, to become a united whole in the meaning of Allah. To become one within multiplicity, common spiritual values need to manifest which are only made possible by those freed individuals, who account only to Allah, those who have been freed from enslavement to their *nafs*, who discern their Beloved Allah's names and attributes in their interaction with every created being.

Such people who convey to their surroundings this group of sublime qualities are deemed spiritually rich by Samiha Ayverdi. The qualities of certainty of faith, sincerity of heart, fairness, honesty, generosity, abnegation, self-sacrifice, beautiful morals, love of country, wisdom and spiritual knowledge are eternally valued by everybody under the blue vault of heaven. It is apparent that the eye that knows how to see oneness, is the fruit of a *gönül* (mind & heart) that knows how to respect multiplicity.

*Hadrat* Ali says, "Before reaching the state of jam (gathering all things together in Allah), *tafriq* (distinguishing things as being separate) is blasphemy (*kufr*). After achieving this state of jam, lack of *tafriq* becomes unbelief." Samiha Ayverdi represented jam *maqam* (station). Her *gönül* (mind-heart) could never be vindictive towards the cruel, but yet she would fight cruelty. We see that she also felt the necessity to reprimand the cruel. That is why she spent all her life struggling earnestly. She wrote letters and at times when she gave us bittersweet warnings in a manner most befitting our temperaments, it never crossed our minds to feel hurt because we knew that the warnings of Allah's beloveds are really His blessings as shown in the Quranic verse, *"The hand that is hitting is mine."*

Can one disagree with Susanna Tamaro, who wrote in her book *Follow Your Heart*, "How wrong it is for those who have not ended their fight within themselves to carry the flag of an ideology or an –ism." Justifying Tamaro, Samiha Ayverdi shows Islam as the only solution in saying, "Islam is the religion that unravels the driving bonds of human passions thus freeing mankind from enslavement. It is the religion that melts and refines faults in the pot of critical thinking and self-control. It is also the religion that gives mankind the ardent yearning and enthusiasm for a sublime goal."

For those beautiful people, who have known how to become the 'Josephs' of this era, it is a must that they carry the flag of their beliefs and set an example in all their behaviour (*hal*). It is very appropriate for a woman to become a Joseph i.e. to establish unity within by marrying her *aql* (mind) to her *nafs* (soul) thus ensuring the dominance of the spirit in the body. However, in most religious books the feminine quality symbolizes the *nafs* (soul) (e.g. The Romans: 21, *"And one of His signs is that He created mates for you from yourselves that you may find rest in them."*). *Nafs*, on the other hand, is also the egoism that separates human beings from others. Man symbolizes *aql* (intellect). Both *aql* and *nafs* can be catastrophic if they have not been perfected because they only say "I". When they are exalted, they become exquisite because they don't say "I" but "you". When *nafs* is free from saying "I" and becomes confident in Allah, and if Allah is content with her, woman reaches such a high level that Our Prophet says of her, "Women are victorious over the wise and the good hearted." It is likely that here the Prophet means that the female who reaches the *maqam of safiyya* (the station where the spirit becomes manifest) becomes dominant over the male *aql* and *gönül* (mind-heart) illuminated by *nur* (divine light). In his *Mathnawi*, Rumi explains this *maqam* like this, *"She (woman) is a ray of God, she is not that (earthly) beloved, she is creative, you might say she is not created."* (*Mathnawi* I: 2437, translated by Nicholson).

Islamic tasawwuf studies and exalts women in two ways: firstly in her perfected feminity and secondly in her motherhood. The freedom of her feminity teaches a woman to control her human, earthly characteristics. Otherwise a woman or man who cannot attain this state resembles a time bomb that can explode unexpectedly. According to Samiha Ayverdi, woman becomes the mysterious force by being a procreator. Together with those to whom she has given birth, woman gathers and unites the family within traditional order by carrying within her being the clues of how to balance society and replenish the family nest. The force that drives woman within the family to be patient, cautious, dignified, solemn, compassionate and especially diligent among many other empowerments is what she transmits to her children through the training system of manners and ways of behaviour called *ADAB* (good manners).

With this *adab*, woman establishes and embodies within her temperament and spirit a philosophy of life where she herself becomes a monument of society's wisdom and civilization. Thus, woman follows a superior path which enables her to distinguish between right and wrong, between peace and danger and between the harmful and the useful. The institution of the family is organized around the functions of the 'mother-female nucleus' which is the strongest inner structure of society.

If a man or a woman does not have good manners and behaviours and is unable to distinguish the manifestation of Allah in every created being then they cannot feel happy nor can they make anyone else happy. It is so fortunate for a woman to be able to become a mother because motherhood, similar to being a teacher, provides her with the opportunity to train herself while training her child.

Anyone, be it male or a female, whose *nafs* has been perfected achieves the level of an entity above gender (*er*), purified from all sexual qualities. Mothers are more fortunate in this respect. Muhyiddin Ibn Arabi describes such an entity as "completion and refinement after being freed from the darkness of one's desires and humanity through the light of reasoning and spiritual training."

Motherhood is the ability to create paradises. Therefore, in the world motherhood is the only opportunity through which to find paradise. The Prophet emphasizes the significance of motherhood in his great *hadith*, "*Paradise lies under the feet of the mother.*" Rumi in his *Mathnawi* (Vol. 6, 3257) says, "*Though a mother's tenderness is (derived) from God, (yet) 'tis a sacred duty and a worthy task to serve her.*" (translated by Nicholson). Motherhood can also be explained as being the manifestation of Allah's *Rahim* (attribute of mercy) through the being of the Prophet. From this perspective *Hadrat* Ismail Hakkı Bursevi explains the Prophet's being *ümmi* by saying that the word derives from "üm" meaning mother and suggests that He is the mother of all the created. Rumi writes in his *Divan-ı Kebir* (2237) that "*The anger of the prophets [anbiyaa] is like the anger of a mother; it is an anger full of patient forbearance ('hulm') for the sake of the pretty-faced infant ('tifl-i khuub-ruu').*" (translated by Ibrahim Gamard). According to Rumi, what is manifested in a *murshid* is also motherhood as *murshids* are no different from mothers. The milk of every teacher is the same but the student desires to be breastfed only with its own mother's milk. Milk is the reflection of Allah's meaning through the *murshid*. (It is the wine of *Kevser*.) Breastfeeding suggests spiritual closeness. In the *Mathnawi* where Moses' mother is described as a *murshid*, the quality of motherhood represents the *insan-ı kamil* (perfected human) guiding his child. Again in the *Mathnawi*, *"It is the feminine nafs that is incapable of withstanding the suffering of divine love not the nafs of the entity above genders."*

As motherhood adds high values to a woman, she succeeds in achieving her spiritual meaning. Woman becomes a masterpiece in her existence if she can free her *nafs* from its enslavement to hatred, ambitions and extreme attachments thus revealing her qualities of elegance, generosity, compassion, compromise and sacrifice (being able to say "you" before "I"). Woman is a golden pot provided that she does not boil dirty cloths in it.

In order for this to happen, a woman should possess these following beautiful traits: she should not get offended by a friend's minor warning i.e. she should not leave her friend alone just because she thinks she did something wrong, because according to Allah her action may be correct. Whenever a friend makes a mistake, a woman should feel as if she has made that mistake herself because she knows that people are integral to each other in this world. She does not ask for Allah's wrath by trying to please His servant. She does not try to please another by transgressing Allah's approval (*rida*, contentment). Her delight in her *gönül* (heart-mind) is only found through emptying her heart of all evil, fury and hatred towards her sister believers. If she achieves this state, then she can even make friends with wild animals. If a woman does not come to know her own shameful behaviour and faults, then her every moment becomes a waste of time. She knows that having a few good manners (*adab*) is much better than having a lot of knowledge and she also knows that empty talk and gossiping will be her downfall. Her friend is the one that holds her back from her sins, saves her from shameful experiences and who shows her the right way to Truth. A woman comprehends the fact that the one who does no favour for others in this world will receive no favours in the hereafter. She knows very well that worship does not involve becoming a recluse or eating dry bread and wearing old clothes. Although she could divulge in earthly riches and desires, she is not carried away by them. Again she knows very well that the thickest veil over the *gönül* (heart-mind) is to become too busy with Allah's creatures. She serves but does not expect to be served. She knows her servanthood, her nothingness and her neediness. She refrains from actions that she may later on regret.

With her dignity in her *acz* (nothingness) and her being a role model by living in all the above mentioned beautiful traits, my teacher, Samiha Ayverdi has showed and taught us the mutasawwuf Muslim women we presumed that we had never seen such as Hz. Hatije, Hz. Fatima, Rabi'a al-Adawiyya and Ibn Arabi's *murshide* Fatima binti el-Musenna. How happy we are to have been able to see and observe in our teachers the Prophet's *sahabes*. To the unaware who say "I cannot combine tasawwuf into my lifestyle", my teachers have showed and taught that tasawwuf is a way of life that can be lived by everyone. I bow before Hatice Cenan who said, "You should love people. You have infinite treasures of forgiveness and compassion within you. That is why you should love not only people but all the created with the same untiring enthusiasm and unending desire. You should generously spend your treasure and should love them as if you are one with them in both their bad and good deeds. You should be with them in their increasing during birth until their decreasing during death." I also bow before Samiha Ayverdi, Nazlı Sultan, the first female Turkish philosopher Semiha Cemal, the mutasawwuf writer Safiye Erol and my mother Meşkure Sargut. I thank them by attempting to be like them.

# *Child of Soul*

Dr. Karim D. CROW

**In the Name of God, All Merciful, All Loving**

*"It is He who created you from a single soul and made her mate of like nature, in order that soul may find tranquility in her (in love)."* (al-A'raf 7:189)

Islam has many precious resources to guide us towards the inner tranquility of Soul through the special relationship between woman and man. Remember that 'Soul' (*Nafs*) is a feminine word in Arabic. Let us look at several aspects that may provide food for thought and excite the inner yearning and higher-energy (or 'noble striving' *himmah*) for working earnestly to achieve this wholeness or perfection of Soul.

## THE EXAMPLE OF THE PROPHET MUHAMMAD (PUH)

After the death of his mother Aminah bint Wahb and the care of his milk-nurse Halimah, the young orphan Muhammad

was cared for by several women. He had several close pater-
nal relatives who served as his foster mothers; they includ-
ed Fatimah bint Asad b. Hashim (wife of Abu Talib and
Muhammad's paternal aunt & fostermother, and mother
of 'Ali) whom the Prophet buried with his own hands in
Madinah, going down into her grave and wrapping her body
in his own shirt. Her daughter Umm Hani bint Abi Talib is
said to have been sought in marriage by Muhammad when
he was a young man; and it was in the house of Umm Hani
where the Prophet slept the night that he experienced the
*mi'raj* or ascent to the highest heaven before the *Hijrah*.
The Prophet also had a milk-sister, Umm Hakim al-Bay-
da' (daughter of al-Zubayr b. 'Abd al-Muttalib); she was
Muhammad's paternal cousin whom he was fond of visiting
when she came to Madinah.

Among all the women of his extended family who had the
longest association with the Prophet over the course of his
life and who probably knew him better than almost any one
else, we should mention Muhammad's Abyssinian servant
(freedwoman/*mawlat Rasul Allah*) Umm Ayman. Her name
was Barakah and she was inherited by the Prophet from his
parents in Makkah, and cared for him after the death of
his mother. Umm Ayman remained part of the Prophet's
household throughout his life, and he freed her and gave her
in marriage to his adopted son Zayd b. Harithah (killed at
Mu'tah in 8 H / 629). Zayd (called *Hibb Rasul Allah* /Beloved
of God's Messenger) was very close to the Prophet and may
have even been considered as the one who would inherit
from him. The son of Umm Ayman & Zayd was Usamah
b. Zayd (d. 54 H, called al-Hibb ibn al-Hibb) who was espe-
cially favored by the Prophet and said to have been loved by

him as much as he loved his only surviving child Fatimah. Umm Ayman (d. 23 H) lived to mourn Muhammad and recited moving verses lamenting the cessation of revelation with his passing.

But the woman best known for her crucial role in supporting the Prophet in his early mission as God's Messenger was Khadijah bint Khuwaylid. She exercised a close mentoring role for her younger husband, who shared the details of his revelatory experiences with her and with her uncle Waraqah b. Nawfal; both of them helped confirm and support Muhammad's opening to his prophetic mission. Khadijah encouraged and comforted him during the most difficult and trying years of persecution and rejection in Makkah, and she bore his children. Khadijah's death about three years before the *Hijrah* under extremely harsh circumstances in the Shi'b of Banu Hashim affected Muhammad deeply.

After Khadijah's passing the Prophet took a number of wives, among whom his third wife 'A'ishah bint Abi Bakr played a leading role in his family, as well as for the early Muslim community after his death. Another of the Prophet's wives who played a significant role was Umm Salamah, and her children from her husband Abu Salamah were raised in Muhammad's household. The Prophet had no surviving sons but four daughters, among whom the eldest Zaynab and his youngest Fatimah had surviving children. While Muhammad was known by the patronym of Abu l-Qasim, we might perhaps venture to refer to him as "Abu Zaynab" after his eldest daughter, whose story of great love and loyalty to her husband al-Rabi' b. Abi l-'As is a touching part of the Prophet's sira. (After being mad prisoner at Badr, Rabi' was ransomed by Zaynab who sent to her father an onyx necklace given to her by Khadijah on her wedding day.) Zaynab's daughter Umamah bint al-Rabi' was dearly beloved by the Prophet who carried his granddaughter with him upon his camel during the campaign of *Fath Makkah* in 8 H. After Muhammad's death and the death of her aunt Fatimah, Umamah wed 'Ali b. Abi Talib and helped raise Fatimah's four young children (their marriage was said to have taken place at Fatimah's instructions). Muhammad also had several step daughters from his other wives, including Zaynab bint Umm Salamah. Undoubtedly the closest child to the Prophet was his youngest daughter Fatimah, who lived in her father's house in Makkah, and after the *Hijrah* in his house in Madinah until he wed her to his paternal cousin 'Ali. Certainly there was a strong bond between Khadijah's last child Fatimah and Muhammad, and numerous *hadith* confirm the special affection between them. She died of sorrow about six months after his passing.

During his final three years Muhammad also took delight and comfort with Mariya (sent to him as a gift from the Coptic leader of Cairo), whom he housed separately from his wives on his estate known as *mashrabat* Umm Ibrahim (one of Muhammad's seven orchard estates in south Madinah). A number of *hadith* specify that the building where Mariya was lodged had a small upper chamber or private room (*mashrabah*) where Muhammad used to retreat for privacy apart from his wives. Their son Ibrahim (d. 9 H) was the last born of Muhammad's children but lived only 18 months. This may remind us that within the nature of the Prophet there operated a concern for the softer moist side of his being in which Muhammad found sanctuary and tranquility out of the deepest spiritual motives. Love and spirituality possess a natural joy that may be discovered within the trust and repose between the two sides of our Soul.

The love and affection between the Prophet and his wives, his female relatives, his daughters and grandchildren: what does this tell us?

We should remember that the closest individuals to Muhammad during his prophetic mission may well have been these women within his immediate family and wives. What does this indicate about the personal character and individuality of our blessed Prophet Muhammad (may God overwhelm him in peace)? Although he was a man of action who led military campaigns, organized and directed a growing citystate based in Madinah for ten years, and dealt adroitly with the enmity of some extremely cunning and ruthless persons, it is universally attested of him that his dominant traits belonged to the soft moist part of his person — the man who could never refuse a request directly made to him, who invariably forgave the shortcomings of his Companions, and who exhibited utmost patience and long-suffering with the unruly uncouth behavior manifested by the tribal Arabs of the *Jahiliyyah*.

Thus, the reality of the personal life of the Prophet was associated very closely with these women, and this was one of the leading factors that enabled him to manifest such great forbearance and compassionate conduct towards the harsh and unforgiving tribal ethos of male privilege and elitism surrounding him. This reality has made a deep imprint upon the nature of Islamic spirituality, above all with the Sufis. Ja'far al-Sadiq (d.148/765), one of the leading members of the

Prophet's Household (Al Muhammad), was known to maintain the Prophet's pattern of marrying one first wife, wedding other women only after her passing -just as Muhammad had done with Khadijah. While Islam is often viewed as a religion and civilization that privileges males, yet within its bosom is enshrined this great reverence and respect for the feminine aspect of life, the realm of Soul.

There is a great mystery and inviolable sanctity associated with the feminine aspect of the human being, which in Islamic teachings and culture has become much misunderstood in our present global materialist age. Let us mention here the example of the 'chastity of the senses' or lowering of the eyes to avoid meeting the gaze of the other, today much misunderstood in western societies. The 3rd/9th century master al-Hakim al-Tirmidhi gave an insightful interpretation of the famous *hadith* of the Prophet: "*The first look is for you, yet the second look will be held against you.*" al-Hakim explains that when a person first sees another it is permissible and even encouraged to look and view that individual's beauty and fairness of form & features, since this first look arises from one's spirit (*ruh*) which takes delight and happiness from admiring the beauty of God's creatures. But when you take the second look and begin to imagine the pleasure you might enjoy by physical possession of the other, this arises from the lower blameworthy self (*nafs, hawa*); this type of lustful enjoyment shall be counted against you in the Hereafter.

Despite differences in gender, occupation, training and education between women and men in many Muslim societies today, and the abuses that continue to be practiced in the name of Islam or by invoking prophetic authority, we must not forget that the inner person within our bodies, our centre of awareness and perceptions, is neither a man nor a woman, but a created Soul. The value in knowing the other is to meet our own self in the completion of that which God created in pairs.

The Qur'anic verse in *surat al-A'raf* 7:189 informs us that humans are created from a single soul (…*min nafsin wahidatin*), that male and female recognize the other as integral parts of their own true self, and that their destiny lies in dwelling together in the bond of love bringing mutual reliance and reassurance, faith and trust (…*liyaskuna ilayha*). Such repose together in love offers the spiritual ideal that the human person may realize his or her interior unity filled with peaceful tranquility by conjoining as one single being. This is the task of making our Soul whole and one.

Such is the destiny of the soul, for we are continually seeking the healing rest of conflicting opposites joined in harmony. Only then may we experience the oneness and peace of completeness. Our inner being contains the higher purer part of the Self-realizable only in unity when complementary or opposing parts join. Our Soul is higher than our surface self, for Soul encompasses the Spirit -and the Spirit is Mind at its purest.

The work of the Guide is to introduce our Soul to our Self and to assist in the birth of Spirit. The Teacher or Guide is one who nourishes our Soul as a mother gives milk to her child. The Teacher may be more intimate with our interior being than our natural father. Our Teacher is really like a mother who raises us up and helps us understand and accept our shortcomings, who watches over us till we can walk on our own feet, showing us the way to advance to completion. The spiritual parent is in many respects more significant for our real life than our physical parents.

Here we reach the basis of trust and love that spiritual life is built on, and that may nourish and sustain the unfolding of our real potential and completion. The Teacher is part of our being, both a mirror for self-apprehension and a window for glimpsing the heights and dimensions hidden within our Soul.

O Soul - make me your child, for within you are found my mother and my father at once!

# *Women of the Saint, Saintly Women*

Anna BIGELOW

At the tomb shrines of India's many Sufi saints women play prominent, equal, and in some cases preeminent roles. For Muslim Indian women, who overwhelmingly do not attend mosques, these shrines provide important centers for women to gather, pray, exchange news, and engage in public piety. Non-Muslims also frequent the tomb shrines -in some places in even greater numbers than Muslims. Indeed Sufi tomb shrines, called *dargahs*, are at the center of community life in many places in India. Babies are born through the grace of the saint and they are brought to the tomb to acknowledge this blessing as infants. The first haircut is often honored at these sites. Children are brought for a protection against snakebites and diseases. Muslim grooms visit before their marriage, Hindu and Sikh couples circumambulate together afterwards. Among the faithful, any major undertaking should include a visit to the shrine, exams, job applications, or travel. Any serious danger should be prayed for at the tomb: sickness, money problems, or family strife. Prayers for the dead may be offered there, on behalf of the saint him or herself and for the pilgrim's own ancestors. The friends of God are thought of as particularly sympathetic to the problems and needs of ordinary people. One need not be an 'alim or an amir, a religious scholar or a rich man, in order to hold intimate discourse with the spirit of the saint. Indeed, one need not be male to be a saint, to visit a tomb, or to manage and control the rituals and finances of the shrine. In fact, in some cases women are the chief caretakers of the *dargahs* and in several places in India non-Muslim women have taken up the task of maintaining local Sufi tombs. As the mediators of the saint's blessings, such women find sources of spiritual and temporal strength in these roles. And of course, there are many women saints whose tombs honor the earth and bless the community. This study illuminates the roles of women in North India's Sufi tombs: the devotees, the caretakers, and the saints. There is ample research on women saints and on the feminine voice in Sufi literary traditions, but the study of women's roles in popular Sufism is still in its infancy. This is a brief exploration of how Sufi shrines and traditions are inhabited and appropriated by women, both Muslim and non-Muslim.

The socio-cultural feminine ideals of piety, patience, acceptance, and service necessarily cultivated by women in patriarchal societies are also the ideals for any Sufi. In spite of the somewhat greater space at Sufi shrines for women of all religions, it would be too much to say that Muslim and non-Muslim women consciously seek out *dargahs* where they could potentially wield substantial power and authority in order to compensate for their subjugation in the home and the workplace. Indeed, such a claim would reflect highly western notions of the measure of a woman's value. Rather, we can understand that in the complex web of roles available to women in traditional society, those offered by the life at a *dargah* acknowledge and value the power and freedom born of service, patience, and piety. Though women's other life roles may cultivate such qualities, in the context of the Sufi saints, service, patience, and piety are the model for all humans as they approach the divine mystery.

As tellers of tales, ritual specialists, and devotees, Muslim and non-Muslim women are integral to the life of Sufi shrines. As caretakers, women are important custodians of the traditions of the saints and are transmitters of the lore of the saints, keeping alive the memory of the pious pirs and passing the stories on to future generations. This is certainly the case in the town where I did the bulk of my research. Malerkotla, in Punjab North India, was founded in the mid 15th century by a Sufi saint, Shaikh Sadruddin Sadri Jahan popularly known as Haider Shaikh. His descendents are the *khalifahs*, or hereditary custodians of his *dargah*. Many of the women in this now quite large family are extremely knowledgeable about the Shaikh's life and miracles. As I studied the tomb shrine and its traditions I was as frequently referred to local women as to men in order to find out stories about Haider Shaikh. From these women I learned the lore of the saint. In one household, I visited a female *khalifah* descended from the Shaikh who was sitting with an itinerant *faqir* who stays with her family whenever he comes to visit the tomb. The *faqir* began the story of the Shaikh but soon deferred to the *khalifah* woman as the true and rightful authority on the lore of her progenitor. She told me about how Haider Shaikh came to possess the land that became the town of Malerkotla. Sitting on the banks of a river, the saint was absorbed in contemplation when a storm blew up. At the same place the warlord Bahlol Lodhi camped with his army en route to attack Delhi. The storm caused chaos and damage in the army encampment, but the Shaikh was undisturbed, even unaware, in his hut and his candle burned brightly and steadily. This impressed Lodhi who asked for a blessing for victory, which he received and went on to establish the Lodhi dynasty at Delhi. After another miracle the emperor was so awed by the saint that he gave the Shaikh his daughter Taj Murassa Begum in marriage along with a sizeable land grant. The *khalifah* woman who narrated this core tale told several other stories about the miracles performed by Haider Shaikh. Her mastery of the substantial body of miracle stories and her willingness to recount the stories to her *faqir* guest and an anthropologist demonstrate her perception of her own authority in these matters. The *faqir*'s deference and her confident manner single her out as an expert on Haider Shaikh's life and legacy.

On another day during my research I spent an afternoon with two women of the *khalifah* family. These elderly sisters frequently sat at the tomb, accepting offerings from pilgrims, returning blessed offerings as *tabarruk*, and giving advice and counsel when requested. In addition to their roles as ritual supervisors, they were both renowned for their stories about Haider Shaikh and Malerkotla history. In an interesting tale, one sister gave a unique twist to a commonly held belief that the wall surrounding the *dargah* was made overnight by angels. This wall is remarkable, quite different from in construction from any other building in Malerkotla -large grey stone blocks that contrast sharply with the small brick construction of most historic sites in town. The dominant narrative is that this unique wall was constructed miraculously by angels in a single night after Haider Shaikh's death. The *khalifah* women brought a feminine dimension to this story, explaining that the work on the miraculous wall began when a woman sat down to begin grinding meal and ended when she stopped. The woman in the story is not named, but the integration of women's work -grinding flour- into the tale of the divine work done by angels creates a parallelism between mundane labor and divine intervention. Women's work is enhanced by this connection giving it a status beyond its necessity for sustenance and raising it to the level of sustaining and protecting the sacred precincts of Haider Shaikh's resting place. Service to the family -making flour- is linked to *khidmat* for the saint -building the wall.

The *khalifah* women also included in their brief account of the saint's life a description of his daughter, called Bibi Mango. It seems that Bibi Mango was married into a bad situation and was kicked out by her in-laws. On her return to Malerkotla, the palanquin in which she rode was set down on the outskirts of town while her father was notified of her return. Filled with shame by her unhappy marriage and forced return, she wondered what face could she show her father? Distraught, she prayed to the earth to accept her and so it did. The ground cracked open and the palanquin was consumed. This story speaks of an overriding concern with honor and the importance of female chastity typical of traditional, patriarchal societies. Questions about Bibi Mango's purity would reflect badly on her father, so she sacrificed herself to preserve his good name. But her sacrifice was done in a miraculous way that testified to her own righteousness as well as her father's. In other accounts, a very bad picture of the situation at the in-laws is painted and her departure is portrayed as essential. Indeed in the view of a male *khalifah*, Haider Shaikh himself sent his sons to retrieve their sister and the refusal of the eldest to do so led to his being bypassed in inheriting the kingdom. For the *khalifah* women, these narrative possibilities were not included. Rather the tale is an example of the exceptional power and piety of the Shaikh's daughter. It also demonstrates the paradoxical strength of women who are empowered through self-abnegation. Her entrance into the earth was clearly made possible by her model feminine virtues: an excessive concern for propriety, her unwillingness to bring dishonor upon her saintly father, and her humility. Piety, modest, and forbearance -these central Sufi and feminine qualities- all come to the fore in this tale.

The absorption of a righteous person into the earth is a fairly common trope in Indian literature. The most famous example is that of Sita, the god king Rama's wife in the Ramayana. After her captivity and return, questions arose about Sita's chastity, driving her to seek refuge in the earth from the negative impact on her husband's righteous rule. Of course Sita, like Bibi Mango, was innocent of the charges. So the interment of each in many ways serves as an apotheosis. By sanctifying and justifying the innocent women, they are provided with the ultimate vindication and victory. While not exclusive to women, this calling of the earth to witness to the purity and integrity of a wronged person is a powerful literary theme, signaling the presence of a truly pure and pious person.

The spot where Bibi Mango entered the earth is now a *dargah*, just on the outer edge of the Id Gah where Id prayers are performed. It is a small, recently rebuilt structure around a simple tomb. In the front courtyard is a stump which is said to be part of the tree that sprang from the handle while the rest of the palanquin and its occupant were absorbed. One Sikh woman I met there had been coming for twenty years to the tomb. She said her family had been in trouble with lots of discord, anger, and sickness. Her prayers were heard and so she comes back every year to give thanks, first visiting the father's tomb and then the daughter. She offered a pink chunni, or head scarf, and some bangles. The caretaker reported that pink and red scarves, bangles, makeup, and coconuts were all common offerings. In his view more visitors here were women and their prayers often related to issues of familial well-being such as fertility, money, and family relations.

Such non-Muslim patronage and pilgrimage is commonplace at the *dargahs* in South Asia. Although this is an everyday occurrence, there are considerable theological differences and observable variations in terms of daily ritual practice at a *dargah*. For example, Hindus and Sikhs frequently refer to the saint as *bhagvan* - god, a concept abhorrent to Muslims. This difference is noted by everyone, but is rarely seen as grounds for open disputation. Muslims are more likely to offer only prayers and not to prostrate or give food or money. Anybody can and does offer sweets, a green or blue cloth cover or *chadar* for the tomb, small clay horses, incense, oil lamps, money, goats, or objects for the maintenance of the shrine. Like the offerings, the ritual specialists are also multiple, as space is made at the tomb for various modes of interaction with a saint - through his or her descendants, the *khalifahs* and through visiting disciples whom he possesses, called *chelas*. All these roles are performed by women. Indeed, sometimes only women *khalifahs* are present to negotiate ritual exchanges with the saint. Women devotees come alone, in groups, or with family to offer their prayers. Female *chelas* often come with their own retinue of followers to hold dialogue with the spirit of the saint. Thus the supplicants and the mediators of the saint's blessings at a given moment may be entirely female, opening up an arena of authority where women are both the beneficiaries and the agents of transmitting the saint's blessings or *baraka*.

Because women serve as supplicants and mediators, the *dargah* is not only a potential arena of female authority, it is also a place where women of all religions may interact with one another. They inevitably encounter women of other religious faiths who have come to the shrine with similar motivations, concerns, and hopes. By paying particular attention to the role of women in facilitating inter-religious relations in South Asia we discover the potential power of women in overcoming divisions and transforming conflict in an often polarized society. By taking active roles in the traditions of the saints, women negotiate an arena of spiritual authority, partaking of that power and redistributing it among their family members, creating an identity based on the exchange of pious power between themselves, the saint, and their communities.

In one such instance, two Hindu women came to the *dargah* of Haider Shaikh. They appeared unsure of how to proceed and came cautiously up to the tomb where the two elderly *khalifah* sisters I mentioned earlier were sitting. They gave a few rupees and some sweets, bowed to the tomb, walked around and lit two oil lamps in an area behind the grave. Returning to the foot of the tomb (the foot end where these transactions take place), they received some *tabarruk* then hesitantly asked the *khalifahs* for help with their particular dilemma. The younger Hindu woman was the elder's daughter-in-law and she had not conceived after two years of marriage. One of the *khalifah* women told them to pray to *Hazratji* and they will surely get a son. The older woman replied that is all well and good, she believes in the saint, but her daughter-in-law does not. The daughter-in-law interjected that she doesn't exactly not believe, she simply doesn't know yet. She knew only that her mother-in-law has great faith in the saint. One of the *khalifahs* told her that so many women have had sons from praying here, she can be sure that she will also be blessed if she prays with a pure heart. The women asked if they should make some particular vow, or offering. They were told no, they should do whatever they feel in their hearts, and give according to their need and ability. The three women then started talking generally about the daughter-in-law's diet, health, and habits. The two older women continued to exchange advice while the younger mostly listened. Such exchanges are commonplace, mundane, even dull. Except that they are not. These conversations are human interactions between people of disparate religious affiliation who share a belief in a single spiritual figure. The conversation also exemplified the kind of mutual support -spiritual, personal, and financial- that occur within the bounds of the *dargah*. Though some of these experiences are momentary, even fleeting, their impact on the lives of the participants as well as on the life of the community endures.

In the confines of the shrine I never met a person who felt that variation in belief or practice was a problem or had an impact on the efficacy of rituals, vows, or offerings. Most merely shrugged, clearly unconcerned by the implications of the logical inconsistency for the efficacy of prayer at the tomb. In short, difference for these devotees does not necessitate division. Moreover for women, who may have restricted access to the public sphere, opportunities for encounter can be limited. Thus episodes such as the inter-religious consultation about an infertile marriage cited above are important opportunities for connection. Significantly, experts on conflict resolution and religion often recommend ritual exchange and interfaith interaction as one of the most positive measures for countering damaging stereotypes, building trust, and mitigating conflicts. In India, where religious conflict is all too common, the occasions for exchange afforded by these Sufi shrines may be an important ingredient in peacebuilding.

In all the cases discussed here -the daughter of the Shaikh, the Muslim *khalifahs*, the Sikh and Hindu devotees- the values or concerns expressed are essentially human and are shared by women of all faiths. Above all, we see that women's piety and practice enlivens Sufi spaces, integrating the power of the saint into the homes and lives of the community in which the tombs are located. Through pious practice at the *dargah*, women publicly demonstrate their personal discipline, their altruistic concern for their families' wellbeing, and their faith in the friends of God. Women who take on leadership roles within these communities as the female *khalifahs*, *chelas*, and *sevadars* wield authority derived from their service to the saint as his lineage, his vehicles, and his servants. In the economy of piety at the *dargah*, the currency is selflessness, servitude, and generosity. Women are able, therefore, in these contexts to reverse the cultural value of such qualities, turning them into sources of strength and power. This inversion replicates the model of self-sacrifice and discipline practiced by the pirs themselves. This ideal is exemplified by Rabia, the great model for subsequent Sufi women, who prayed: "O God, Thou knowest that the desire of my heart is in conformity with Thy command, and that the light of my eye is in serving Thy court. If the affair lay with me, I would not rest one hour from serving Thee." In Sufi practice, one seeks God through self-effacement, repentance, forbearance, and acceptance of every condition given by God. Comfort, wealth, and worldly power are suspect and potentially misleading. Indeed challenges and tribulations are often understood as God's blessings, helping the traveler on the Sufi path to renounce attachments to things other than God. The power that comes through these disciplines resembles the paradoxical strength that women all over the world must cultivate within patriarchal cultures. Thus it is not surprising that women figure centrally in the traditions of the Sufis, finding roles that value the very qualities they have necessarily cultivated.

# Murata's View on Gender Role
## in Islamic Thought: Sufi Perspective

### Prof. Dr. Azîzan BAHARUDDIN

We often ask ourselves questions such as Who am I? Where do I come from? How did the world and the universe come into being? What is the meaning of my existence? What should, and not, I do? Where will I go after this earth-bound existence? These are questions about the universe, our place, role and function in it. The answers that we have for these questions will in turn assist us in shaping our worldview or weltanschauung. Worldviews affect the way we think and act.[1] They affect our lives. Implicit in this worldview would be our ideas on gender and gender issues.

Basically I would like to embark upon a journey of understanding regarding the meaning, status, function and role of the "female" and hence the woman, i.e. I would like to understand what the spiritual significance of the woman is. As well as trying to be in line with the theme of your wonderful Conference, this topic is I think is of great significance because today there is a perceived imbalance between the application of the "masculine" and "feminine" principles in the way we conduct our lives in many fields of life. Disastrous consequences of this may be illustrated through the ecological crisis for example which threatens not only the sustainability of resources but also the very humanity that is the hallmark of our species.

Due to time constraints I can only share this tour of understanding very briefly, but suffice to say that whilst at the 'worldly' level the topic has practical utility, at the personal level we need to know because, as seekers, and especially women seekers, we desire to know what God wants and we try to need/hope/ be scared of and be in love with and because of Him only.

As a background for discussion, I will be depending upon my own past experiences and knowledge as a student of science and religion as well as upon the writings of scholars and practitioners of tasawwuf, especially Sachiko Murata, author of amongst other works, *The Tao of Islam* (1992) as well as Llewellyn Vaughan-Lee, author of amongst others, *The Paradoxes of Love* (1996). I place a great deal of emphasis on the personal experience because as you are aware, the type of knowledge and understanding that we are talking about cannot really be "known" without being "felt", i.e. the intellect as well as the heart must work in tandem.

## IMPROVING OUR WORLD VIEW
## AND EXPLAINING OUR POSITION

Today, due to the massive misunderstanding concerning Islam and Muslims at least and in the context of a dialogue of civilisations, there is also a need for the feminine (beauty, gentleness, holism, empathy etc) qualities of the human as guided by the religion to be brought equally on par with the masculine qualities (reason, courage, strength, decisiveness). Key questions / issues that need articulating and explaining in the context of our discussion include:

## WHAT IS MASCULINE AS OPPOSED TO FEMININE?

Is the western way of seeing / understanding the relationship between the two the only way? How different would the eastern and Islamic view be?

What is perhaps needed today is for femininity (in man and / or woman) to balance the over-emphasis on masculinity or what Sachiko Murata would term as negative masculinity. We need to grasp reality sapientially in order to live as man and woman "more properly" and Sufism can be described as a very empirical / scientific enterprise that deals with reality that can help us.

## THE MISMEASURE OF FEMININITY AND WOMEN

In his *Sex and Character*, the writer Otto Weininger described women as totally unsuitable for science, for example. He said "a being like the female without the power of making concepts, is unable to make judgments. In her mind subjective and objective are not separated; there is no possibility of making up judgments and no possibility of reaching or desiring truth. No woman is really interested in science. She may deceive herself and many good men, but bad psychologists by thinking so."[2]

The above view might not come as too great a surprise to anyone, but how did it originate and what were the deep philosophical assumptions underlying it to begin with? According to historians of science, it began with what is known as the division between mind and matter by the French mathematician - philosopher Rene Descartes, whose famous statement "Cogito ergo sum" - "I think, therefore I exist" encouraged western men to equate their identity with their rational mind rather than with their whole organism. In the words of the nuclear physicist, Fritjof Capra "the division between mind and matter led to a view of the universe as a mechanical system consisting of separate objects, which in turn were reduced to fundamental material building blocks whose properties and interactions were thought to completely determine all natural phenomena."[3]

Capra believes that it was the same Cartesian view of nature that was then extended to living organisms which were seen to be machines, made up also of separate parts. At the basis of much of modern science today is this mechanistic conception of the world and it continues to have tremendous influence on many aspects of modern life. Amongst others, analyses have shown that it has resulted in the fragmentation of knowledge; fragmentation of academic disciplines and government agencies as well as being the justification and rationale for treating the natural environment as if it was made up of separate parts to be exploited without limits.

The exploitation of nature took place alongside the exploitation of women who have been identified with nature (at least in the western tradition). Nature has been regarded as a kind of "nurturing mother" as well as a "wild and uncontrollable female." Under patriarchal systems the benign motherly image changed to "passivity" whereas the notion of wildness led to the assumption that women are to be conquered and subsequently dominated and controlled by men. With the rise of Newtonian science that saw nature as a mechanical structure manipulable and exploitable, so too were women to be treated in such a manner. However, the mythological association of women and nature links the history of women to the history of the environment and is seen as the source of the special relationship between ecology and feminism today. In this context the historian, Carolyn Merchant suggests that "in investigating the roots of our current environmental dilemma and its connections to science, technology and the system, we must reexamine the formation of a world view and science which by reconceptualising reality as a machine rather than a living organism sanctioned the domination of both nature and women."[4]

Perhaps it is interesting to note that the first person to have written about the concept of the environment which we are all familiar with today was a woman, Rachel Carson (1907-1964) who wrote *Silent Spring* in 1962. Although famous as a writer, Carson was in fact a professional marine biologist. As G. Kass-Simon has aptly pointed out "the view that all of nature is interdependent and that through industrialized activity humans invariably cause permanent damage to the earth is a view which today is so commonplace that to reiterate it is almost boring. It is hard to believe therefore that when *Silent Spring* first appeared, the idea that modern technology could annihilate us by irretrievably destroying our habitat was an unheard of an revolutionary thought -one that provoked debate and discussion throughout the society and was greeted with alarm and controversy in government and industry.

Carson had to produce 55 pages of references based on hundreds of actual reports of destruction to the environment and she had to argue her point in 350 pages. She also had to explain many of the biological and ecological principles which caused the destruction. One of the immediate effects of Carson's book was "the banning of DDT as an insecticide whilst the long term consequences were that it changed the world."[5]

It is now becoming clearer that attitudes which are profoundly antiecological actually stem from the overemphasis of the scientific method on linear thinking. Ecosystems sustain themselves in a dynamic balance based on cycles and fluctuations which are non linear processes. As Capra points out, "linear enterprises such as indefinite economic and technological growth -or to give a more specific example, the storage or radioactive waste over enormous time spans- will inevitably interfere with the natural balance and sooner or later will cause severe damage. There is therefore in modern civilization a striking disparity between the development of intellectual power, scientific knowledge, and technological skills, on the one hand, and of wisdom, spirituality and ethics on the other."[6]

Writing on an analysis of culture, writers such as Capra also point out that the above is the result of overemphasis of the yang or masculine side (of human nature) -rational knowledge, analysis, expansion; neglecting our yin, or feminine side (of our nature) -intuitive wisdom, synthesis and ecological awareness. The yin/yang terminology is especially useful in an analysis of cultural imbalance as it adopts a broad ecological view, a view that could also be called a systems view. A systems view sees the world in terms of the interrelatedness and interdependence of all phenomena, and in this framework any system is an integrated whole, whose properties cannot be reduced to those of its parts. Living organisms, societies and ecosystems are all systems.

According to Capra, yin corresponds to all that is contractive, responsive and conservative whereas yang implies all that is expansive, aggressive and demanding. In Chinese Culture, yin and yang have never been associated with what is bad or good per se. What is good is not the yin or yang but the dynamic balance between the two; what is bad or harmful is imbalance. By the same token when talking about feminine and masculine qualities, it is never our objective to say that one is better than the other. What we are emphasizing is that each complements the other and that without one, the other will be incomplete.

Therefore, the total personality of each man and each woman is not an entity that is static. Rather personality is a dynamic phenomenon resulting from the interplay between feminine and masculine elements. This view of human nature is in sharp contrast to that of patriarchal (as Capra believes western / modern society to be) society that has established a rigid order in which all men are supposed to be masculine only and all women feminine only. Such a situation has also distorted the meaning of those terms by giving men "all leading roles and most of society's privileges."[7]

In western culture women have traditionally been portrayed as passive and receptive, men as active and creative. This imagery goes back to Aristotle's theory of sexuality and has been used throughout the centuries as a scientific rationale for keeping women in a subordinate role, subservient to men.

In the field of religion according to Schimmel many of the disrespectful sayings about women, especially among ascetics and mystics, stem from the fact that in Arabic the word for soul (*nafs*) is feminine noun, and based on the *Sura* 12:53 it is often understood as the *nafs ammara* "the soul that incites evil." In this understanding the *nafs* is represented through the image of a stubborn resisting horse or camel, a black dog, a snake and or a disobedient woman. She explains further that *nafs* is also used to symbolize/project the material world which in Arabic is also a feminine noun.[8]

However, over and above the fact that the *nafs ammara* is possessed by both men and women, even if women are identified with *nafs* in general, we should remember that there are various stages of the *nafs* as the story of *Zulaikha* in the Quran illustrates.

*Zulaikha* as we know was consumed by her love for Yusuf, the paragon of male beauty. However, she purified herself through a long period of suffering to become the *nafs lawwama* or the self critical soul (75:2) and only when she reached the level of the *nafs mutmainna* or the peaceful soul (89:27) was she able to be united with her beloved.[9]

Therefore, we can see that the real role of the analogy of the feminine soul or *nafs* is in describing the mystery of the spiritual path, which is the education of the lower faculties through submission accompanied by understanding (sapiential knowledge) as pointed out by Murata.

For a deeper understanding of the feminine element, Vaughan-Lee in his *Paradoxes of Love* tells us that the spiritual journey too has a masculine and a feminine aspect. The masculine dimension is the path from multiplicity to oneness, in which we turn from the veils of illusion to seek inner reality beyond form, completing the circle, coming to know Him reflected in His creation.[10]

However, in the feminine dimension of the path He is always present. The feminine holds the secret of creation he says, which is that the creator and His world are united in love. The feminine aspect of the path then is to make conscious this instinctual love or link of love.

For the feminine the circle is always complete because the nature of the feminine is always wholeness. Her role is to bring the circle of love and the natural wholeness (form the old English word hale, meaning health) of the self, from the instinctual world into consciousness.

However, the 'real'/other/material world contains/involves the limitations of time and space, divisions and dualities. The feminine always fears and suffers disturbances of her instinctual wholeness. According to the Sufi tradition, within the psyche and perception of the feminine there is no separation only the sacred oneness of life and love, but the outer world continually confronts her with the pain of separation.[11]

Vaughan-Lee further explains that consciousness itself necessitates separation, the division between subject and object. Only in the higher consciousness of the self is there no duality; the knower and the knowledge are one. The latter is the goal of our perpetual striving.

However, to reach the quality of consciousness, the feminine needs as it were to experience "the penetrating power of masculine spirit violating her instinctual wholeness"; and the sense of primordial wholeness being broken, is a necessary condition for the self to be reborn in a different, higher dimension.[12]

The masculine path [which Murata also calls the Intellect, as opposed to the feminine (soul)] then takes the seeker away from the illusions of form into the formless reality; from which the self returns with a 'new' consciousness that possesses the quality of embracing within it the inner and outer worlds. In other words, the oneness beneath the veils of duality, of separation is discovered.[13]

That is why the feminine is known as the Great Mother, who is the oneness of all life, very often the analogy given to Nature as has been described earlier. But the great flow of all life does not know its own oneness. As mentioned, the masculine spirit of consciousness possessed only by human-kind, then confronts the feminine with duality which despite the pain it causes to the feminine, contains the seed of the higher consciousness we have mentioned. This process of the 'marriage' ("or universal marriage" according to Murata) between the masculine and the feminine is described by Vaughn-Lee in the following paragraphs:[14]

"Both men and women have masculine and feminine qualities and these are reflected in our spiritual drive. In each of us masculine and feminine are emphasized to differing degrees. There is also the collective conditioning that may overshadow our natural tendencies. For some women the masculine focus of the quest is easier than the all-embracing feminine; the ideal of renunciation is easier than the instinctual awareness of life's sacred nature. This masculine emphasis can be the result of cultural conditioning, a wounding of the feminine, or a deep orientation of the soul. Just as there are many variations across the physical spectrum of masculine and feminine, so also is the seeker's orientation not limited to sexual typecasting. There are men who are in tune with the creative dance of life and can find the Beloved most easily in the mysterious beauty of His forms. An artist may have this spiritual temperament, and through surrendering to his work come closer to Him whom he loves."

As it is within the heart that there is no separation, we can also say that, it is in the heart that the marriage between the masculine and the feminine takes place. Love though is an ocean without limits and it is the feminine that includes everything within her sacred arms.

## INCLUSION AND EXCLUSION

The feminine and masculine are also analogous to inclusion and exclusion -and, the seeker needs both these qualities. There is both the wisdom of union and the wisdom of separation. On the path toward the Truth even renunciation can be a limitation, as in the saying that "Renunciation of renunciation is renunciation." To be "in the world but not of the world" means we have to accept the world with all of its confusions and glory including all, the pangs of jealousy and the pain of misery. Opening our hearts to life means we are not limited by duality or caught in contradictions. We should strive to make the heart, the home of the Self which contains all the opposites within its essential oneness.[15]

Going deeper we have to understand that multiplicity reflects oneness and oneness (*tawhid*) makes itself known through multiplicity. If we deny the wonder of multiplicity we deny the life that enables us to recognize that He is the One. We have to realise that we are not only a mirror to His beauty but also a part of His beauty. We carry within ourselves the hidden secret of creation, the secret that is brought into existence by the very word of creation, *Kun* ("Be!").[16]

In caring for all of her children, the feminine knows the danger of exclusion. Life's sacredness depends on its entirety (because everything is He). True renunciation does not mean renunciation of the world but the renunciation of the ego. However, because the ego's identity is so embedded in the outer world, in possessions and attachments, turning away from the world can be a very difficult process of breaking the grip of the ego, of freeing ourselves from its patterns of identity. Now we see the true meaning of *jihad* and the purpose and use of rituals such as the *salat*, perhaps. If our individual identity is dependent upon our outer condition (in an important position or a beautiful house for example), we are imprisoned in these limitations. If we are seeking to look only towards the truth to identify with what is highest within ourselves, to be and do what is holistic in our worldly endeavours, we need to cut these cords of attachment. The root of renunciation is the Self's totality of inclusion which demands that we leave behind the ego, and as the *hadith* says to "*die before we die.*"

We need to train ourselves to see the limitations of our own life as we know it, its basic emptiness and illusory nature. To be embraced by the Self is to have a break through the barriers of creation into the dimension of eternity and our essential nonexistence. We need the sword of love to cut us away from our attachments, just as we need the warmth of love to melt the boundaries of our own being. This love and warmth are already within our feminine nature and we need to allow God to work them in and through us.

In the mean time as Vaughn Lee says we need to understand that contraction and expansion, in-breathing and out-breathing, the path is a continual process of movement and change. There are times when we need to focus and keep our attention one-pointed he says, but there are also periods of expansion when the heart opens to include a diversity of experiences. This is when the manifold aspects of our self and the Beloved come into consciousness. We must not be caught in one stage, in the masculine dynamic of contraction or feminine quality of expansion. Each has its time and purpose, and then changes into its opposite. Here we need the guidance of the Self. We are warned that we cannot remain attached to a particular spiritual dynamic only and that for each of us, different aspects of the path may be easier and more appealing. Some seekers may find the masculine energy of renunciation more attractive, while the feminine work of inclusion may evoke feelings of vulnerability. Others are maybe naturally predisposed to the work of the feminine and find the force of exclusion difficult to undergo.[17]

## DIFFERENCES BETWEEN MAN AND WOMAN IN RESPECT OF THE INTRINSIC MASCULINE AND FEMININE WITHIN THEM

Although we all have masculine and feminine qualities within us, we, men and women, are made differently in the physical, psychological, and spiritual sense. A woman who experiences new life from within her own body has an instinctual understanding of the spiritual essence of life. She receives this knowledge from the creative power of God in her spiritual and physical centers, at birth. A man, on the other hand, has to work hard to gain this knowledge and as such has to transmute his instinctual power drive and surrender it to the will of God. Therefore, we can see that a woman's instinctual nature always connects her with the spiritual essence of life, but the man's instinctual drive has to be transformed in order to realize its divine potential. In her natural self, a woman is always at the sacred center but a man has to make his heroic journey of rediscovering within himself his spiritual nature. Although women instinctively know life's wholeness, they find it difficult to leave outer attachments. Generally it is easier for men to be detached and to focus on an invisible goal. A woman spiritual Master explains this condition as follows:

"Because women have children, they are made in such a way that things of this world are more important than for a man. We need warmth, we need security. For a woman a home, warmth, security, love, are much more important than for a man. You will see in India many more male *sannyasins* than female *sannyasins*. For a woman it is much more difficult to renounce the world… For us women spiritual life is easier than for men, but to renounce is more difficult than for men. For a woman, detachment can carry the pain of cutting her away from the all-inclusive nature of life. Although the Great Mother embraces everything, she requires that her children remain unconscious and bound to her in servitude… (However), the seeker bows down before no one but God. Detachment is the work of freeing oneself from the grip of creation while at the same time honoring its sacred nature."[18]

Finally, however, as all the genuine teachers will tell us, consciousness also carries the pain of limitation. The nature of the unconscious is unlimited and undefined. The ocean of the unconscious is without borders or differentiation. Despite all the striving, ultimately the wayfarer knows that he cannot know, and as Vaughn Lee reminds us, we need to pray as the great *Saiyidina* Abu Bakr did: "Praise to God who hath given His creatures no way of attaining to the knowledge of Him except through their inability to know Him." In order to live in this world as His servant, constantly attentive to His will, we need to know in the mind as well as in the heart that we belong to Him. To know Him can only be possible through/with/because of Him, hence the extremely high honour of true servanthood and complete annihilation.[19]

## THE MASCULINE

Speaking as women perhaps we can say that knowledge and understanding of the feminine can only be complete if we and we must, understand the significance of the masculine at the same time. Only when we do so can we ultimately achieve the balance between the two. In practical terms it is this balance that we can present to the world in the form of our ethics and morality which is the cement that binds civilization together, and when applied to nature, ethics is the force that saves us from the ecological crisis.

In this context, The Arabic term used for the science of ethics *akhlaq*, is derived from *khuluq* which means "character traits", which may be good or bad. Praiseworthy characters belong to the luminous side of the self (the spirit or Intellect) and blameworthy the dark (which merely means the absence of light), often associated with the 'feminine' soul.[20] What needs to be reemphasized though is not only what the praiseworthy and necessary traits are but equally important is that they are inherent in both the feminine and masculine, which exist in both men and women. It is only by balancing the two yin and yang aspects or qualities of ourselves, *i'tidal* or equilibrium, (which is derived from the same root word as *adl* or justice, and defined as putting everything in its rightful place) is achieved. The establishment of equilibrium in the self (men and women) corresponds to the establishment of justice in human society.

Just as we have described, the universal qualities of femininity, the following are qualities of masculinity which -I am certain none of us will deny- women also need. These qualities are those of chivalry, and consist of:[21]

- abstinence from things unlawful

- chastity in manners

- having some art or trade

- abstaining from doing secretly what one would be ashamed to do openly

- habit of doing what is approved

- shunning what is held base

- preserving the soul of filthy actions and what dis-graces

- good manners

- guarding the tongue

- shunning impudence

- persevering in good manners

- moral goodness.

"Manliness" is also connected with *futuwa*, which signifies generosity, liberality and noble heartedness.

Finally, regarding the perplexity that we often experience concerning love, Murata reminds us that whatever our experiences are with it we must not give up on it. She quotes Jami as saying:

"You may try a hundred things, but love alone will release you from yourself. So never flee from love in an earthly guise -for it is a preparation for the supreme truth."[22]

However, we must not confuse our relationship with God with or human relationship. Whether enacted or inwardly contained, we must understand that the hearts understands the mystical truth that in every love affair, it is really Him whom we love and that it is only too easy for us to project our deepest desire onto the tangible world of human relationship.

By the same token, "jealousy" (*ghayra*) and "other" (*ghayr*) in a man-woman/husband-wife relationship are intimately connected in both form and meaning. To be jealous is to turn away from all "others" and aim for God with single-minded attentiveness says Murata for God wants "no others" to be worshipped in place of Himself. Perseverance in jealousy or the negation of others is to avoid *shirk* and to establish *tawhid*.[23] Therefore, we can see again how what happens in the human dimension contains spiritual meanings.

## CONCLUSION

When evaluating the man-woman dichotomy, Muslims today must learn to distinguish between the symbol and what is symbolized or between the object and the "quality" "incarnated with in it." The primary thrust of our discussion is male and female "qualities" and how we as men or women must acquire them, and understand the hows and the whys of this acquisition.

Finally, what have been discussing also has a bearing on our vicegerency. One might often hear that Islam tells us that human beings are God's vicegerents (*khalifah*) on earth/in this life. Hence they have the right to control the environment (physical, moral, political etc). But this is to ignore the fact that vicegerency is the goal, not the actual situation or state that we are in yet. Murata reminds us.[24]

True vicegerency, as opposed to the false form we find in the way technology is being used to change the environment and our lives today, depends completely upon obedience to God and is achieved in spite of the servant's personal desire and not because of them. "You" and "I", "man" and "woman" cannot desire to be God's vicegerent unless our egos are transformed into submission. Submission and vice-gerency is servanthood, without which we get what we see today, the rape of the environment (and woman) as well as the destruction of values and institutions that help humans achieve servanthood and peace.

We may perhaps allow Murata to sum up the situation for us today when she quotes the *hadith*:

"Among the signs of the last hour will be that knowledge disappears, ignorance is established, fornication prevails, women become many, so that 50 women will have but one man to stand over them" (Bukhari & Muslim regarding men and women at the end of time).

In other words, the problem today is not so much that men and women are "unequal" but that there is much fewer true man or true women left. The souls (feminine) in many of us are not/have not found peace with God and therefore with themselves, others and the environment. As we have seen part of that peace lies in the understanding of the true meaning of being feminine and masculine.

## ENDNOTES

1   A. Rahman (1994), *Islam the Natural Way of Life*, London, pp 2-3.

2   Otto Weininger (1906), *Sex and Character*, G.P. Putnam and Sons, New York.

    Quoted in Azizan Baharuddin (1995), *Women-Ideals and Reality*, Institute for Policy Research, K.L, p. 105.

3   F. Capra (1982), *The Turning Point – Science Society and the Rising Culture*, Flamingo, London, p. 23.

4   Carolyn Merchant (1980), *The Death of Nature*, New York Harper and Row, p. xviii.

5   G. Kass-Simon and Patricia Farnes (eds.) 1990, *Women of Science-Righting the Record*, India UP, pp. 257-258.

6   Fritjof Capoa 1982, ibid.

7   ibid. Sachihiko Murata in her *Tao of Islam* also emphasizes the same point.

8   Anne-Marie Schimmel in Sachiko Murata (1992), pp vii-x.

9   ibid.

10  Lwellyn Vaughen-Lee (1996), *The Paradoxes of Love*, pp. 95-102.

11  ibid.

12  ibid.

13    Murata, pp. 164-165.

14    Vaughan Lee (1996), pp 95-102.

15    ibid.

16    ibid.

17    ibid.

18    ibid.

19    Vaughan Lee, p. 117.

20    Murata (1992), p. 257.

21    Murata, p. 266.

22    Murata, p. 260.

23    Murata, p. 266.

24    Murata, p. 322.

# *Women Sainthood in the 21ˢᵗ Century*

Rabia Brodbeck UZUN

First I would like to tell you why I choose to mention the 21ˢᵗ century within the title. I wish to be with all my strength a child of the time, to be alert, to be utmost wakeful, to be utmost receptive to the current events of humankind and to be utmost receptive to the truth within and without me. Like Muhyiddin Ibn Arabi says: "Time is a sword. If you do not cut it, it cuts you."

In my view the only reason why I study female sainthood, is to learn from them. To recognize myself within them, to try to walk in their footsteps, try to imitate their purified example, and finally to become like them, so God wills. Nobody else but the *ehl-i beyt*, the greatest of all women saints, *Hadrat* Fatima, *Hadrat* Hatija, *Hadrat* Aisha, may abundant blessings be on them, should win our greatest love and admiration. We should be enslaved to their eternal beauty. And to mention maybe the most revolutionary women saint of all times Rabia al-Adavia, who shattered our wishful religious thinking, our spiritual pretence, our manipulated divine aspirations, our vicious mind games, our 'bargain'-supplications, our blurred (contaminated) worship, our divine illusions, our false religious appetites, like a heavy storm with her famous prayer: "O God, if I worship You for fear of hell, and if I worship You in hope of paradise, forbid it to me. But if I worship You for You, do not hold back from me Your everlasting Beauty."

Moreover, doesn't the most miraculous event, the truth of the *Kaaba* (the Holy House of Allah) visiting Rabia, before her arrival on the way visiting the Holy House, give proof of the greatest woman sainthood? Our supreme friend of God represents the secret of love in purest exaltation. In addition, I would like to mention the following often discussed issue: We all know, when sainthood starts, in the realm of God's glorious unity, there is no gender! The difference between men and women is not in rank or in their state. God forbid, we make any of these false statements. But God most Generous gave different tasks and responsibilities to women and different tasks to men. Women for example cannot carry easily the responsibilities of prophethood, being too heavy for her to carry and dangerous. Out of God's mercy, women are discharged of such duties. On the other hand, men cannot give birth to human life and therefore execute motherhood so perfectly like women do. To go into further investigation is not possible due to time constraint.

Within my speech, instead of portraying some exalted Sufi women saints, which is done lately a lot especially in books, I would like to talk about my own experiences as a struggling woman in this present modern society. It seems to me more valuable to talk about our needs as woman on the spiritual path than studying women who lived long time ago, especially due to the lack of exalted examples in our present times. It seems that Allah is hiding the maturity of women saints in our present centuries. The outstanding women saints which we all know, lived thousands or more years ago.

In my latest writing I start with the following sentence, "With this essay I am trying desperately to find a language for the end of times. I put all my efforts in looking for the lost togetherness with our beloved Lord." The internal struggling is of divine nature called '*jihad*.' If we master the greatest of all human struggle, God Most High will close us with the robe of sainthood.

I come from a Western society where life has nothing to do with religion and religion little to do with life, until that moment when I encountered the religion of infinite beauty, which revealed the sacredness of all life. I learned that there was no separation between this world and the hereafter, the profane and the sacred, the material and the spiritual. All existence is celebrating the oneness of being. My belief was nurtured with admiration because I could see that an experience that all life is divine. It is the unawareness of the divine presence and the lack of divine thirst that is the root of all problems. Our greatest enemy is unconsciousness and ignorance.

I was given this divine perception after I was invited in the school of life. In other words, God let me become aware that our earthly life represents a school. Additionally I was invited to join the path of light, the path of transformation, meaning the path of God's divine wisdom, the sweet taste of inner meanings. I call it the school of love. Within this speech I like to share with you this path of greatest exaltation towards spiritual maturity. Spiritual growth does not mean perfection in obedience. It means perfection in love. If God wills, we will gain the station of loverhood.

In the concept of creation the human being is pure soul, a saint forever receptive towards divine qualities, infused with His divine Breath of mercy. That is why the universe is based on sainthood. The divine qualities are holding the architectural structure of the cosmos together. If the man lives human nature in its fullest sense, he becomes *hadrat-i insan*, the holy human being.

The Sufi Saint Ahmad Samani comments: "Come into this world, which is the workshop of seeking. The teacher, who is poverty, will write out for you the alphabet of love." "When Adam (as) walked out from the hiding-place of nonexistence into the spacious desert of existence, the star of love began to shine in the heaven of the breast of Adam's clay. The sun of loverhood began to burn in the sky of his inmost mystery." The Quranic verse proves the fulfillment of human kind: "*He loves them and they love Him.*" Only with the attribute of love the Quran speaks of mutuality of God and man. In the concept of creation there is an equal balance of divine love and human love. We can say we exist because of the love God has for us. This means God is teaching His closeness to us!

Going one step further we can say, the universe is based on sainthood, meaning the universe is based on unity, *tawheed*, all existence is showing evidence of God's overwhelming oneness. Unity is the greatest power in the universe. The light of unity holds everything together. Through unity we reach the enlightenment of our being. It is the highest goal of the true believer. When selfishness vanishes unity will appear. It is pure selflessness that holds the universe together. Only selflessness can illuminate the universe. Unity is the highest form of spiritual education, it is the most excellent teaching, because the light of unity prevails over everything, it brakes through all created realities. This light extinguishes all hypocrisy, superstition, myths, illusions, sensuality, confusion and magic darkness of our unconsciousness. Everyone is in need of unity because our souls belong to God. Therefore I feel extremely favoured by Allah to walk on this path of love, I like to call it *tariqat-i Muhammedi*. It includes every believer who is wholeheartedly following the path of *Haqiqat-i Muhammediyya*, the truth of Muhammed.

Additionally I feel extremely favoured by Allah to walk this path of love in the 21st century because today the horizons of knowledge opened up to the fullest dimensions. We live in the perfection of knowledge of the religion and we live in the perfection of knowledge of science. The modern mind meets the truth or modern science meets religion or the absolute truth of God's revelations gets confirmed by the modern mind. Modern scientists have advanced into the deepest realms of matter and have begun to realize the oneness of the universe and its dynamic character, that is to say, mystical contemplation and modern physics come to the same conclusion. When science and religion unite, we will become aware of outstanding concentration of divine Presence. We will be able to see the perfection and oneness of all existence. For this reason we can observe that due to the unification of the eastern and the western knowledge in the present time, the awareness of the universal religion Islam is experiencing a revival.

I wish to say now it is time for the universality of the truth. There is just one religion, there is just one God, there is just one book and there is just one truth. It is time to wake up for higher awareness only higher awareness can build a bridge between East and West. Only through higher awareness can the truth have a voice in the world. The bridge between East and West has been built long time ago. The absolute truth has been given a long time ago. The infinite illumination has been given a long time ago. The Holy Quran says: *"And Allah will perfect His light."* We are part of the religion Light on light. *"Today I have perfected the religion."* God gives us the keys to the unseen. He gives us direct knowledge and the power of perception. *"And We taught them knowledge from Our Presence."* The good news of the ascension of the soul beyond the unsurpassable limit has been given to man.

With the coming of the Prophet Muhammed (*pbuh*) into this world, everything changed. The universe was flooded with pure light. A. Yusuf Ali comments: "The light of Islam is the biggest bounty possible, if we truly understand, we should glory in it." "The light of Muhammed Mustafa (*pbuh*), which is sent down with him, not to him, illuminates everyone who is being honoured to follow his universal community." The inner wealth of the religion got revealed. Humankind received infinite riches, the fullness of Allah's divine gifts, supreme consciousness, infinite grace, the highest illumination, the treasures of divine generosity, highest standard of morality, human beings are faced with perfection in every field. Our blessed Prophet raised all minds and hearts to the exalted places of God's beauty and perfection. In other word, with the coming of prophet Muhammed (*pbuh*), the time of spiritual purification begun. Therefore, the Prophet Muhammed (*pbuh*) represents a universal guide to humanity. The Quran is a universal call, revealing the universal truth, a universal system of education.

*Sheikh* Muhyiddin Ibn Arabi said: "The words revealed to Muhammed (*pbuh*), setting order everywhere, from the East to the West. Moreover, the Prophet was not sent as the prophet of a particular nation, but as a mercy upon the whole universe. So the soul is meant to regulate not just a part of our human nature, but the whole of it." I shared this wonderful comment of Ibn Arabi wholeheartedly. We are given the responsibility within our present time as human being to discover the whole complexity of our soul and reach human perfection. The ultimate fulfillment of man lies in the holy tradition where God Most High says: "*When I love a servant, I become the eyes with which he sees, I become the ears with which he hears…*"

My dear listeners, for these reasons I feel it is time for the realization of *Tasawwuf,* to fulfill the science of unity within our own lives. This is the time to celebrate that we are *Muhammedi*, that we are honored to belong to the Prophet Muhammed's community.

Very interestingly in our present time the events of human history show that East and West become inseparable. The crises of the modern world hit all countries with the same force. The earthquake of spiritual and material nature has shaken humankind to extremes. We are smitten with heavy destructive forces all over the planet. God took away the values of security, trust, comfort and peace within ourselves. A feeling of helplessness spread worldwide. Humanity is deprived of divine beauty and blessings. Therefore, today the earth experiences mourning. The mourning is of universal nature. There is a crying need growing into global dimensions. Humanity is in utter need for the truth because we are dangerously far away from it. We are in need of eternal values and therefore the solution has to be universal. It means it is time for the universal religion, the universality of the truth. Religion can smooth out any conflict between people, nations, cultures, races and color. Religion unifies the mind, heart, soul, conscious and belief. It treats man as a being of glorifying unity.

In our present time humanity finds itself between destruction and salvation. The darkness of complete ignorance meets the purity of belief. The peak of evil meets the highest illumination. The devil is face to face with God. There is nothing left but darkness and light. In bringing the far distant opposites together, Allah shapes us up for holy experiences in order to become ready for higher awareness. Our Creator is waking up every human being on this planet that we might learn to see. Since the 11th September, God speaks a very serious language. God's language has such an intense, shattering impact on humankind, that there is a divine Presence arising within our lives. I can tell you like never before; I can smell the sweet scent of loverhood within our present time.

As we can see, eastern reality and western reality are meeting each other today, unfortunately through terror, natural catastrophes and greatest corruption of human life. It is not just the awareness of the higher knowledge that unifies the whole of humanity and makes east and west face each other; it is the latest negative events of human history that makes the world into a global village. God makes us live the effects of distorted *jihad*, because we do not live His given desired divine internal struggle. God gives us universal suffering, because we do not live His all embracing universal religion. God confronts us with death, the highest number of losses of human life, because we do not apply and undergo the experience '*die before you die*', our beloved Prophet Muhammad's advice to humankind. This very century we live in is talking to us. It shows, we are not living how God meant us to be. Every pain, every suffering is caused by the separation from God.

To finalize my speech, let us leave this black and white thinking. Let us leave the circle of permissible and forbidden, *helal-haram*. Let us finish this running after good deeds. Let us leave this first class school thinking. Let us leave the surface worshipping. Let us leave these bargain supplications. Let us direct ourselves to eternity, to the divine Beauty, to the supreme perfection of our beloved Creator. Mevlana Jalaladdin Rumi says:

> *"Know that the World of Unity lies in the other direction from*
> *the senses. If you want Oneness, go in that direction!"*

I wish to give you one of the most valuable pieces of wisdom, which Allah taught me within the last years, it is that loss is our gain! As we are in need of breathing, we are in need of God.

# Ibn Arabi's Twofold Perception of Woman - Woman as Human Being and Cosmic Principle

Souad Al-Hakim

Translated by Nermine Hanno

***In the Name of Allah the Rahman the Rahim***

It is astonishing that a colossal Islamic scholar, Muhyiddin Ibn Arabi (560–638 AH), who lived more than eight centuries ago, should have declared that woman and man are absolutely equal in terms of human potentiality. He interpreted the 'degree' which was given to man over woman[1] as an ontological matter, abolishing singular male images of the universe in favour of a binary conjugal conception, where male and female are coupled together in a necessary cosmic unity on the level of both Creation and Gnosis.

Muhyiddin Ibn Arabi has presented a new vision of woman in the history of Islamic Culture. It is indeed a vision worthy of inspiring contemporary muslims, of acting as a foundation for the reassessment of their notions and concepts about women in Islam, and of propelling the wheel of cultural change in the proper path.

For the purpose of outlining Ibn Arabi's vision, my research is divided into two main parts, each containing two sub-sections that is a total of four, each holding the potential to be a spring-board for a new wave of thought on the issue of women.

## PART ONE – WOMAN AS HUMAN BEING

Ibn Arabi views human reality as one in all human beings, males and females. The two genders are equal in respect of humanity, and that is their origin. Maleness and female-ness are contingent states in the human essence. He says: 'Humanity unites male and female, and in it maleness and femaleness are contingencies not a human reality.'[2] He also says: 'Eve was created from Adam, and so she has two deter-minations (*hukm*), that of male by virtue of origin and that of female by virtue of contingency.'[3] Based upon this gender equality as human being, woman is qualified to work in all the occupations a man does, and possesses the aptitude for the performance of all intellectual and spiritual activities. In the following, we study a woman's aptitude for knowledge and spirituality:

### 1. Woman's Aptitude for Knowledge

Texts preserve for us many reports from which one can prove the evident and direct participation of women in cultural and political life. This started at the time of the Prophet, the

Companions, and lasted through the first few centuries of the *Hijrah*, until the dark ages where the role of the free woman in public life faded away to a role of owned slavery -whether by purchase or by capture as a result of war- in the field of arts and in the courts of rulers. This brought about a new kind of relationship of inequality between men and women, between a powerful authoritarian owner and a powerless owned, who would not shy away on most occasions from using guile and deception in order to achieve personal gain.

In spite of the appearance of a breach in the life of men's and women's societies, Sufi circles remained, for the most part, open to both genders, looking upon woman as a human being and not as a female, as a person with exactly the same aptitude for divine closeness and gnosis as a man.

Ibn Arabi further developed the vision of the Sufis who preceded him, with regard to women being people of knowledge and gnosis. She manifested in his works in two aspects: the Sufi and the *fiqh* fields.

## a. Woman as Spiritual Teacher, Guiding Shaykh, and Divine Mother

This characterisation was personified by a woman of gnosis from Seville, Fatima bint Ibn Al-Muthanna of Cordoba. In his youth, Ibn Arabi served her, himself[4], for about two years. This is longer than any period of time he spent in the 'company' of a sufi gnostic, in as much as the words 'serve' and 'company' denote in sufi terminology, taking and learning from, being polished by association and company and service, all of which is unveiled by Sufis in an educational method quite different from that of the *faqih* who requires intellectual force-feeding. When Ibn Arabi says 'I served', it means he took the person served as a *shaykh*, a guide, and a spiritual teacher. Therefore, Fatima bint Ibn Al-Muthanna was for Ibn Arabi all that a *shaykh* is to a *murid*.

Ibn Arabi, the *murid*, acknowledged the role of the Sevillean gnostic in his rebirth, and accepted his spiritual descent from her, which he never did with any of the *shaykhs* he accompanied and served during his lifetime. She was the only one he called 'my mother.' And she used to tell him: 'I am your divine mother, and the light of your earthly mother.'[5]

The influence of this gnostic lady on the rebirth of Ibn Arabi appears in the few passages he relates in the *Futuhat* which include her contemplations and the gifts of sainthood that were granted to her. She used to say to Ibn Arabi for example, 'I wonder at him who says he loves God and yet is not rejoiced by Him, for He is the one witnessed by him, His eye observes him in every eye, and He is not hidden from him not for one moment.'[6]

Ibn Arabi came to know her station when she told him that the *Fatiha* of the Quran served her. He learned first-hand when she recited the *Fatiha* for a matter she desired and he read with her. As a result of her reading, she created a three-dimensional ethereal image of the *Fatiha*, and asked it to carry out such and such an order.[7] He also mentions benefiting from this gnostic lady's knowledge in the field of the science of letters, which is a science of saints.[8]

Therefore, the Sevillean gnostic manifested in the life of Ibn Arabi in the position of guiding saint and spiritual teacher, and he was not embarrassed to learn from her, or to surrender to her leadership, or to stand as a *murid* before her knowledge. This is practical proof of Ibn Arabi's declaration that a woman can be a *shaykh* and a spiritual guide, and that men are allowed to be among her disciples. So let no attention be paid to those who do not see that a man can be the disciple of a woman on the pretext of the mixing of the sexes, because historically and to this day, women have been numbered among the disciples of men *shaykhs*. The issue here is the aptitude for knowledge and learning, which allows a woman to take on her rightful role in the life of a disciple.

### b. Woman as Endowed with Direct Understanding (Faqiha) and Prayer Leader (Imam)

Ibn Arabi bestows upon Bilqis (Queen of *Sheba*) the rank of *Faqiha*. When she surrendered to Islam, she did not become a follower of Solomon nor did she submit to his guidance. Rather, she remained free in her belief from following an envoy or an imam, free from intermediaries. She revealed that she possessed direct belief in God, exactly like that of the Envoys, when she said: 'I submit with Solomon to Allah, Lord of the universes', in contrast to the Pharaoh who said: 'the Lord of Moses and Aaron.'[9]

By examining Ibn Arabi's life, we can say that he is a man of knowledge and experience, not a man of theory who speaks about woman as an invisible/hidden being. This means that when he described woman's aptitude and acknowledged her abilities and her equality to man, he was thinking of those women he knew and not theorizing on the 'issue of women.' Ibn Arabi's statements on women are based on a broad experience of life, in which women revealed to him their powers and aptitudes. As regards equality between the sexes in the field of their competency in knowledge, he held the view that a woman could be *imam*, leading both men and women in prayer. He says: 'There are people who permit women to lead the prayer unconditionally, for both men and women, and I agree with that.'[10]

And this is very much a contemporary issue, which no Islamic scholar in the 21st century would dare to agree with. I suppose that the reason is that many legal authorities are trapped into passing judgments by linking scriptural passages with other passages, rather than by wreathing passages and life as it is lived.

## 2. Woman's Spiritual Aptitude

In addition to what has been referred to regarding woman's spiritual aptitude in discussing the Sevillean gnostic Fatima bint Al-Muthanna, one of Ibn Arabi's *shaykhs*, we may set forth a question: what spiritual ranks are open to a woman, and what ceiling is there which she cannot pierce?

To begin with, Ibn Arabi affirms woman's attainment of human perfection, in other words becoming 'Perfect Man' as in his ontological definition. He says: 'Perfection is not barred to women. If woman is indeed one degree lower than man, this is a degree of coming into being (*ijad*) since she was created from him, and this does not detract from [her attainment of] perfection.'[11] In addition, when Ibn Arabi defined 'Perfect Manhood' in the *Futuhat al-Makkiyya*, he pointed out that this is for both males and females.[12] Likewise, when he detailed in the *Futuhat* 'the Country of the Interior' (*dawlat al-batin*) and the number of universal ranks and activities in the interior, he mentioned that they were open to both men and women.[13]

To counteract the historical stereotypical image of woman's natural weakness, Ibn Arabi writes about her power: 'And there is no more powerful creature in the universe than woman … for each angel that God has created from the breaths (*anfas*) of women is the most powerful of angels.'[14]

Ibn Arabi goes so far as to say that men and women share all the ranks of sainthood, even that of the Pole (*qutb*).[15] But what is this superior rank which is open to women? And what does it mean for a woman to be a 'Pole' in the eyes of *al-Shaykh al-Akbar*?

In answer to the above, we can say that once a Pole, woman becomes possessor of the moment (*waqt*), master of the time, God's vicegerent on His earth, representative of the Envoy in his community, heir to being chosen, cloaked and to acquiring Adamic distinction.[16] Around her the world turns:[17] she arranges its governance and the needs of the entire world rest upon her. God is in solitude with her without the rest of His creation, and He beholds none but her during her time. She is the highest veil.[18] In the Presence of *mithal*, God erects for her a throne upon which He seats her, and then He bestows upon her all the Divine Names that the universe asks of her and she asks of Him/it. When she is seated upon the throne in the Divine Image, God orders the universe to pledge allegiance and to pay homage to her. Among her subjects are every being, high and low, except the highest of the angels, who are those lost in love (*muhayyamun*), and the singulars (*afrad*) of mankind, over whom she has no authority because they are like her, perfect, with the aptitude for what she has received of Polehood.[19]

Ibn Arabi is opposed to those who refuse to acknowledge the sainthood (*wilaya*) of women rather than men. He says in an unambiguous passage after stating that women can indeed reach the station of Polehood:

'And do not be veiled by the saying of the Prophet, peace be upon him, "Prosper not those who give sovereignty to woman", since we are discussing God giving sovereignty, not people giving sovereignty, and the saying was about those to whom people give sovereignty. Had there been nothing else in this matter but what the Prophet, peace be upon him, said, "Women and men are siblings (*shaqa'iq*)", it would have been sufficient; that is to say, all that is rightfully a man's, in terms of stations, degrees and qualities, is also possible for whichever woman God wills.'[20]

Therefore, men and women being 'siblings' was the basis for Ibn Arabi to denote that a sibling is similar, equal and of the same level. As a result, woman is equal to man in aptitude for all the stations of sainthood.

As for the ceiling that limits woman and that she cannot pierce, it is that of envoyship and prophetic mission (*risala wa-bajtha*). Ibn Arabi says that a woman shares the degree of perfection with man, and that man is favoured by superlative perfection: envoyship and prophetic mission.[21] In that sense, she is equal to all muslim men after prophethood and envoyship has been sealed by the person of Muhammad, peace be upon him.

## PART TWO - FEMALE AS COSMIC PRINCIPLE

We move now from the concept of woman (*mar'a*) as an independent individualized human being, to the concept of the female (*untha*) which thrusts her into a duo, a couple, a relationship with the other, 'the male.' And it is here, on the level of femaleness, that differences in the roles and the cosmic degrees emerge. Ibn Arabi says regarding the two aspects of equality and discrimination: 'Whoever regards humanity equates women to men, and whoever regards maleness and femaleness, and God's words: 'Men have a degree over them [women]', and made the actor prevail over the acted-upon, discriminates between men and women.'[22]

We would like to point out here that femaleness is an onto-logical degree, a quality, position and role, not a specific being. This means that there is no ontological impediment preventing a male being in the degree of femaleness (a female male) or a female being in the degree of maleness (a male female), or for the same person to be in one place a female and in another a male. And what is meant by that will be clear when dealing with the subject in the following two subsections.

## 1. Female Woman: Completing Being and Gnosis for a Male Man

The first manifestation of female woman and male man appeared in the creation of Eve and Adam and in the con-summation of their ontological marriage. We may observe that there is a strong presence of Adam and Eve in every male man - female woman relationship, according to Ibn Arabi. It is as if the beginning of creation is the archetype for every true conjugal relationship that ever occurs in human history.

Ibn Arabi relates his vision of the beginning of man, the first relationship between the two sexes and the quiddity of love of women to Divine Love, in a symbolic manner open to interpretation. We will attempt to summarize these comprehensive and complex perceptions as much as possible in the next two paragraphs.

## a. Female Woman: Completing Being for a Male Man

Ibn Arabi considers the first human body as that of Adam and in its origin –in so far as we imagine it- it resembles a sculpture that a potter would create out of clay and then fire in a kiln. From Adam's rib, God created the body of Eve, so it resembles in its origin a sculpture that a carpenter would chisel out of wood or stave.[23] Ibn Arabi describes the onto-logical yearning between Adam and Eve, something which spread from them to every human couple in being, saying: 'and God filled the place from which Eve was created with a hunger for her, for there cannot remain any void in being.[24] When He filled it with air, he felt towards her a yearning as towards himself because she is a part of him, and she felt a yearning towards him because he is her homeland, from which she originated. So Eve's love is love of homeland, and Adam's love is love of himself.'[25]

Therefore, the male man does not feel satiation in being except by uniting with the female woman, she who is created from him and is in his own image.[26]

This brings us to opening a window from which we can view Ibn Arabi's perception of female beauty, as far as we are able to tell. We say that the desired woman for whom Ibn Arabi yearns is the woman created in his image. And by looking into his private life, we discover that Nizam bint Makinuddin is the only woman who was capable of becoming to him the 'Eve' who came out of the body of 'Adam', and with whom he yearned to unite to achieve his satiation in being. He describes her at the beginning of his *Diwan* by qualities that serve to confirm what we have mentioned. He says:

'[She is] the incomparable one of her era. Her home is the pupil in the eye, and the heart in the chest. She is of long experience...'

## b. Female Woman: Completing Gnosis for a Male Man

Ibn Arabi discusses a delicate issue, something he does perhaps only once, in the last chapter of his *Fusus Al-Hikam*. The matter is summarized in the fact that God (*haqq*) can never be witnessed divested of matter. And since witnessing cannot take place except in matter, a man's witnessing of God in woman is the grandest and most complete witnessing.[27] In this sense, female woman is one who completes male man in gnosis.

How did Ibn Arabi present this idea?

It springs from contemplating the prophetic saying: *'I was made to love three things of your world, women, perfume, and the freshness of the eyes [that was brought to me] in prayer.'* It may be deduced that the basis is man's yearning for his Lord, who is his origin, and that is why God made him love woman - for as God, the Most High, loves him who is in His image, He makes loveable to man the woman whom He extracted for him from him and who appeared in his image.

When man loves woman, he desires to conjoin and unite with her, and when the act is consummated pleasure overtakes all parts of the body, and it is as if he were annihilated in her. Thus as God is jealous for his servant, He orders him to perform a full ablution in order that he be cleansed of 'other', and return to observing Him in the one whom he has been annihilated in, i.e. in woman.

He has cleansed him by complete ablution because he has to witness God in woman, and that is the grandest and the most complete contemplation, because it is a witnessing of God as actor and acted-upon simultaneously.[28] Al-Qashani insists that this witnessing is in the act of copulation[29], whereas the actual passage signifies that it follows it and is a consequence to it.

## 2. Femaleness as Cosmic Degree

Ibn Arabi shows a great deal of ingenuity when he makes femaleness a cosmic principle permeating through every creature and product, sharing with maleness the act of creation in every plane. Femaleness and maleness are equal in their ontological amplitude, but they are separate in their roles and degrees of being.

Femaleness is a degree of receptivity, of acted-upon-ness, and of being effected by maleness, which is the possessor of the degree of actor and acted-upon. It is also for maleness the place for depositing, seeding, growing, bringing into being, creating[30] and manifestation. Each receptive and acted-upon and being effected is in the degree of female even if it be male; and everything which is a place for depositing, seeding, growing and creating, is in the degree of female even if it be male. Therefore, every creature in the universe is 'female' on both the ontological and the gnostic levels. Ibn Arabi says:

> *'We are females for what He impregnates in us*
> *Praise be to God, there is not in this universe a male*

*Those men whom custom designates*
*They are really females: they are my soul, my avail'*[31]

He says: 'The degree of every acted-upon is that of a female, and there is nothing that is not acted-upon. Action is in reality divided between the actor and the acted-upon: from the side of the actor comes the power or ability, and from the side of being acted upon comes the receptivity to being empowered.'[32]

According to Ibn Arabi, femaleness and maleness permeate through the articulations of being, each one of them bringing about the other. For there is no 'male' actor, with its propensity towards depositing, seeding and creating, except through the existence of a 'female' who is receptive to the action, a receptacle for that depositing, seeding, and creation. Femaleness and maleness are two conjoined, simultaneous, mutually corresponding principles, sharing one act. In spite of this, the degree of femaleness is one degree behind that of maleness. So how does Ibn Arabi interpret the degree man has over woman?

Ibn Arabi transmutes 'the degree' from its social and life context to one of Being. He regards man as being in God's mentation before woman, as he was prior to her in existence. Since the Divine order is never repeated, the witnessing which happened to the former can in no way repeat itself to the latter, because He does not manifest in the same image twice, just as He does not manifest to two people in the same image, and this is due to the Divine Vastness. And this is the degree by which a man exceeds a woman.[33]

In another section in the *Futuhat*, Ibn Arabi is intent, not on erasing the ontological degree that belongs to man, but on making it equivalent to a spiritual degree belonging to woman. He says: 'Do you not observe God's wisdom in giving an increase to woman over man in terms of name? He says of man *al-mar'*, while He says of woman *al-mar'ah*. Thus He increased her by *ha'* in pause (gram.) and by *ta'* in conjunction (gram.) when compared to the name 'man'. So she has a degree over that of man's in that station, which corresponds to His saying, "*men have degrees over them [women]*" so He filled this gap with that increase for women (*mar'ah*).'[34]

He follows up the linguistic context which manifests woman's superiority over man, by saying: '… and had there been no honour paid to the feminine other than the fact that both the Divine Essence (*dhat*) and Quality (*sifa*) are feminine [in gender], that would have been sufficient.'[35]

It is in this manner that Ibn Arabi is insistent on placing woman on the same footing as man, for as he says, 'the universe depends on two orders'[36], that is to say, on man and woman.

## CONCLUSION

Ibn Arabi's positive and unadulterated view of woman is astonishingly modern when compared to contemporary perspectives, be it those of some muslim extremists who treat women as a lesser being, or those of people who demand a reassessment, historical, linguistic, legal, theological etc, of woman's place in both the East and the West, according to some other kind of limitation.

This view also shows the humanity of Islam, cleansed of all the oppression, coercion and persecution of women that has been attributed to it. Indeed the vision of Ibn Arabi extends far beyond the 6th century *Hijrah* to fill woman with sanctity -and she is in dire need of it today- and to restore truly Islamic principles, which have been banished by the passage of years and masked by personal interests.

## ENDNOTES

1   See Q.2.228: "*Men have a degree above them [women].*"

2   Ibn Arabi, *Al-Insan Al-Kulli*, Zahiriyya ms. 4865, f. 2b.

3   Ibn Arabi, *Al-Futuhat Al-Makkiyya*, vol. IV, p. 84.

4   *Al-Futuhat*: I. 274.

5   *Al-Mu¡jam Al-Sufi*, pp. 124-125.

6   *Al-Futuhat*: II. 347.

7   Ibid.

8   Ibid, II.135.

9   *Mu¡jam*, p. 213, *Fusus Al-Hikam*, vol. 1, pp. 156-157.

10  *Al-Futuhat*: I. 447.

11  Ibid, I. 708.

12   Ibid, II. 588.

13  Ibid. II. 6-39, where Ibn Arabi mentions men of numbers and men of ranks, and reveals in many instances that they include men and women.

14  Ibid, II. 466.

15  Ibid, III. 89.

16  See *Mu¡jam*, p. 680, *Al-Ajwiba Al-La'iqa* by Ibn Arabi, f. 9a.

17   *Mujjam*, p. 912, *Manzil al-qutb* by Ibn Arabi, p. 2.

18   *Mujjam*, p. 912, and *Al-Futuhat*: II. 555.

19   *Mujjam*, p. 913, and *Al-Futuhat*: III. 136-137.

20   *Al-Futuhat*: III. 89.

21   Ibid, III. 88.

22   Ibid, I. 486.

23   Ibid, I.124-125.

24   The thought of 'Eve going out of Adam and her place
     being inhabited by desire and yearning for her because
     there cannot remain a void in being' is repeated in many
     of Ibn Arabi's books.

25   *Al-Futuhat*: I. 124.

26   See *Fusus Al-Hikam*, The Bezel of the Wisdom of
     Singularity in The Muhammadian Word.

27   See *Fusus Al-Hikam* (final chapter), and *Sharh al-Fusus*
     by Bali Efendi, Al-Nafisa Al-Othmaniya Press, p. 427.

28   See *Fusus Al-Hikam*, final chapter, and *Sharh al-Fu-
     sus* by Bali Efendi, Al-Nafisa Al-Othmaniya Press, pp.
     425- 427; and *Sharh Fusus Al-Hikam* by 'Abd al-Razzaq
     Al-Qashani, Mustafa Al-Babi Al-Halabi Press, Egypt,
     pp. 332-333.

29   Al-Qashani, Commentary on *Fusus*, p. 333.

30   *Al-Futuhat*: III. 297, 'Female, locus of creation.'

31   Ibid, IV. 445.

32   Ibid, I. 507.

33   See *Al-Futuhat*: I. 679.

34  *Al-Futuhat*: III. 89, Ibn Arabi deals here with the issue of the testimony of men and women, and draws many conclusions of great benefit worthy of our attention. We may also observe English possesses the same linguistic feature, where 'wo-man' has an increase over 'man'.

35  *Al-Futuhat*: III. 90.

36  Ibid.

# Rumi's View of Woman

Prof. Dr. Mehmet DEMIRCI

Translated by Fahir Zülfikar

There are some elements that determine woman's status in Muslim societies throughout history: religious rules; social, political, and ethnic environment; and cultural heritage inherited from pre-Islam era. For this reason, it is not possible to say that the woman's status in Islamic world is the same in everywhere and at all times.

According to the Qur'an, woman is equal to man both by creation, by right, and responsibilities. Woman is equal to man because both are servants (*kul*) of God. The Prophet Muhammad's talks and practices toward women are within a similar framework, too.[1]

Hz. Muhammad lived with his only wife, Hadijah for 25 years. She always supported Him and opened her arms for comfort. His second wife Aisha and his daughter Fatima had a very prominent status in the society both in their health and after their death.[2]

Unfortunately, the practices in Islamic societies were not always like this. Woman's status deteriorated after the Prophet's time. Patriarchal family mentality and male dominant behavior limited the rights of woman. Some suspicious *hadiths* have become widespread. Verses from Qur'an (*Nas*) have been interpreted in this direction.[3]

Women have a better status in tasavvuf environment than other areas. The name of Rabiat'al Adaviyya, one of the most important woman saints, has become a symbol. However, she is not the only example in this area.[4]

The *hadith* of "*Three things in your world have been made lovely to me: women, perfume, and prayer, which is the delight of my eyes.*"[5] has been better known in tasawwuf environment and has become popular and remarkable with rich interpretations.[6]

Women have been viewed differently in almost every society during the history. It is obvious that a male dominant attitude is common. And it is a fact that feminism, which has been created as a reaction to this, proposed some farfetched thoughts.

Beyond all these, if we consider this problem calmly, we can see this: Women are one of the kinds of human species, the most superior of all creation. Just as men, women have strengths and weaknesses. These strengths and weaknesses are more distinctively observed in women since their emotional sides are generally more dominant in their nature.

Let us move on to Rumi's understanding of women: it is obvious that tasawwuf's positive approach toward women is dominant in Rumi's thinking, too. As Gölpınarlı says, "He refers to the orthodox thinking which always places women inferior to men just because of traditions and the necessity to repeat what everybody says."[7] This attitude is also related with his being realistic. Yes, woman is not a satan, but she is not an angel, either. Like everyone, women may set positive and negative examples. Individuals may display good or bad behavior. However, it can be observed that the positive traits of women are more prominent in Rumi.

Rumi had a happy marriage. Despite this, he comments negatively on marriage in a part of *Fihi Mafih*. According to him, living with a woman requires a great deal of patience. This togetherness is a means to get more mature. It is just like rubbing dirt off one's hand using a towel. The real meaning of life is to get married and to overcome the difficulties of marriage. Those who do not want to be bothered with this may prefer to be single like Jesus.[8]

*Sheik* Harakani's story in *Mathnawi* is very interesting: A disciple of Harakani comes to visit him after going through a lot of trouble on the way. *Sheik*'s wife opens the door and tells many bad things about him. She says that he is dishonest and hypocritical. With this shock and sadness, the disciple leaves the home and goes to the forest looking for Harakani. Finally, he finds Harakani riding on a lion, holding a snake as a whip in his hand. Harakani says: *"If I weren't patient enough to carry her burden, would this lion be carrying mine?"*[9]

In the story of A'rabi's wife, he describes the whining of a woman who complains about being poor.[10] Although they get along well at the end of the story, they get into big arguments along the way. The husband says: *"Oh woman! Please abandon the fight and conflict. If you are not going to do that, please abandon me! If you be silent, it is more than okay. If not, I will leave the house at this very moment!*"[11] The woman starts crying and Rumi wisely tells us the moral of the story: "Tears are a woman's trap."

The story in *Mathnawi* proceeds with expressions of human descriptions:

> *Her tears and sobbing soon became excessive,*
>
> *Though she already was for him impressive—*
>
> *That pain produced a lightning bolt, which lit*
>
> *A spark inside his heart and made it split:*
>
> *The pretty face which turns you to her slave,*
>
> *When she acts servile, how must you behave!*
>
> *That one whose arrogance astonished you*
>
> *Now cries in front of you—what can you do?*
>
> *That one whose proud rebuffs made you heart bleed*
>
> *Can do more damage now she comes in need!*
>
> *We've all been trapped once in her tyranny—*
>
> *Now she is begging, what are we to plea?*
>
> *It's beautified for men,[12] God gave it shape;*
>
> *So how can men know where they can escape?*
>
> *So he's consoled by her she was created:*
>
> *Can Adam then from Eve be separated?*
>
> *A Hamza and Rostam in bravery—*
>
> *His wife still keeps him bound in slavery,*

*Although his words could make the whole world sway,*

*'Please redhead, speak to me!' he still would say.*

After this point, Rumi rises above the human-material universe and steps into the metaphysical world. He starts using symbols; resembling man to water and woman to fire. He says:

*Water puts out the flames which winds just fan*

*But boils away when heated in a pan,*

*For if a pan should separate the two*

*It will evaporate in front of you.*

*Though outwardly above her you may tower*

*You want her, so within she has the power.*

*This love's the special human quality;*

*Beasts lack it—that's their inferiority.*

*The prophet once said, 'Women all control*

*Intelligent men, those who have a soul,*

*But stupid men rule women, for they're crude*

*And hold a simple, bullish attitude.'*

*They lack all tenderness and can't be kind—*

*Their animal soul still controls their mind:*

*Tenderness is a human quality,*

*While lust and rage show animality.*

And Rumi concludes:

*Woman is God's divine light.*

*Not only beloved, more like the creator, not the created.*[13]

This is where the real value of woman comes from. She conveys characteristics from God's creating power. She plays an important duty for the continuity of life, and thus acts as a pillar of the divine action and manifestation. According to the ones who reached a high level of spiritual knowledge, *"Love for woman stems from the ability to witness God in their mirror-like bodies."* When a man, who has progressed in his journey of spirituality, loves a woman, it means that he is, in a way, viewing her as a means of asking to unite with the divine beauty.[14]

Rumi sees woman as the light (ray) of *Haqq* (God) and focuses on her creativity trait. He also mentions that woman and man are equal, that they complete each other in every sense and that if either one of them is single, the other is considered to be half and incomplete. The following metaphor is very nice:

> *"Every particle in this universe wants its counterparts. Every particle attracts its counterpart just as amber attracts straw.*
>
> *Sky says 'Hello,' to earth, 'I am with you as iron is to magnet.'*
>
> *Sky is man by mind, earth is woman. She feeds and grows what he gives.*
>
> *If there is no warmth on earth, sky sends heat; if the moisture finishes, it gives humidity.*
>
> *This earth acts as woman, she breastfeeds the children she has given birth to and nurtures them.*
>
> *Therefore, know that both earth and sky has intelligence because they are doing what the intelligent do.*

*If there were no earth, how would roses and redbuds grow; if there were no water or heat of the sky, what could the earth produce?*

*Affiliation of female with male is to get the two completed.*

*God gave man and woman affiliation with each other to let the universe go till eternity in this togetherness.*

*Night is locked in close embrace with day. Outwardly, day and night are contradictory, but in reality they are one.*"[15]

Rumi comments on the A'rabi story as follows: "The wife and the husband represent soul (*nafs*) and intellect (*aql*). Both are necessary to distinguish good from bad. These two (*nafs and aql*) fight each other in this soil home (body) day and night."[16]

There is another comparison in a different story: "*Know that intellect (aql) is man, soul and greed is woman.*" One takes you to the light, the other to darkness. When the spirit finds the correct path, soul and intellect support each other and they both unite in reality, Divine light (*nur*). This is true for both genders.[17]

When we look at Rumi's daily life, behavior and practices, we see that he is very compassionate and understanding toward women. After his first wife's death, Rumi got married to another woman and he died before her. He didn't have female slaves in his house.[18] We can understand his approach to marriage from his suggestions to his son Sultan Veled. Rumi writes the following to him when he is about to marry Fatma Hatun: "If you want me to be proud of you (if you want me to be free from shame), respect her dearly; treat her every day as if your first day and every night as if your wedding night. Remember, one day the Prophet told Ali to keep her daughter, Fatima in comfort and said: 'Fatima is a part of my body.' Think in the same way for your wife."[19]

Rumi's familiarity level with women is really high. These women are from both aristocrat families and ordinary ones. The names of some from the former are mentioned in Eflaki's *Menakıb*.[20] There are many stories in this book about Rumi narrated by women. The women he was most interested in were among ordinary people. They all loved Rumi. They would organize gatherings and invite Rumi to their homes. He would visit to guide them and women would scatter rose leaves on him. According to Gölpınarlı, they would even whirl with him.

In Eflaki's story we can see how he achieves a good outcome by respecting the core values of women: While passing by, a group of prostitutes showed their respect to Rumi. Although people viewed them as despicable creatures, he treated them in such a pleasing attitude that they ended up becoming penitents and started to live more decent lives.[21]

Schimmel draws our attention to the story of Belkis and Suleyman from Qur'an. She points out that only Rumi discusses this story thoroughly within the context of romantic feelings and love[22] between Hz. Suleyman and Belkis.[23]

Knowing human psychology very well, Rumi emphasizes the delicacy of a woman's spirit. He reminds others that extreme pressure may create a reaction. There is an interesting example in *Fihi Mafih* about covering woman by force:

"What is woman?.. She is what she is, however you look, whatever you say. She doesn't change her mind; if you say too many times, she may get even worse."

"When you tell her too many times: 'Cover yourself!', you in fact increase the desire to show herself to others. When she does cover herself, the desire of outsiders to see that woman becomes greater. Therefore, by doing so, you trigger the desires of both sides to see and to be seen." For example, you buy bread and hide it from everybody putting it under your arm and say: "I am not going to give this to anybody; in fact I am not even going to show this to anybody!" Although there is bread everywhere, people will follow you to see the one you have and say "We would definitely like to see what you are hiding!" because people feel an extreme desire toward things that are forbidden.

Besides, if doing the right thing is in that woman's core values, she will follow her beautiful nature, her clean and good behavior, even if you try to stop her. Be at ease and don't trouble your heart. If the situation is contrary to this, she will do her way and according to her nature. If you try to stop her, this will only increase her desire.[24]

## CONCLUSION

Rumi is a realistic person from real life. When he discusses a woman's human side, he evaluates her with both her strengths and weaknesses. He had a happy family life with one wife. He had familiarity with all kinds of women. He tried to help them with purity and sincerity. With a metaphysical approach, he glorified women. Because of the power of creation and fertility, woman has a Godly attribute. Rumi describes women as "the light of God" (*nur*).

## ENDNOTES

1   Please see M Akif Aydın, "Kadın", *Diyanet İslam Ansiklopedisi* (Encyclopedia of Islam), V. 24, p. 86-87.

2   Annemarie Schimmel, *Ruhum Bir Kadındır* (My Soul is a Woman), Turkish translation by O. Enis Akbulut, Iz Publication, İstanbul, 1999, p. 25.

3   Aydın, ibid, p. 86-87.

4   Annemarie Schimmel, *Tasavvufun Boyutları* (Dimensions of Tasawwuf), translated by Ender Gürol, Adam Publication, Istanbul, 1982, p. 363.

5   Nesai, *İşretü'n-n-Nisa*, 1.

6   Please see Ibn Arabi, *Fususu'l-Hikem*, "Muhammed."

7   Abdulbaki Gölpınarlı, *Mevlana Celaleddin*, Inkılap Publication, Istanbul, 1959, p. 213.

8   Please see Mevlana, *Fihi Mafih*, Turkish translation by A. Avni Konuk, Iz Publication, Istanbul, 1994, s. 81-82; Schimmel, *Ruhum Bir Kadındır*, p. 78.

9   Rumi, *Mathnawi*, IV, 2044-2145.

10  Rumi, *Mathnawi*, I, 2290.

11  Rumi, *Mathnawi*, I, 2430 (English translation from, Rumi, *The Masnavi:* Book One, trans. Jawid Mojaddedi, New York: Oxford University Press, 2004, p. 149-150).

12  *Qur'an, 3: 14, "Beautified for mankind is love of the joys (that come) from women and offspring, and stored-up heaps of gold and silver, and horses branded (with their mark), and cattle and land. That is comfort of the life of the world. Allah! With Him is a more excellent abode."*

13 Rumi, *Mathnawi*, I, 2420-2437; Ken'an Rifai, *Şerhli Mesnevi-i Şerif* (Mathnawi with Commentary), 2455-2574, Kubbealtı Publication, İstanbul, 2000, p. 346.

14 Please see Ken'an Rifai, *Şerhli Mesnevi-i Şerif* (Mathnawi with Commentary), s. 350.

15 Rumi, *Mathnawi*, III, 4402-4418.

16 Rumi, *Mathnawi*, I, 2616-18; Ken'an Rifai, *Şerhli Mesnevi-i Şerif*, (Mathnawi with Commentary), 2656-58.

17 Ken'an Rifai, *Şerhli Mesnevi-i Şerif*, (Mathnawi with Commentary), p. 425.

18 Abdülbaki Gölpınarlı, *Mevlana Celaleddin*, p. 213.

19 Rumi, *Mektuplar* (Letters), Turkish translation by Abdülbaki Gölpınarlı, p. 14, Inkılap ve Aka Publication, Istanbul, 1963.

20 Please see Schimmel, ibid, p. 47.

21 Please see Eflaki, *Ariflerin Menkıbeleri* (Legend of Wises), Turkish translation by Tahsin Yazıcı, I, 537, MEB press, Istanbul, 1963.

22 Rumi, *Mathnawi*, IV, 859 onward.

23 Schimmel, ibid, p. 62-63.

24 See Rumi, *Fihi Mafih*, Turkish translation by Meliha Tarıkahya, MEB press, Istanbul, 1985, p. 114-118; same book, translated by A. Avni Konuk, prepared by Selcuk Eraydın, Iz Publication, Istanbul, 1994. p. 81-83.

## *Beauty and the Feminine Element of Spirituality*

Carl W. ERNST

The Prophet Muhammad once said, *"God is beautiful, and He loves beauty."* He also said, *"Three things in your world have been made lovely to me: women, perfume, and prayer is the delight of my eyes."* What is the significance of the love of beauty for spirituality? And how does gender enter into this delicate topic? As we gather to honor the memory of Samiha Ayverdi, an outstanding modern Turkish woman connected to the Rifa`i Sufi tradition, these questions take on a particular significance. Ultimately, the question of being male or female may fade in importance when compared to the aesthetic shock of the contemplation of divine beauty. Yet the fact that we are embedded in a particular social and historical moment makes it impossible for us to ignore the roles and expectations that society has placed upon men and women. The transformations of global economies over the past century have created a situation in which women's participation in education, culture, and religion has become public in an unprecedented fashion, in every corner of the world. Perhaps the greatest lesson to be learned from the changes we now experience is not that feminine spirituality is different from masculine spirituality; instead, listening to the voices of insightful women may allow us to step aside from the limitations of the egotistical patriarchy that has unjustly dismissed women as inferior to men.

It must be acknowledged that all the major religious traditions of the world have experienced similar forms of social organization through male-dominated political structures. The fact remains that women have played important spiritual roles, and yet this is generally not acknowledged in official histories. One of the major achievements of scholarship in recent years has been the effort to recover the voices of women in all the major civilized regions of the world, from which on the whole they had been mysteriously excluded. History was once considered to consist exclusively of the actions of kings and great men, but increasingly it is being admitted that our understanding of the past will be incomplete and distorted unless we comprehend the parts that women have played.

In the history of religion, considerable attention has been paid to the contributions of women mystics to Christian spirituality, and there are numerous publications addressed to this important topic. If we turn to Islamic spirituality, the situation is more complicated, particularly by the relative lack of writings by women before recent times. It is possible to get some access to the spiritual lives of Muslim women, yet we must rely primarily on writings by men. As an example, Jami concluded his Persian biographical work on Sufis, *Nafahat al-Uns* (The Breezes of Intimacy), with a brief appendix entitled, "On the Remembrance of the Women Knowers of God who have Attained the Levels of the Men of God." In it he writes,

"The author of *The Meccan Openings*, Muhyi al-Din ibn al-ʿArabi (God have mercy on him), in the seventy-third chapter, after mentioning some of the generations of the men of God, says, 'Everything that we have said regarding these men, as men, includes women, though there is more reference to men. Someone was asked, 'How many 'Substitutes' (abdal) are there?' He replied, 'Forty souls.' He was asked, 'Why did you not say forty men?' He answered, 'Because there are women among them.'"

The master Abu ʿAbd al-Rahman al-Sulami, author of *Generations of the Masters*, compiled a particular book, *the Memoir of the Spiritual States of Women Devotees and Knowers of God*, and he has clarified much in explanation of the spiritual states of many of them. The poet al-Mutanabbi has written a verse, alluding to the fact that "sun" (*shams*) is feminine and "moon" (*qamar*) is masculine in Arabic:

> *Were women as I have described,*
> *Women would be superior to men.*
> *Femininity is no defect in the sun,*
> *Nor should the moon be proud of masculinity.*

The lost treatise of al-Sulami has been recently rediscovered, and it has been translated into English by Rkia Laroui Cornell.[1]

This text permits us to see with a little more detail the ambiguity and sensitivity of the issue of gender in Sufi hagiography (note that the verse by al-Mutanabbi is really a backhanded compliment to women, since it makes one exceptional woman appear to be a very strange phenomenon indeed). This ambiguous position is stated with peculiar force by one of the women who figures in that anthology, 'A'isha bint Ahmad of Merv: "Concealment is more appropriate for women than unveiling, for women are not to be exposed."

This is a surprising answer that 'A'isha gave to a question about the kind of mystical experience that the Sufis call unveiling (*kashf*). It is unexpected because the text itself provides abundant evidence of such spiritual experiences among women. But in a sense, this answer illustrates one of the main problems confronting anyone who seeks to understand the subject we are addressing: how can we have access to the feminine dimension of Islamic culture without trespassing in the private sphere? On one level, this quotation explains why so few women are represented in biographical works in general and in biographies of Sufis in particular. That is, in most cases, biographies of women (when given at all) are included as an appendix to the biographies of men that are the "main" subject of the book. Certainly misogyny was one attitude to be found in Sufi texts. Still, on another level, the notion of concealment and privacy for women may help explain both the relatively small space granted to women in Sufi writings, and the brevity and lack of personal detail in these biographies. Where women do figure in Sufi biographies, one finds typical patterns of presentation that may well be explained by predictable male-female dynamics. How many times has it been said of an impressive woman, that she was, as it were, a man in the form of a woman? This sort of negative compliment seems to be the last resort of the male hagiographer who is perplexed and bewildered (and struck with admiration) by the spiritual power of a woman.

Yet despite the common omission of women from the public record of religion and spirituality, it is striking to see how frequently and how inevitably women figure prominently in key discussions of the nature of love and beauty as avenues to the divine. Plato in the *Symposium* depicts Socrates as receiving instruction from the priestess Diotima on the philosophical teachings of love and beauty. When the Qur'an tells the story of Joseph and *Zulaykha*, it is called "the most beautiful of stories." Why is that? According to the Persian Sufi master Ruzbihan Baqli (d. 1209), it is because worldly love is the beginning of that divine love. For both beginner and adept there is an unavoidable condition for reaching the intoxication of divine love -and that is to clothe the created with divinity. There is proof in support of chaste love in the religious law of Muhammad (God's prayers be upon him). The word of God (who is great and mighty): *'We shall tell you the most beautiful of stories'* (Qur'an 12:3), that is, we shall tell you the story of the lover and the beloved, Joseph and *Zulaykha* (peace be upon them), and also the love of Jacob and Joseph (peace be upon them), for the tale of love is the most beautiful of stories for those who have passion and love.[2]

In the biography of Ruzbihan, it is related that he caused a sensation when he returned to Shiraz and first preached in public. In the oldest version, the story goes like this:

When the *shaykh* came from Pasa to Shiraz, the first day that he preached in the 'Atiq Mosque, in the midst of his sermon, he said, "When I entered the mosque, in the corner of the herb sellers a woman was advising her daughter, saying, 'My dear, your mother advises you to cover your face, and don't show everyone your beauty from the window. This should not be, for by reason of your loveliness and beauty, someone may fall into temptation. Don't you hear my words and accept my advice?'"

When Ruzbihan heard these words, he wanted to tell that woman, "Although you advise her and forbid her, let her show herself! She should not listen to these words of yours or accept this advice, for she is beautiful, and beauty has no rest until love becomes joined to it."

When the *shaykh* said this, one of the travelers on the path of God was present. The arrow of these words hit the target of his heart, so that he cried out and gave up his spirit. The cry went up in the town that "*Shaykh* Ruzbihan is cutting souls to bits with the sword of his words!" The people of the town turned toward him and became his disciples.

Later accounts add to Ruzbihan's advice to the mother the comment that "Love and beauty made a pact in pre-eternity never to be separate from one another."[3] Indeed, in his own major treatise on love, *The Jasmine of the Lovers*, Ruzbihan engages in a dialogue with an unnamed woman who challenges him to define the relationship between human love and divine love, so that she acted in a way as his teacher.

Another famous Sufi, Ibn 'Arabi (d. 1240), comments on the divine beauty and takes as his point of departure the divine name *al-Jamil*, "the Beautiful," as attested in the Qur'an and *hadith*. In an introductory poem to a discussion of this divine name in *al-Futuhat al-Makkiya*, he sets forth the enigma of the divine beloved whose beauty is beyond the reach of the senses, and yet who is somehow witnessed by the lover's heart -and the love of this divine beauty is the model for all the great loves celebrated in Arabic poetry.

*Beautiful but not longing, luminous but not seen,*

*yet hearts witness Him, just as they do not know.*

*"Eyes do not encompass Him" except for one*

*whom master intellects have left behind.*

*If I call Him "beloved," I would not be a liar,*

*and if I call Him "witnessed," that is what I know.*

*There is no other beloved but He,*

*and only Salmas, Laylas, and Zaynabs are for the veil.*

*They are the curtains that veil, that are conveyed*

*by the poetry of lovers, and their prose,*

*Like Majnun and Layla, and those who came before,*

*like Bishr and Hind -my heart cannot bear their names.*[4]

In this way Ibn 'Arabi explains the relation of the creative and transcendent divine beauty to the beautiful things of this world, and this can only be done through the names of male and female lovers. It should be recalled that Ibn 'Arabi himself studied with several prominent women Sufis, including Fatima of Cordova, whom he praised as a great mystic, and he also wrote poems in honor of 14 women to whom he gave authorization (*ijaza*) to be Sufi teachers.

Nevertheless, despite these striking references to women, it can be argued that the idealization of women has also served as a kind of symbolic or intellectual prison, particularly if this means defining women into an entirely separate role or metaphysical status distinct from men. But the reality is that women have been eminent spiritual teachers who have indeed earned the respect of men. Although shrouded in legend, and often used as the exception justifying the marginalization of other women, the stories of Rabi`a al-`Adawiyya (8[th] century) clearly show her as the teacher (*mu'addiba*) of men. The great master of the Indian Chishti order, *Shaykh* Nizam al-Din Awliya' (d. 1325), paid tribute to the charisma of Bibi Fatima Sam: "When the lion has come out of the forest, nobody asks if it is male or female; the children of Adam must obey and show respect, whether it is male or female. Now, in the stories of Fatima Sam there has been much said regarding her extreme piety and old age. I have seen her. She was a great woman."[5] *Sayyida* Zaynab bint al-Rifa`i (d. 1232), the daughter of *Shaykh* Ahmad al-Rifa`i, was described by a biographer as "the patient, humble lady, the one who recollected God, the perfect woman saint, the pure knower of God, the pious God-fearing one, the hopeful luminous one, the one who took precedence over saintly men, through her lofty qualities and her illustrious spiritual states."[6]

These clear statements of admiration for women as spiritual teachers have been rare before modern times, but they are important historical indications that the spiritual equality of men and women was recognized in certain quarters, despite the common dismissal of women to the private sphere in many Muslim societies. Now, we are in an age when necessity decrees that both men and women need to seek education and participate in the modern workforce on a scale previously undreamt of. The spread of mass literacy through policies of universal education has made it possible for countless talented women to undertake careers that would have been unthinkable a century ago. This is no less true in the Middle East than it is in Europe and America. The reconfiguration of religion in secular states has opened up the possibility of women's public leadership in matters of religion and culture even while it has also increased the factor of conservative control of women's dress and behavior in other sectors.

In her memoirs, my former teacher Annemarie Schimmel has written the following: "During my second stay (in Turkey), new friends helped me to gain access to another part of Turkish culture, to the best traditions of Turkish Sufism. There were successful businessmen who yet would spend night after night in silent meditation, and there was Samiha Ayverdi, the towering figure among mystics and writers, author of numerous books and articles in which she conjures up the traditional life. In her house I was introduced to the culture of Ottoman Turkey, and she and her family opened my eyes to the eternal beauty of Islamic fine arts, in particular calligraphy. I loved to listen to her discourses which went on in long, swinging sentences, while the sky over the Bosphorus seemed to be covered with clouds of roses. A few weeks ago, in March 1993, she passed away on the eve of the Feast of Fastbreaking, three days after I had kissed her frail hands for the last time."[7] From this deeply personal tribute, we can see the powerful effect that this Turkish teacher had on her German friend, who herself became an outstanding authority on Islamic art and spirituality. It is no accident that their relationship centered on the appreciation of beauty, and that both women became exemplary teachers. May we all be fortunate enough to know such outstanding individuals.

## ENDNOTES

1. Abu 'Abd ar-Rahman as-Sulami, *Early Sufi women: Dhikr an-niswa al-muta'abbidat as-Sufiyyat*, ed. and trans. Rkia Elaroui Cornell (Louisville, KY: Fons Vitae, 1999).

2. Ruzbihan Baqli, *'Abhar al-'ashiqin, in Teachings of Sufism*, trans. Carl W. Ernst (Boston: Shambhala, 1999), p. 90.

3. For details, see my *Ruzbihan Baqli: Mysticism and the Rhetoric of Sainthood in Persian Sufism*, Curzon Sufi Series, 4 (London: Curzon Press, 1996).

4. Ibn 'Arabi, *al-Futuhat al-Makkiya*, II, 542 (ch. 142). The phrase *"Eyes do not encompass Him"* recalls Qur'an 6:103.

5. 'Abd al-Haqq Muhaddith Dihlawi, *Akhbar al-akhyar, in Teachings of Sufism*, p. 186.

6. Ahmad ibn Muhammad al-Witri, *Rawdat al-nazirin, in Teachings of Sufism*, p. 191.

7. Annemarie Schimmel, "A Life of Learning," Charles Homer Haskins Lecture for 1993, American Council of Learned Societies, Occasional Paper No. 21 (available online at). See also Schimmel's article "Samiha Ayverdi - Eine istanbuler Schriftstellerin," in Der Orient in der Forschung: Festschrift für Otto Spies zum 5. April 1966, ed. Wilhelm Hoenerbach (Wiesbaden: Harrassowitz, 1967), pp. 569-585. Professor Schimmel dedicated to Samiha Ayverdi her book *My Soul Is a Woman: The Feminine in Islam*, trans. Susan H. Ray (New York: Continuum International Publishing Group, 2003).

# A Contemporary Sufi, Ken'an Rifai Büyükaksoy's Understanding of Women and Samiha Ayverdi

F. Cangüzel GUNER ZULFIKAR

Translated by Fahir Zülfikar, Yekta Zülfikar

"You have to love people; there is an unlimited amount of the treasures of forgiveness, compassion and tolerance within you. For that reason, you will love not only people, but also every creature with the same tireless speed and endless desire. You have to spend the treasure within you with generosity. You will love people by joining together with them, by being one with them in both their mistakes and good deeds. You should be one with them in such a way that you should grow as they are born and you should lessen as they are dying. Your mission, as a human being, is to direct people to a mutual and sincere cause and idea, and there are many ways to reach this. The shortest and the most beautiful path is the one of love and faith. Limitless love of people… that is the only door to salvation for humanity. Human beings can reach perfection and divinity, in short God, only through this path."[1]

*Hatice Cenân Valide Sultan*

## 1. INTRODUCTION: WHO IS KEN'AN RIFAI?

The preparation and writing of the work before you have been made possible by women; women before whom I bow in respect, for whom I invoke God's mercy, and for whose health and well-being I constantly pray. My research began in December 2001 in the US in Chapel Hill, North Carolina, and continues today.

In this article, I will explore how the Sufi master and teacher Ken'an Rifai (1867-1950) understood women. Rifai lived through the turbulent period spanning the Sultanate and the Second Constitutional (1908) periods of the Ottoman Empire, the Balkan War (1912-15), the First World War (1914-18), the Independence War (1919-1922) and the establishment of Turkish Republic (1923); he adapted to all that he faced through the peace and ease provided by his indomitable faith.

First among the primary works written about Ken'an Rifai comes the work prepared by four of his female disciples where they present their views, memories, and compilations from his discourses (*sohbet*). As a historian, it is expected of me to prioritize primary sources and to seek the answers to my questions in these works. At this point, the fact that the first source is one that has been prepared by women is a sufficiently enlightening factor. When I considered the endless questions I asked in pursuit of Truth/Reality (*Haqiqa*) with what I read, it brought to mind the idea that Ken'an Rifai had been sent to the world as an exemplar for how to live in love, repose (*huzur*), peace and especially harmony (*ahenk*) in this world.

This essay presents a brief biography of Ken'an Rifai, compiles some samples from his writings that represent his understanding of women, and concludes by showing how this legacy is carried on by his disciples.

Ken'an Rifai was born in Salonica (currently in Greece) in 1867. His father was Abd al-Halim Bey, son of Hadji Hasan Bey; his mother was Hatice Cenân Hanım. This period was one of rebellions and unrest among minority populations, precursors to the state of war. The Ottoman administration began the *Tanzimat* (1839) movement as part of a Westernization project intended to cure the wounds of wars. Due to the increasing uneasiness in the Balkans, his family decided to move to Istanbul. After completing his education at Galatasaray Imperial School, he started his first teaching job in Balıkesir. Ken'an Rifai received his spiritual training from his mother. Ethem Shah of Filibe, his mother's teacher (*murshid*), was also his teacher. Kenan Rifai wrote his book *Mukteza-yı Hayat* (The Necessities of Life) in Balıkesir. He also translated Camille Flammarion's *Revolution of the World* from French into Turkish.[2]

After Balıkesir, he was appointed to Adana and Manastır as the director of education. Then he was promoted as the director of education of Kosovo, Skopje. Later, he was appointed to Trabzon and to İstanbul as the Director of Numune-i Terakki (Development School). With a spiritual sign, he asked to be appointed to Medina and became the Director of İdadi-i Hamidi School. While in Medina, he received his *ijazat* (certificate) from Shaykh Hamza Rifâî. He prepared a guidebook teaching Arabic to Turks and Turkish to Arabs. He wrote lyrics and composed many hymns. Then he was appointed as a French teacher to İstanbul Erkek Mektebi (Istanbul Boys School). He went to Medina for a visit; upon returning to İstanbul, he continued teaching at Fener Rum (Greek) High School.

At Umm-u Ken'an Lodge in Fatih, Istanbul, which he built in the garden of his house, he taught the *Mathnawi* of Rumi, gave discourses and *dhikrs* were performed. Following this short biography, I will now try to discuss Ken'an Rifai's understanding of women based on the works of this contemporary Sufi.

## 2. KEN'AN RIFAI'S APPROACH TO HUMANS – HIS EDUCATIONAL AND TRAINING METHODS

It is clear from this short biography that Rifai was a very successful teacher, educator, and administrator. In addition to this, when we look at his disciples as well as his works, we can see his different and innovative styles of teaching. First of all, he removed some common restraints for women and encouraged them to complete their education. This was a very important change for that time. Ken'an Rifai also asserted that prophetic *hadith* such as *"Seek knowledge even if it is in China!"* and *"Seek knowledge from birth to death!"* or Ali's words of "I'll be the slave of the one who teaches me a letter!" applies to everyone -including women. We will see that, as a result of such teachings, his female disciples were very active in social life during an era in which women had almost no place in the public sphere. Further examples to elucidate this will be provided.

The most important innovation he brought for women was for them to receive an education and acquire a profession. Although belonging to a noble and economically high class, many women who knew him started working right away without any complaints when they lost their status because of the economic and social crises that resulted from the wars. One example of these women, Nazli Hanim of the Avranos Family, was an elementary school teacher. Despite her very limited resources she continued to cook for her students and children on religious holidays and provided clothing to especially poor kids. These children grew to be confident, helpful people to others.[3]

Ken'an Rifai's approach to the change in the social roles of women can be explained by a *tasawwuf* principle: "The internal is interconnected with the external."

As one of his teaching methods, he had his students sing various hymns that he composed during a ceremony to give books as awards to successful students in Medina.[4] He composed hymns with the piano. These are examples of his progressive character and being able to foresee the future and act on it.

## 3. KEN'AN RIFAI'S PRINCIPLES

In this ever-changing and developing world, he used all kinds of means without losing the real meaning of life. He said to his disciples: "Do not keep what you know to yourself; do not be covetous when it comes to teaching and negligent in learning. Whoever keeps what they know to themselves is a disgrace to humanity, so learn and teach."[5] His disciples write that he was very much interested in progress in the sciences, technical innovations, and philosophical and aesthetic trends.[6]

Two things were very important for Ken'an Rifai: "Teaching by setting an example and teaching by loving."[7] One day he asked his disciples: "Do I gossip? If I do, you gossip as well. Do I lie? If I lie, then you can lie as well. Do I break hearts? If I do, then you can break hearts as well. Do I hold grudges, am I conceited or jealous? If I do or am any of those things, then you have full permission to do the same! However, if you have come to know me as your teacher, then is it not a rejection of the spiritual right I have over you if you were to engage in a habit that I myself do not have?"[8]

Samiha Ayverdi and Nezihe Araz, two of his disciples, wrote the following about his teaching style: "This idealistic teacher believed that suffering and sorrow, as much as joy and cheerfulness, are opportunities to grow in understanding of life's enigmas. How could he not know – he himself was a man of suffering in this world. Accepting the necessity of suffering for progress, he did not lament the fate of the plant that needed winter's cold as much as summer's heat; he treated the pain required for the progress of the human as a friend."[9] They summarized his philosophy on education: "He appreciated transformative and active reality of human beings' aptitude for curiosity, and the desire of humans to seek through their own minds and feelings. It is for this reason that he never said to anyone, "Believe!" Instead, he told them, "Think!" and left the matter of belief to their judgments after thoroughly thinking things through (*tefekkur*)."[10]

The sadness he felt after listening to the news on radio channels during the days of the Second World War are expressed as follows in the book *Ken'an Rifai and Being Muslim in Light of the Twentieth Century*:

"The Qur'an states that it is necessary to love people, do well to them and treat them with justice and virtue (*adl u ihsan*). All the prophets say that people are the family of God and the ones who treat them with compassion and mercy would be favorable to God.

But now, when I turn on the radio, all I hear from every channel is how much damage they caused to their enemies. Rome, Palestine, Egypt, London, etc. all are the same. Then they are proud of themselves by saying nothing happened to them, that they suffered no losses. What a grievous situation for the humanity of the 20th century! According to this, there is no friend. Who, then, is the friend?"[11] These words are still as correct now as they were in the first half of the 20th century.

## 4. KEN'AN RIFAI'S UNDERSTANDING OF WOMEN

He did not consider there to be differences between man and woman in their spiritual training. Semiha Cemal belonged to an aristocratic family and would not even leave her house without her maid and servant with her prior to meeting Ken'an Rifai.[12] Once she understood the essence of the Prophet's *hadith* of "*die before dying*" with Ken'an Rifai's teaching, she worked assiduously. First, she graduated from her school and then completed her education in philosophy. Although she passed away at the early age of 36, she left a compilation of her articles in a book named Rose Bouquet (*Gül Demeti*), a translation of Plato's complete works into Turkish, as well as translations of Marcus Aurelius and Epictetus, and many students.

Semiha Cemal summarizes her teacher's understanding of women by the following: "He glorifies woman not because of their physical beauty, but because of the manifestation of the Divine Love in them."[13] This approach explained by Semiha Cemal is very sacred and precious for us. Can we comprehend this today? How can we explain this understanding to today's people, who are bombarded with advertisements showing women as sex figures and commodities in a materialist and exploitative system? Even before that, how can we understand? He not only does not see women as simple, banal and as toys for short term pleasures, but respects them greatly because of the Divine Love in them. When we consider Islamicate Tasawwuf's explanation of creation with Love, it is clear that we can easily see him as a teacher who lived with the principles that he believed in within each of his breath.

Let's turn again to his disciples and what they wrote on the subject: "It is obvious that when he questions the problem of the True Love (*Haqiqi Ashq*), he neither denies and disdains this worldly and physical love, nor does he promote being in a state of ecstasy all the time. Ken'an Rifai believed that even sexual instinct would be changed and transformed. In the process of spiritualization, the nature of sexuality can be directed spiritually towards the realization of perfection. In fact, the sublimation he wanted to have on human psychology was based on this."[14]

Since his youthful years, his response to any idea inclined toward disdaining woman did not change: "'Do not become aggressive towards women, it was a woman who brought me into this world, I will not allow anyone to insult them. (…).' In 1942, we were passing by Andifonia Church and wanted to see the holy cell. When they did not permit us to visit, saying, 'Since women are sinful, you cannot go in,' he took this as an opportunity to explain his and Islam's approach to the understanding of women and he wrote:

'For centuries, there are so many things said and written about women, and a lot of adventures have been undertaken because of them. Sometimes her name has been used as a means of limitless desires and other times given to virtue's hand as a flag. However, no mentality or philosophy granted her the place she deserved as much as Islam did.'"

Although time and different interests manipulated Islam's understanding of women, his idea cannot be denied.

His main proof is in the Qur'an. The Qur'an addresses people saying, "*for the submitting men and submitting women,*" "*for the believing men and the believing women,*" "*for the devout men and the devout women.*" It does not discriminate between men and women; on the contrary it treats them in the same way. In the first years of Islam, women took their place in society next to men, she even attended wars.

The Prophet put women as first of the things that he loves by saying "*Three things in your world have been made lovely to me: women, perfume, and prayer, the (nur) light of my eyes.*" He also said, "*Woman is the other half of man,*" and determined women's place in society with clarity and certainty.

Why does Islam attribute this much importance to woman? Islam attributes woman a special importance because she carries God's creative power and has a crucial role in the continuation of life. Rumi expresses the same idea in this couplet:

*Partav-i Haqqast an mashuk ni*
*Halikast an guyya mahluk ni*

Rumi's approach to women of "She is not a creature, she is like the Creator," is because she holds the power of creation, which is the real meaning of the world and universe, within herself.

As seen here, Islam treats woman not as an ornamental or luxury item in society, but as companions in life and work. And woman is also not considered as sex objects; instead, God's creating power is witnessed within her. Again, Rumi says:

*Guyya Hak taft az parda-i rakik*

(As if like the Truth manifested from a thin curtain.)

The Prophet's saying of "*Women in your world have been made lovely to me,*" is also a result of the same philosophy. Muhyiddin ibn Arabi explains: "By his love toward women, the Prophet observed the Truth in the mirror of the woman's body." As Ibn Farid says, "Every beauty's beauty is a metaphor of God's beauty." Therefore, man's love for woman is, in a way, a request to reunite with God's (*Jamal*) beauty. Of course, this kind of thinking requires a certain level of mind and a spiritual education/training. To think of woman only as a means to satisfy sexual desires and so consider her as sinful is a sign of a very simple and primitive mind. However, to regard her as a means or a bridge to reach the real essence of Truth (*haqiqa*), to reach the True Love and so respect her, is an appearance of maturity and this is expressed in Islam.[15]

While speaking about changes and progress in the conditions of the world, we have to remember that Ken'an Rifai lived during three different eras of government: the Sultanate, the Second Constitution and the Republic. Each era had its specific characteristics. Society's ethical, cultural and social values changed fundamentally and rapidly in each period.

Amidst these changes and with regard to his views of women, he started new applications that were different in format but the same in essence.

A number of women approached the Prophet Muhammad to ask him about the prevalence of male pronouns in the Qur'an, wanting to know if women were included in these statements. The next revelations of the Qur'an responded directly to these concerns, with an extended series of balanced phrases that make it clear that men and women share equally in the religious life: "*For the submitting men and the submitting women, for the believing men and the believing women, for the devout men and the devout women, for the sincere men and the sincere women, for the patient men and the patient women, for the humble men and the humble women, for the men and the women who give alms, for the men and the women who fast, for the men and the women who guard their chastity, and for the men and the women who remember God much -for them God has prepared forgiveness and a great reward.*" (Qur'an 33:35).[16] One of the best examples from the sacred book of Islam on equality of men and women for their responsibilities is this verse. This is one of the subjects Ken'an Rifai expressed in his discourses and also in his life: the obligations of men and women on the path of becoming a real human being are equal.

Staying firm on religious principles and adapting improvements in social structure, this contemporary teacher (*murshid*) engaged in endless efforts for women to carry equal responsibility as addressed in the Qur'an. He played a significant role in many women's education, who were active in social life. He had many students coming from different backgrounds and cultures. These are mostly well-educated women who could speak foreign languages.

Semiha Cemal, Samiha Ayverdi, Safiye Erol, Sofi Huri, Nezihe Araz, Meşkure Sargut, Müjgan Cunbur are among the contemporary examples of distinguished women. One common characteristic of these women is that they are writers. As recounting and sorting each of their works would be an independent study of its own, we will not record them here.

## 5. KEN'AN RIFAI'S DISCIPLE SAMIHA AYVERDI

The goal of this symposium is to commemorate Ken'an Rifai's student Samiha Ayverdi's centennial birth date. It is an honor for me that I met her when I was very young. The most important thing about her I remember is that she always worked with an endless humility and never put herself before others. In her book, *Hancı* (The Inn Keeper), she says:

"I am a black cent in my master's treasure. But, he chose this little, broken cent from among the golden ones and making a bid, put it in his treasure. On top of that, he said, 'I have chosen you for myself, to tell the other people about me.'"

With the inspiration and encouragement of her teacher, even before there was any mention of environmental sensitivity and air pollution, she planted trees at Fevzi Pasha Avenue at Fatih, Istanbul to replace the ones which were cut down, with her own money. She acted like a one-woman civil society movement and got the support of shop-owners on both sides of the avenue and secured watering of these fresh trees every day in summer by asking them one by one: "If someone very thirsty comes to you, would you give him water?"

As a Muslim, Turkish woman writer, I have never seen her just writing her books and sitting in her house. On the contrary, I always saw her working hard all the time by saying it is a necessity of her identity and her teacher's teachings. She was completely selfless. She never said "Me!" For her country, for Muslims and also for all the people of the world, when she felt the need, she wrote letters to policy makers, bureaucrats, journalists, private sector and state executives and followed up with her letters.

According to her, to be aware of what is going on around, it is the duty for an intellectual to read at least one newspaper every day. She suggested this to everyone around her. When something grabbed her attention, she would immediately check its veracity and then act to resolve that issue. She began by writing *tasawwuf* novels, followed by her memoirs, historical, and educational books. In the 1400th year of the Muslim calendar, she wrote letters to all the dignitaries of Muslim countries and also prepared a book: *Kölelikten Efendiliğe* (Let Us Be Not Slaves but Masters). She cries against Western imperialist and colonial powers: "Enough of this slavery!"

I wonder at what those dignitaries did once they received those letters with the book published in English and Arabic.

I am more interested if we, as the self-proclaimed representatives of Islam now, understand her call from nearly half a century ago.

Just like her teacher, she also renewed herself according to the conditions of the time and set up new goals both for herself and society. Her progressive attitude comes from her teacher. Both in her books and in her discourses, she says: "Our teacher taught us *tasawwuf* by living."

Samiha Ayverdi, her brother Ekrem Hakkı Ayverdi and his wife Ilhan Ayverdi established Kubbealtı Akademisi Kültür ve Sanat Vakfı (The Kubbealtı Foundation of Culture and

Arts Academy) to serve people by protecting Turkish and Islamic culture's arts and music. Many people, who benefited from this center, now open exhibitions, give conferences, offer classes all around the world and show this beauty. The faith, ethics and love understanding of this trio has been molded in the hands of Ken'an Rifai.

Because of her various services, she has been called as *Sultan of Waqf* (Vakıf Sultan)[17], Mother of *Waqf* (Vakıf Ana)[18], and Mother of the homeland (Vatan Ana).[19]

Because of Samiha Ayverdi's services, her teacher Ken'an Rifai once said to Samiha Ayverdi's mother, "Watch over Samiha, her influence will last not one century but hundreds of centuries and she will open schools with her books; so long as the world turns, she will continue to awaken hearts." Sometimes it is better to keep silent when the answers are already given and to listen to that silence; it is better to live in that silence for as long as we are capable.

## 6. FROM THE WRITINGS
## OF KEN'AN RIFAI'S WOMEN STUDENTS

In Ilhan Ayverdi's "Continuous Guidance" (*irshad*) titled article, she writes of how Ken'an Rifai said to some of his relatives: "I have many disciples whose faces not even you have seen." She continues with, "Our beloved teacher, who fed all those around him continuously with moral boons, has continued his providence and guidance through his many unseen descendants." Later she writes, "As Mother Samiha said: 'Thank God, thank God…There is a Friend among us with generosity. Whether he be above ground or below ground, he will always be a guide, always a loyal friend (*yâr-ı vefâdar)*…" And with this, she concludes the introduction of *Dost Kapısı* (The Friend's Door), which was prepared for publication by İsmet Binark.[20]

In a letter to his daughter Kainat Hanım on April 30, 1945, Ken'an Rifai writes, "Do not ever get upset by anything. As you know, the key to happiness is to accept whatever happens as it is. It is to be able to pray to our Creator and for how and what you are in the way you are, my angel daughter."[21] These words are a declaration of his worldview and his views of woman and man.

In an article she wrote two years after Ken'an Rifai's death, Nezihe Araz hails her teacher as such: "Who is this person who is ashamed of our sins in our place, who suffers our denials, who in trying to make our lives happier and more beautiful takes on such burdens of ours?"[22] "Love and faith… The two cornerstones of your philosophy of life! To unite the Truth with the people, to see the Truth in the people, and to love the people as the Truth. But us, why don't we listen to your sincere (*ihlas*) voice as much as we need?"[23]

Safiye Erol gives us this bit of information about her teacher: "My teacher Ken'an Rifai used to say: 'Uprooting one bad habit is far more difficult than trying to flatten mountains.' Because of this, my teacher followed the system of giving his students good habits. By planting good habits frequently, he wouldn't leave any space in which bad habits could root themselves. Once the good habits' thick abundance had absorbed the groundwork, the state of the bad habits becomes a difficult one. It becomes almost impossible. Another fundamental principle that my teacher put great importance upon was it is as necessary to do the thing that is essential without losing a moment as it is to not do something that is forbidden. "[24]

Safiye Erol, who received her Doctor of Philosophy in Germany, writes that "Just circulating the words of the wise ones in the tongue, in the mind, and in the heart make a person responsible."[25]

While relating her knowledge gained from her teacher, Safiye Erol strolls comfortably among the immense sentiments and philosophic horizons that her education gave her. She mentions Eastern and Western philosophers. She makes comparisons. Eventually she speaks of her teacher. While relating everything she learned from her teacher in a three-part study, she writes in a philosophical study named *"Mürşid-i Âgâh"* (Aware Teacher) that "Patience is not passive tolerance, it is a light (*nur*) thrown out from the ethical values of being a Muslim."

After saying: "The Ottoman Empire dispersed, but the Turkish Republic and the Turkish traditions remain eternal. The state is secularized, but Islam still lives on in the throne of the conscience with all its secret and splendid glory that cannot be reached even by the sixth sense. Sufi orders were eliminated, but *tasawwuf* (Sufism) will prosper in the Turkish intellect and art by the transformation of contemporary styles." Safiye Erol continues as such: "My teacher Ken'an Rifai…a mystic man, a man who saw the secret, who lived the secret, and who eventually joined the secret.

A wise man: one who brought the secret to the human level, who transformed it to wisdom and then who transferred it to society…

Doing everything according to the distinguished religion, a great *shaykh* of Islam, a trainer who guides the people, meaning as a mentor (*murshid*), an aware master (*murshid-i âgâh*) who grasps the human spirit with whole knowledge.

He left his mantle and *turban* with such ease. Was there even a possibility of limiting him with a state and a garment? The world could not take anything from his spiritual sultanate; he found nothing that would add value to that sultanate.

As Derdimend Husnu, a disciple of Abdal Musa, says:

> *His tall (alifi) crown made by Might on his head*
> *Those who awaits at your threshold are the saved flock/*
> *group*
> *His sword plays from the East to the West*
> *May the Love be the spirit who moves that sword.*"[26]

Sofi Huri, who grew up in an Arab and Christian family and completed her education in England, describes her teacher as "such a man of God that his personality is the love, his spirit is the love, his self is a monument of love. To understand this mystic love, it is necessary for one to have at least drunk a small bit of this love; to have dived, however short, into the ocean of love that has flown uninterrupted from the pens of thinkers, poets, and mystics."[27] Sofi Huri says, "There was such a love that surrounds Ken'an Rifai's being that because of this love he gave value to the lives of others, served them under the light of an high ideal, united his being with theirs; love, the essence of his life, became the greatest action and most constructive power of his energies. Putting importance on love, finding everything in love, became his basis and the target of his life. If it wasn't like that, how could he be this successful in his duty of being an educator (*murshid*)."[28] Sofi Huri completes the part on him: "Oh glorious and respected great teacher, oh symbol of virtue, truth, humility and love!

Even if I was not accurate explaining your attributes, you will forgive me I know, because forgiveness is one of your characteristics. I cannot describe, only glorify and praise you. Here, I presented my offering; here, I put my violet bouquet of gifts in front of you. Oh! Perfect Human who himself is light (*nur*) and whose spirit is light, always live in light!"[29]

In her book, *Dost* (The Friend), Samiha Ayverdi writes: "The pen knows it is fortunate to knock on his door, which has been supported with love and faith, after passing so many roads."[30] "The Friend was friend to everyone. He had compassion and endearment to distribute to everyone. Ones who put their cup of heart in front of him left with their cup full. (...). Ones who followed his path of chastity and faith became sincere, pure, patient, surrendered, altruistic and hard-working because of spiritual training."[31]

Samiha Ayverdi quotes from Nihad Sami Banarlı: "I saw two great saints who evaluate very simple daily activities and draw wonderful conclusions from them: Mevlana Jalal al-Din Rumi and Ken'an Rifai ..."[32]

Samiha Ayverdi continues to tell us about her teacher in her book, *Dost* (The Friend): "He regarded leaving a human being stagnant and unaware of himself is a sin toward society. For this reason, he always wanted to see the society as a stable, accounted, and controlled power supply with high voltage.

However, to realize this, he wasn't using a human being like an unconscious material, but by leaving the effort and decision to that person he wanted them to take action for their own progress and encouraged them to develop their own unique views and opinions. For this reason, the ones who grew up around him took their places in society as mature, self-confident and capable people. Because the Friend did not completely separate spirituality and material needs but saw these as two faces of a sword. Thus, he educated people about that kind of spirituality that suited a corresponding nobility of being.

The glue the Friend used to join the society together in the understanding of Unity (*tevhid*) was love and faith."[33]

Samiha Ayverdi realized that women needed to have a role in social life and the progress reached with their contribution would make society well-balanced. To this end she established the Turkish Women's Cultural Association in 1966 in Ankara. Ms. Sabahat Gulay served long years in very tough conditions as the president of this association. Unfortunately, she is now sick and I pray for her quick recovery. She worked hand in hand with Ms. Vasfiye Ileri, the late martyr Tevfik Ileri's wife, in Ankara.

The Istanbul branch, under the supervision of Ilhan Ayverdi -I pray for her quick recovery, too- who just published the big *Turkish Dictionary* with examples after 34 years of tireless work, undertook *iftar* dinners for children for the first time and endeavored to realize what is written in the books.

Ms. Meşkure Sargut demonstrated that setting an example throughout some very tough times is more effective than the rote repetition of her teacher's ideas. Besides preparing tasawwuf books, *Duygulu Gönüllere Hitap* (Talking to the Feeling Hearts) and *Ârifler Bahçesinden* (From the Garden of the Wise), she answered the questions of her countless students from every age, never getting tired, and taught what she learned from her master. She is an example of beautiful *ahklaq* (ethics) in our society with her two wonderful daughters.

Ms. Cemalnur Sargut first became a chemical engineer. Then, she was trained in the same path in which her mother trained. With the influence of Nazlı Hanım, she chose a career in teaching chemistry at high schools. She lives her life by teaching many students with love and sacrifice.

She started studying Rumi's *Mathnawi* with young people because Mother Samiha asked her to do so. Her birth mother Ms. Meşkure Sargut and Samiha Ayverdi were her first spiritual teachers. Now, by giving discourses and conferences, not only in Turkey, but all around the world, she is making every effort to awaken some hearts and to direct people in the path of becoming a real person.

She is also the Chair of Turkish Women's Cultural Association's Istanbul Branch. When she is asked questions, she starts with: "My teacher Kenan Rifai says…" The one and only joy of this beautiful teacher, who can reach people even far away with her breath, is to work for the Mercy of God and serve other people. I pray for my dear teacher Cemalnur Sargut and also for her teachers.

Meşkure Sargut's younger daughter, Ms. Asuman Kulaksız, also a mother to two children, is a doctor of internal medicine. Besides being very successful in her occupation, she writes *tasawwuf* (mystical) poems.

## 7. KEN'AN RIFAI'S VISION

When I see or listen to the spirituality and *tasawwuf* teachings of Ken'an Rifai on media, I remember what he said when he was locking the door of his lodge, known as Altay Lodge or Umm-i Kenan Lodge, following the regulation of banning the lodges in 1925 by the State: "Lodges completed their duty to nurture people, who have peace in themselves. Their period has ended. From now on, the lodge is under the sky." This magnificent teacher, whose ideas attracts many of us, in one of his discourses says: "From now on, I will teach in Academia. I will talk to students, men and women mixed together. I will tell them about God's Beauty. I will even teach these in French." By the speeches, writings or publications through today's media and this international symposium, we can say that his words became reality.

■ ■ ■

One day, Ken'an Rifai asked his granddaughter Ayşegul Hanim when she was very young: "Everybody calls me with a nick name, what are you going to call me?" She responds: "*Ashkim* (My love!)." "I am everybody's love, you will call me '*Ashkam*' and I will call you '*Ashkam*.'" I learned of this memory from Ayşegul Hanim when I interviewed her in 2002.[34]

It is understood from this little exchange with his granddaughter how much he likes to share love. I think, to be able to love people this much, to be able to love them by being one with them in their mistakes and good deeds, and to be able to live the reality of love increasing as it is shared, shows us that his mother's words came to life through him. He is a saint, who learned to be a real human being and not to discriminate against color, ethnicity, religion, language, economic class, men or women, from his mother. It is not possible for us to describe him completely; we can only say things in our grasp as it is told in the story of the elephant in Rumi's *Mathnawi*. Our prayer is to earn his love both in here and in the hereafter.

May God continue to light His beauty upon us and not take away the things He inspired to our hearts. We hope the influence of Ken'an Rifai, who set an example with his life, works, and students not only in Turkey, but all over the world, will continue always, *amin*.

## BIBLIOGRAPHY

Ayverdi, Samiha. *Dost* (The Friend), İstanbul: Hülbe Baytaş Yayınları, 1980.

Ayverdi, Samiha. *Hancı* (The Inn Keeper), İstanbul: Kubbealtı Neşriyatı, 1988.

Ayverdi, Samiha, Nezihe Araz, Safiye Erol ve Sofi Huri. *Ken'ân Rifâî ve Yirminci Asrın Işığında Müslümanlık*, (Kenan Rifai and Islam in the Light of the 20th Century), Ankara: Hülbe Yayınevi, 1983.

Binark, İsmet. *Dost Kapısı: Ezel ve Ebed Arasında: Ken'an (Rifâî) Büyükaksoy, Yazdıkları ve Söyledikleri, Hakkında Yazılanlar ve Söylenenler*, (The Friend's Door: Kenan Rifai Buyukaksoy, In Between the Pre-Eternity and Eternity, His Writings and Discourses, and Writings and Speeches About Him), İstanbul: Cenan Eğitim, Kültür ve Sağlık Vakfı, 2005.

Ernst, Carl. *Following Muhammad: Rethinking Islam in the Contemporary World*, Chapel Hill: UNC Press, 2003.

Erol, Safiye. "Sihirli Sözler", *Türk Yurdu*, 49. Yıl, 276/6, Ağustos 1959.

Güner, Agâh Oktay. "Sâmiha Anne", (Türkiye, 30 Mart 1993), *Kubbealtı Akademi Mecmuası*, Nisan-Temmuz 1993, sayı 2-3, s. 80-82.

Işık, Emin. "Sâmiha Ayverdi'ye Vedâ", "Duâlar, Fâtihalar ve Tekbirlerle" makalesinin içinde, hazırlayan Mustafa Tahralı, *Kubbealtı Akademi Mecmuası*, Nisan-Temmuz 1993, sayı 2-3, s. 12.

Palsay, İnci. "Vatan Annesi," *Türk Edebiyatı, Sâmiha Ayverdi Özel Bölümü*, sayı 127, s. 36-38.

## ENDNOTES

[1] Samiha Ayverdi, Nezihe Araz, Safiye Erol ve Sofi Huri. *Ken'ân Rifâî ve Yirminci Asrın Işığında Müslümanlık*, (Kenan Rifai and Being Muslim in Light of the 20th Century), Ankara: Hülbe Yayınevi, 1983, s. 15-16.

[2] For detailed information on his books, please see: Ismet Binark, *Dost Kapısı: Ezel ve Ebed Arasında: Ken'an (Rıfâî) Büyükaksoy, Yazdıkları ve Söyledikleri, Hakkında Yazılanlar ve Söylenenler* (The Friend's Door: Kenan Rifai Buyukaksoy, In Between the Pre-Eternity and Eternity, His Writings and Discourses, and Writings and Speeches About Him), İstanbul: Cenan Eğitim, Kültür ve Sağlık Vakfı, 2005, p. 54, footnote 19.

[3] For detailed information about Nazli Hanim, please see *Ken'an Rifai ve 20. Asrın Işığında Müslümanlık* (Kenan Rifai and Being Muslim in Light of the 20th Century), p. 63-67.

[4] For detailed information on this event, ibid, p. 79.

[5] ibid, p. 101.

[6] ibid, p. 101.

[7] ibid, p. 112.

8   ibid, p. 112.

9   ibid, p. 114.

10   ibid, p. 122.

11   ibid, p. 135.

12   Samiha Ayverdi, *Dost* (The Friend). Ankara: Hülbe Yayınevi, 1980, p. 31-32.

13   *Ken'an Rifai ve 20. Asrın Işığında Müslümanlık* (Kenan Rifai and Being Muslim in Light of the 20th Century), p. 189.

14   ibid, p. 191.

15   ibid, 193-194.

16   Carl Ernst, *Following Muhammad: Rethinking Islam in the Contemporary World*, Chapel Hill: UNC Press, 2003, p. 144-145.

17   Samiha Ayverdi, *Hancı* (The Inn Keeper), Istanbul: Kubbealtı Neşriyâtı, 1988, p. 59.

18   Emin Işık, "Sâmiha Ayverdi'ye Vedâ" (Farewell to Samiha Ayverdi), "Duâlar, Fâtihalar ve Tekbirlerle" makalesinin içinde, (in "Du'as, Fatihas and Takbirs"), (prepared by) hazırlayan Mustafa Tahralı, *Kubbealtı Akademi Mecmuası*, Nisan-Temmuz 1993, sayı 2-3, s. 12.

19   Agâh Oktay Güner, "Sâmiha Anne" (Mother Samiha), (Türkiye, 30 Mart 1993), *Kubbealtı Akademi Mecmuası*, Nisan-Temmuz 1993, sayı 2-3, s. 80-82.

20   İnci Palsay, "Vatan Annesi" (Mother of Homeland), *Türk Edebiyatı, Sâmiha Ayverdi Özel Bölümü*, sayı 127, s. 36-38

21   İsmet Binark, *Dost Kapısı* (The Friend's Door), p. 13.

22   ibid, p. 252.

23   ibid, p. 187.

24   ibid, p. 188.

25   *Ken'an Rifai ve 20. Asrın Işığında Müslümanlık* (Kenan Rifai and Being Muslim in Light of the 20th Century), p. 249.

26   Safiye Erol, "Enchanting Words", *Türk Yurdu*, 49th Year, 276/6, p. 55 (taken from the introduction by Halil Acikgoz in Safiye Erol's *Articles* book).

27   *Ken'an Rifai ve 20. Asrın Işığında Müslümanlık* (Ken'an Rifai and Being Muslim in Light of the 20th Century), p. 266

28   ibid, pg. 280

29   ibid, p. 281.

30   ibid, p. 283.

31   Samiha Ayverdi, *Dost* (The Friend), p. 40.

32   ibid, p. 44.

33   ibid, p.44.

34   ibid, p. 45.

# The Spiritual Path in Samiha Ayverdi: Some Tasawwuf Themes and Metaphorical Meanings (Mazmun) used in Yusufçuk[1]

Sadık YALSIZUÇANLAR

Translated by Nazlı Kayahan

When a *wali*, (true friend of Allah, saint), is asked what *tasawwuf* (sufism) is, he replies, "It is Allah's killing the you within you, giving You eternal life." We will be discussing this challenging topic. Moreover, we will talk about a state which we have completely lost in modern times and which is most difficult to put into words. Folk poets allude to this when saying, "What a difficult state it is to be a lover." Here is another word whose meaning has completely changed: *Ashq* (Love). Ibn Arabi declares in the last section of *Fusus al-Hikam* that Love is the longing of the fraction for the whole, and in reality all loves result from the desire of the created for the Creator. Any love, whether directed towards the opposite sex, the real, the deviated or the sound is all manifestations of Divine Love. Moreover, Ibn Arabi interprets the passion of women towards men as being in deep love with one's country. There is another word: *Ta'wil* (explanation or interpretation). I would once again like to emphasize our helplessness when confronted with these words whose meanings have changed, which have lost their contextual background and which for us have no manifestations or associations.

It would not be incorrect to say that *tasawwuf* is the inner (esoteric) dimension of religion. Or we can say that this is its most comprehensive and explicit definition. In this context, for instance, *"La mavjuda illa Hu"* means that, there is nothing but He/There is only He and that in the beginning there was only Him and there was nothing else with Him. It is exactly the same today and will be so tomorrow. In other words, the *"wujud-i haqiq"*, the True Being, is His. Accepting anything but Him in all existence implies hidden polytheism. This idea may be thought as an inner meaning of *"La ilaha illallah."*

*Tasawwuf* explains the inner dimension of all celestial religions. It is said by some that the first existence which Allah created is *"nur-i Muhammadi"* (the Divine light of Muhammad). Gnostics call this the creative principle of the universe. *"Hakikat-i Muhammedi"* (the Reality of Muhammad) is the ink with which being is written. Others say that, the first thing which Allah creates is the pen and *nur* (Divine light). The pen is the pen of power with which beings are written. The ink-pot is *"nun"* which is the last letter of the word *"Kun"* (Be!). The ink of the ink-pot is *"nur-i Muhammadi"*. In a declaration of the Prophet he says, *"I was a prophet while Adam was still between water and mud."* Therefore, the messengers of all celestial religions with the attribute of *"cevamiü'l-kelim"* (the speaker in all places of worship) is Muhammad (*pbuh*). As a matter of fact, he expressed both the ultimate end of the word and the sum of all words by bringing the *"Fatiha"* (Opening chapter of the Qur'an) which is the pearl of all sayings. *Fatiha* means the conqueror. The Qur'an starts with it. It is the door to the Divine Truth. It is *"Ummu'l- Qur'an"* (the mother of the Qur'an), *"Fatihatü'l Qur'an"* (the conqueror of the Qur'an). Then, the word is He. The word which is fed by Him may have the same function of His clearing the veils between us and the Divine Truth. However, when we speak of *tasawwuf* literature, we allude to Ibn Farid's poetry which he wrote after coming to himself from his ecstasies which had lasted for eight to ten days. These poems are such that it is impossible for a modern person to interpret. This poetry is such that orientalists admit their own incapacity in this matter because the poems of gnostics like Ibn Farid are nothing but *musha-hada* (contemplation or revelation) in the *"alem-i melekut"* (spiritual or intellectual world). The *Shaykh al-Akbar*, Ibn Arabi, who has written approximately eight hundred works, says in his *Futuhat al-Makkiyya* (Meccan Revelations) that all his works are just one of his thousands of revelations he has experienced in the spiritual world.

When we discuss works of *tasawwuf*, we are entering such an area of study involving such figures as Rumi, Niyazi-i Misri, *Sheikh* Badraddin, Yasavi, Yunus Emre and *Sheikh* Galib. These words are the translation of the truth -which belongs to the world of meaning- written in worldly language and this is the reason why their language appears enigmatic. The poet says, "We speak from the *Mantiku't-Tayr*'s dictionary of the Absolute, no one understands us, we have become mysterious." This, in reality, is a speech without tongue or ear. Thus, one has to listen to it with the spirit. We could never really comprehend how these words that open the secrets of meaning when listened to by the ear of the spirit could be expressed in today's language. The author of *Mantiku't-Tayr* writes with Divine letters. All of his words come from the treasures of the Qur'an, which are under the throne of Allah. Nobody knows to whom that door will open. It may even open to a beloved poet who has managed to live in the midst of modern fires without burning.

Various views are put forward regarding the origin of the word *sufi*. The most acceptable one is the one which is related to Beni's-Suffe tribe. This tribe had dedicated themselves to the protection of *Kaaba* before the Qur'an was revealed. They were in charge of the security and cleaning of the *Kaaba*, which they considered as a form of worship. "*Suf*" meant wool in Arabic and those belonging to this tribe wore a plain woolen cloak. *Dervishes* are called sufi attributing to these people whose sensitivity towards the *Kaaba* continued after they met Islam and lived like Sufis. According to another view, Hz. Ali, who is one of the *sultans* of the knowledge of "*marifa*" (gnosis), was the leading name for *tasawwuf* tradition in relation to Hz. Muhammed. That is why there are many gnostics and sufis who relate themselves to Hz. Ali either spiritually or genetically. According to Sufis, Qur'anic verses and the Prophet's words have various levels of meaning. Not everyone can penetrate into these levels of meaning which the Qur'an and the *Hadiths* comprise. The ones who see reality in the outer appearance reject this claim. However, gnostics (*arifs*) share the view that the Qur'an has seven different levels of meaning. The seventh level of meaning is only known by Allah but human beings can reach the other levels. This is only possible through struggle with "*nafs*", asceticism and purification which is commanded by the Qur'an and the Prophet. [Some Sufis even say that there is no bottom of the meaning sea of the Qur'an and interpret accordingly the Qur'anic verse, "*If seas were ink and trees were pens, writing the verses of the Rabb (Lord) would not come to an end.*" The following verse of Mawlana, "Our drunkenness is not from grapes, there is no end to our drunkenness." may be suggesting the same meaning.] *Ta'wil* (explanation and interpretation of the Qur'an) or *tafsir* (interpretation) requires a spiritual level, a spiritual station. In order to attain the inner richness of Allah's words, one should have completed his/her *sayr-i suluk* (spiritual journey). The purpose of a human being is to be a *khalife* (Allah's representative) and this is *insan-i kamil*, the perfected human being. Some gnostics (*arifs*) call this *abd-i kulli* (complete servant). *Insan-i kamil* is a miniature of the universe. All divine names are manifested in him. In other words, *insan-i kamil* is the Qur'an, he is the twin of the Qur'an. He is the representative of Allah on earth. He treats Allah's creatures with mercy and compassion. He receives "*rahmet*" (Allah's grace, compassion and mercy), gives mercy to beings and protects the earth. He is the real representative of Allah on earth. According to *Shaykh-i Akbar*, all beings on earth are particles of *insan-i kamil*. In order for a human being to attain this level, he has to live a spiritual journey, a *miraj* (ascension). This journey starts with *zuhd* (asceticism). The purification of *nafs-el ammare* (the commanding or compulsive self) is only realized by continuous and conscious worship. The perfect model of Hz. Muhammed (*pbuh*) from the early days of Islam onwards has been transmitted to loyal followers with respect to His *zuhd*, *taqwa* (fear of Allah, virtue), *tawakkul* (complete trust in Allah), his methods of struggling with *nafs*, compassion, principles and *adab* (manners) required for standing constantly at his *Rabb*'s presence. Basra and Qufa, which were centers of knowledge and eloquence also witnessed an abundant circle of *zuhd* movement. Leading a humble life as a servant of Allah, being in complete harmony with his thoughts and actions, capable of being patient and thankful, in a way, marks the inheritors of *Hadrat* Muhammed as a *kamil* (perfected) *wali* (true friend) and *nabi* (prophet). These are remembered as *wali*, true friends of Allah and we witness the qualified examples among the *sahabes* [people who lived by the Prophet and listened to His *sohbets* (discourses)]. Uveysu'l-Karani, whose name has been addressed to specific spiritual station, is one of the most *kamil* (complete) examples. In a way, his isolating himself from people makes him a source of a disposition which will later be called *Malamatiyya* (the path of blame). *Arif* (gnostic) or sufi, whatever he is called, this frank *mu'min* (true believer) takes Prophet Muhammed's life as an example. He always submits to Allah's will power and has purified his *nafs* from desires and wants. He owns a life full of *tafaqqur* (contemplative meditation) and *marifa* (gnosis). Sufi embarks on the path by taking these principles as basis. He continues in this path until his *nafs* is purified and he becomes ready for the *nur* (divine light) of *marifa* (gnosis). There is no end to this path. Although *arifs* say that *tawhid* (oneness) is the last state in the spiritual journey, there is no end to complete disappearance in the absolute and infinite being of Allah. The following words of Hasan al-Basri, who can be seen as a remarkable example of early period *zahids* (who practice *zuhd*), are clearly describing us the properties of a sufi. "Pay attention to all the attractiveness of this world. It is as soft as a snake when you touch, but its poison kills. If you find a taste in it, leave it immediately because very few of them will be able to accompany you through your path. The state of the world changes instantly. Don't you tie your heart to the ever changing, impermanent and disloyal companionship in your path!" These expressions, which in a sense explain what *zuhd* is, are taken from a letter of Hasan al-Basri. Basra has been the home to many *zahids* like Hasan Basri. Rabiatu'l Adaviyya is one of them. Similarly, one should mention two other important *walis* of the early period; Junaid of Baghdad and Hallaj-i Mansur. Junaid of Baghdad, who is a student of Al- Muhasibi is also known as the *Shaikh* of the Path and he is also remarkable for the theoretical history of *tasawwuf*.

In essence, the definition of *tasawwuf* which says, "Allah's killing you in yourself and giving you life in Himself" is a result of *tawhid*'s principle of differentiating the *baqi*, who is eternal in the past and in future, from the *fani*, who has a beginning point in time. The Qur'an tells us: "*Everything will disappear except for those who look at Him.*" This, in fact, sets the origin of the principle of unity of Being. Sufis think *Cenab-ı Haqq* is worthy of being addressed as the Being. They do not think the created deserves this title. The created are in essence the manifestations of the His names and attributes. This is an appearance just like the waves of the sea. Waves are not separate from the sea. They are a state of it. All creatures too, are a state which overflows from the absolute

Being of Allah. In this respect, it is said that all existence are the manifestations of Allah's names and attributes.

The meaning of *jilva* (charm, grace), which comes from the same root as *tajalli* (manifestation, self-unveiling) means bride's opening her face at wedding night. This gives us the inspiration that existence is only Allah's "unveiling." This emerges between *kaf* and *nun* (two letters in Arabic which make up the word *kun*). This is why some *arifs* say that the treasures of the Being is between *kaf* and *nun*. That is, with the command of *kun* (Let there be!) the archetypes of the Being are created and these are called *ayan-i sabite* (the reality of things in the knowledge of Allah). This points to an area of the Being beyond time and place. Being's coming into existence -as an embodiment- is realized by the manifestation of names and attributes. Bediuzzaman indicates that the means which take a role in the period of the Being coming into existence are layered veils. Like other *arifs* he adds that Allah has set seventy thousand veils of *nur* (divine light) and darkness between Him and the existence. According to Ibn Arabi, these veils are removed from the eyes of the *wali* and the *nabi*. Hz. Ali says, "Even if the veil between the seen and the Unseen were to lift, my certainty (*yaqin*) would not increase." Hz. Ali, whom sufis see as the door to gnosis, implies here that these veils are already removed from his eyes. Because Hallaj-i Mansur, unlike his contemporary Junaid of Baghdad, did not have the faculty for weighing the *nur* of *marifa* bestowed to his heart with the scales of *shari'at* (Islamic Law, formal side of Islam), he sacrificed his body. When his murderers said, "Don't say *Ene'l Haqq* (I am Reality) but say *Huve'l Haqq* (He is *Haqq*) and be saved" he answered; "I am saying exactly the same but you insist that He is unseen (*gayb*)." This statement is a high-level expression of removing the created which is a layered veil between the existence and Allah because Sufis like Hallaj think that seeing the existence is seeing *Haqq*. Although Hallaj was not as fortunate as his contemporaries or sufi successors in solving the charm of creation, it can be said that his fundamentalist attitude has helped expand the frontiers of the sufi tradition.

A. J. Arberry in his book, *The Story of Muslim Mystics*, explains how the movement of *zuhd* has expanded from Basra to Qufe and to all Islamic nations and especially in the second and the second half of the eighth century to Horasan, which has become an important center for political and religious movements. The plan which destroyed Amawiyya and founded the Abbasi Caliphate was made in Horasan. This far away province where Budhism first began to flourish, belonged to the Balkh prince of Ibrahim b. Atham (d. 160/777). Ibrahim b. Atham's asceticism has become a popular theme among Sufis and was compared quite often with the story of Guatama Buddha. The story of Ibrahim b. Atham is a story of spiritual awakening, which we see among all sufis. It is impossible for the one in the path to start his journey without leaving all his possessions which may lead to an illusion of *Rububiya* (deity with respect to man). We see an interesting example of this in Ibn Arabi. *Shaykh Akbar*, who started his spiritual path at an early age, entrusted all his possessions to his father and told him to distribute them among the needy. When his father asked the reason for such an action, he said, "A servant of Allah who has a claim of someone else on him is incomplete in his servanthood in the proportion of this claim."

Stories similar to Ibrahim b. Atham's have frequently been told. Aside from the theoretical history of *tasawwuf*, stories which are a rich source of sufism serve as an evidence for the progress of the sufis from *halk* (created) to *Haqq* (*haqiqa*, reality). The sufi, when living his spiritual ascension, should not leave any worldly possessions with him, as a first step to stripping away from the worldly possessions which belong to this world. The sufi, who approaches the door of repentance, will start a journey of *zuhd*, which means thoroughly performing the proper deeds (*amal-i saliha*), which constitute the worship part of religion. *Zuhd* and *taqva* (peity, fear of Allah) points to a mandatory period of struggling with *nafs*. This is a must to have perfect certainty (*yaqin*) and to be ready for witnessing (*mushahada*). Apart from obligatory religious duties (*fardh*) required of all Moslems, *nafilas*, which help get nearer to Allah are the worships sufis should perform carefully and sensitively. The state of *khushu* (fearfulness) and *huzur* (tranquility) will be realized by *khawf* (fear) and *raja* (hope). Here, *dhiqr* (recollection) and *wird* (repeated prayers), solitude and secluded retreat, patience and gratitude will raise the sufi to the reality of *ubudet*. *Ubudiya* (total servitude) is used in expressing various indications of servanthood. The predominance of this state in sufi shows that he is moving towards the station of *rida* (contentment). The states of *ajz* (insolvency) and *faqr* (spiritual poverty), which Hz. Jalani has placed in the center of his teaching, are the most effective and functional ways.

*Ikhlas* (sincerity) is a must to maintain integrity in this path. *Ikhlas*, which Bediuzzaman has persistently stressed on and written a *risala* on, is a state of the servant in which he sincerely considers the consent of *Haqq* in everything. As in *Malamis*, this will result in the sufi returning to his pure original state at birth. The state of being a pure servant will get the sufi to *firasa* (insight), generosity, perseverance, *faqr* (nothingness), spiritual conversation, *muhabbat* (love), *ashq* (unconditional love), *shavq* (yearning), and *marifa* (gnosis). The reality of *ikhlas*, finds its expression in the *Surah of Ikhlas* as *Ahadiyya*. *Ahadiyya* is the absolute Oneness of Allah in the world of Essence. In the world of disclosure, Allah is *Wahid* (One); however, where there is no manifestation, Allah is *Ahad* (Sole). Living by rejecting anything but the presence of Allah is realized only by the reality of *ikhlas*. Bishr b. el-Haris el-Hafi who has lived through this path and is one of the remarkable personalities of the sufi tradition regarding his life-style, is another name in the movement of *Malamatiyya*. Once a deceitful and brigand native of Marv, Bishr, after complying with Islam's invitation, in its real sense, honestly adopted the doctrine of being indifferent to other thoughts.

A half-legendary personality Zunnun-i Misri, who is said to have known old Egyptian hierogylphics and was familiar with Hermetic wisdom, is among those who included the idea of "gnosis" to *tasawwuf.* Abu Yazid Bustami appears at the peak of gnosis and goes further in the idea of *tawhid* with his following statement; "Praise be to me! How great is my Majesty!"

According to Arberry after Abu Yazid Bustami, one can see the doctrine of *fanafillah* (union with Allah) as completely developed having gained a central position. It is not hard to move on from here to the expression of "There is nothing but Allah" and claim that the mystic has been united with his *Rabb* when *nafs* and the world are abandoned. As a compulsory result of the teaching of *zuhd*, the world is worthless and the rightful occupation of the *mu'min*'s (true believer) heart is only worshipping Allah.

As we have mentioned Hermetic wisdom, it would be appropriate to mention the roots of philosophia (love of wisdom). The grounds for philosophia are formed by the early period philosophers of Athens who have benefited from the Hermetic wisdom in Egypt. The words of wisdom cannot be quoted because the language of wisdom is symbols and silence. Only the ancient *mutafakkirs* (contemplative meditators) of Athens have gained the love of wisdom from Egypt. Later, philosophy has gradually formed its history of diverging from *hikma* (wisdom). Heidegerr's question of "What is philosophy?" is stated with the need to return to its origin and carries in itself a concern about philosophy's returning to wisdom or at least the love of wisdom because wisdom deals with the Being, not with the created. As a matter of fact, in his writing about Hölderlin's poetry, Heidegerr thinks poetry is the most dangerous of all possessions (*mulk*) and describes the 'function' of poetry as the decipher of the created's threat towards the Creator.

In the special history of the theoretical Sufism, the *Hujjat-ul Islam* (evidence of Islam),

Imam-i Gazali, should be considered as a milestone, just as Ibn Arabi is a turning point in the history of *tasawwuf.* Gazali's thoughts told in his book, *Al Munqizu Mine'd-Dalal* are the products of his spiritual life that he lived especially when he was secluded in the Amawi Mosque, and they have not only played a role in driving back the strong criticism and objections of the Islamic scholars and *Salaffiyya* (early generations after Hz. Muhammad) towards *tasawwuf* but also enriched sufi *tafaqqur* (contemplative meditation).

Twelfth century is the period when various *tariqas* (sufi path) are formed. It is a period when a *murshid*-based understanding of *tasawwuf* with specific rituals around *tekkes*, *zaviyas* and *hankahs* (different types of lodges) became widespread in all Islamic nations. The differentiation among *tariqa* is made with respect to their rituals rather than on a level of doctrine. Actually, it can be said that all *tariqas* follow the methods of asceticism (*riyaza*) and struggle with *nafs*, specific *dhiqr* meetings and actions towards the refinement of the *nafs* as commanded by the Qur'an and *Hadrat* Muhammed (*pbuh*).

*Dhiqr* is the type of worship that focuses on Sufi's attaining *wajd* (ecstacy) and destroying idols belonging to either *nafs* or outside of *nafs*. *Namaz* (*salat*) is the greatest *dhiqr*. Reading the Qu'ran itself is *dhiqr*. *Lafza-i Jalal* (The word of Divine Majesty, Allah) *Kalima-i tawhid* (La ilahe illallah) and *shahadet* (Islamic testimony of faith) and *asma-i husna* (the most perfect names of Allah) have been strongly practiced by the sufis until today as a regular worship for purification and transcendence.

The most important figure in the theoretical history of *tasawwuf* is undoubtedly the renowned gnostic from Magrib, Muhyiddin Ibn Arabi, who is also known as *Shaykh Akbar*. Having inherited the sufi tradition before his time Ibn Arabi virtually reconstructed and gathered sufism with regard to its doctrine and glossary. The area of his comprehensive *marifa* (gnosis) and *tafaqqur* (contemplative meditation) embraces all Islamic knowledge. Although he has written many books in the area of *fiqh*, *kelam* and *hadith*, he is mainly known for his famous books, *Futuhat al-Makkiyya* and *Fusus al-Hikam* with which he deeply influenced his followers. In a sense, we can say that all sufi literature develops and revolves around these two books. His systematic *tafaqqur*, his methods of *ta'wil* (interpretation) and *tafsir* (wide explanation for the meaning) inspired by the Qur'an and its treasures, many incidents he lived during his spiritual *miraj* (ascension), his theory and dictionary have been the source for numerous works during the history of *tasawwuf*. It should principally be stated that Ibn Arabi owns a special doctrine of *walaya* (sainthood). He declares that all prophets are saints (*wali*) at the same time and their sainthood (*walaya*) predominates their prophethood (*nubuwa*). All prophets are the manifestation of the *Haqiqa-i Muhammadiyye*. He is *Hatem'ul Anbiya* (the last of all prophets) as much as he is *hatemu'l awliya* (the last of all saints). *Hadrat* Muhammed has four inheritors/followers in terms of sainthood. *Shaykh Akbar* states that he is one of them. "It is doubtless that I am the last inheritor of *Hadrat* Muhammed (*pbuh*) and the Messiah." This is one of the most objected thoughts of the *Shaikh*. Ibn Arabi quotes a few incidents which mark to his being the last inheritor. Most of these are in his *Futuhat*. Ibn Arabi has had a deep impact on almost all Sufis following him even though he had been objected and attacked by the accusation of blasphemy by the Muslim theologians. It would be wrong to see this effect on sufis only. The *Shaikh* has also affected scholars, philosophers, contemplators, thinkers and politicians. The books that have been interpreted most belong to him. Numerous historical accounts, commentaries and interpretations have been written on Ibn Arabi. According to him, the universe has a relative existence. It is both an infinite existence and a mortal annihilation. It is because it exists in the knowledge of Allah that it is ever lasting and its mortal annihilation is due to its being external with respect to Allah. Allah is *zahir* (apparent) and *batin* (hidden). *Zahir* and *batin* are the two basic elements of Reality (*Haqiqa*) as known by human beings. Even though the Creator is separate from the created, the accepted transcendence of the Truth/ Reality (*Haqiqa*) is the same as the accepted immanence of the universe. That is, *Haqq* (Reality) is the same as the attributes manifested in the mirrors of beings. *Haqq* is the spirit of the beings and the universe is its outer appearance. Beings other than Allah exist and act conforming to the rules of things according to His will. His representatives are Names (*Esma*) or the *kulli* (complete, all) concepts. The beings of the world of facts, before becoming apparent in the existing world, has existed in the eternal knowledge of Allah as *ayan-i sabite* (an onthologic model) and thus were a fraction of the Divine Essence and Consciousness. It can be said that *ayan-i sabite* is a *barzakh* (interworld) between the *wahid-i ahad* (single-One), which is the absolute Reality and the existence. Union in the sense of Being one with Allah can never be mentioned in Ibn Arabi. Sufi's perceiving his being one with Allah can be mentioned. *Aql-i evvel* (first intelligence), which is the creating principle of the universe, is *Haqiqa-i Muhammadiye*. The perfect sign of this principle is in the *insan-i kamil*. *Insan-i kamil*, who is the miniature of the Reality, is also the essence of *Hadrat* Muhammed (*pbuh*), the perfect prophet and saint. Ibn Arabi thinks that every *wali* is a *kalima* of Allah. *Kalima* in its absolute meaning is *Hadrat* Muhammed, who is the last of the prophets and the first Reality. All these individual *kalimas* are gathered in *Haqiqat-i Muhammadiye*. Ibn Arabi has written hundreds of books and has numerous followers. Among them, Qonavi, Iraqi, Jili, Molla Jami, Kaysari, and Konuk can be listed.

Most of these have also written a commentary on the *Fusus-al Hikam* which is the most discussed book of the *Shaykh*. *Shaykh Akbar*'s name, works and his thoughts are widely expressed in the *Risala-i Nur*. Badiuzzaman describes Ibn Arabi as a miracle of reality, a marvel of the Qur'an and the miracle of Islamic knowledge. Mawlana, who *Shaikh Akbar* quotes in his books without mentioning his name, is one of the significant names of the sufi tradition. *Hadrat* Mawlana, who exposed the contemplative and poetic dimensions of the Reality with a perfect imagination, commemorates the other two names of this valley and says, "Attar was the spirit/ Senai, his two eyes/ And after that period/ we came following their footsteps." Mawlana, in a sense, completes the trivet of the whole *tasawwuf* tradition after Ibn Farid and Ibn Arabi. Now we have three top names in front of us. These three wise men represent both theoretically and aesthetically, the peak of the maturity in sufism. Among them, the world of Ibn Arabi provides us with abundant data for the acknowledgement of *tasawwuf* knowledge.

Samiha Ayverdi is one of the purest and most unadulterated names in *tasawwuf*'s tradition of initiation in modern times. She not only belongs to a sturdy and fertile vein of the tradition in our times, but also has continuously written numerous books in which she talks about the exhilaration/ intoxication of *tasawwuf*. *Yusufçuk* is of special value in her quite rich material and spiritual world. *Yusufçuk* is a unique work of modern Turkish literature in terms of its language and its world. *Yusufçuk*, which was originally published in 1946, contains short stories that can be characterized as *mesels* (proverbs or educating stories). Ayverdi is a disciple of Kenan Rifai and after him, became the "mother" of his community like the head of this order and she is the prolific author of numerous books including novels, stories, essays, research works, discourses, travelogues and diaries. Even though this tradition is a branch of the Rifai *tariqa* and has a relationship with the line descending from *Hadrat* Ahmed-er Rifai, Kenan Rifai was nurtured by all the traditions of wisdom including that of *Shaykh Akbar. Yusufçuk,* which is written in our times with the exhilaration of *tasawwuf* can be accepted as a collection of sufi writings with their metaphorical contexts, meanings, language, abstract thought and style of expression. Ayverdi's *mesels* are short, open-ended and non-tragic, with a non-fictional construction. Her first *mesel* starts with *Fata* who places the "book of the Universe" in front of her, opens it and says "Read!" Throughout the stories the author reads this book of the universe. Each story is just like a page, a sentence or a word from the book. *Yusufçuk,* which is written with the drunkness of *Ashq* (Divine Love), reminds us that in order for the book of the universe to be read, a person should read his own book first. The book seems to centre around this warning. This is the expression of the fact that "the person who knows his *nafs* (self) knows his Lord." Knowing one's *nafs* is realized at the level when the Divine names manifest within oneself. Gnostics say that this is the goal of knowing the *nafs.* A human being can know his *Rabb* (Lord) according to which Divine name is manifested and according to its level of occurrence in his nature at the time. Ayverdi keeps asking "why she is putting her bowl under the flood just like the child collecting April rain in her tray." It is easy to find some *tasawwufi* metaphorical meanings even in this question. Rain symbolizes *Rahmat* (Allah's grace). Allah surrounds the heavens with the attribute of *Rahman* (Compassion). Allah manifests in this world with this attribute and in the hereafter with the name of *Rahim* (Mercy). There is no restriction to *Rahman* (Compassion). The bowl expresses the state of being ready to receive enlightenment. The only thing a servant can do is to get ready, and this is called *talep* (requesting/seeking) and the one who requests or seeks is called *talip* (the seeker). We understand from this word which has the same meaning as *murid* (disciple) that human beings can only seek but the real seeker is Allah. Human beings desire/wish for, but what is realized is the Divine wish/desire (*murad*). April rain is one of the universal symbols. Mother-of-pearl is the body and the pearl is the heart. The April rain represent the root of the heart which does not accept any limitations. The heart is the Divine center in the human being. *Namaz* (*salat*) and *haj* is performed by turning towards the *Kaaba* which is the center of the throne. A person during *dhiqr* inclines towards the Divine center in himself which is the heart. The heart is the *Baytullah* (The house of Allah). A *hadith kudsi* declares that *"I could not fit in the earth and the skies but I fit in the heart of the believing servant."* Ayverdi asks questions and then by making *tajahul-i arif* (acting as if not knowing) she says, "I know but I still ask." Another text in *Yusufçuk* starts with, "Everyone comes to this universe for a victory, I came only to be defeated by You. This sentence by itself gives us a clue of the *tasawwufi* state of the heart. The greatest obstacle between the human being and Divine Reality is himself. Unless the human being completely gets rid of himself, he is not ready to receive Divine enlightenment. Ibn Arabi reminds us of the prayer which our Prophet always makes at prostration; "Make me *nur* my Allah!" According to him, our Prophet here means "Make me you my Allah!" An *nur* is one of the names of Allah and saying "make me *nur*" means "take me away from me and annihilate me in your infinite and absolute being. If prostration is the place at which we are nearest to Allah, then we should completely annihilate ourselves. It is possible to understand Ayverdi's "I have come to be defeated by you" in this sense. In another text she says, "They asked your name. I told them. They said "We don't know Him. Who is He? I was about to lift the veil and show You to them, but having learned from You to be cautious, I decided not to and thought that even if I did, they wouldn't be able to see You because if they were of the ones who saw you in past eternity (*ezel*), when the veils were removed, they would not say here "we don't know Him." And with iron stick and iron sandals, they would look for and find the only "unseen" which is the only "to be seen" in the universe. Samiha Ayverdi in this text of *Yusufçuk*, describes a magnificent reality in one sentence. She often refers and returns in the book to this theme which she calls the familiarity of eternity. "A ring was placed on the finger of the crazy traveler of past eternity, and he was told, 'thieves will steal this ring but you should still go and find it.' What you said soon came true. As soon as I opened my eyes in this world, I found, ring had been stolen from my finger. I was the one who had not only caused it to be stolen but the one who had to look for it and find it." Here, the reality of Oneness (*tawhid*) is being expressed. Duality vanishes.

In another *mesel* which is another expression of the absolute reality, Ayverdi reconciliates the reality of "In the beginning there was only Allah and nothing else was with him" with the information which is explained as '*When time had not yet been created, humans were beings not worthy of mention."* "You existed when the world was a formless mass, when soil, water and fire were not yet differentiated. The universe was not even conceived and kneaded in the trough of creation." She mentions man as being in the station of *hairat* (bewilderment) as a spectator of the absolute Oneness and a traveler of *ashq*: "And I, with my head at your doorstep, would see my dreams of love as your admirer." Most of Ayverdi's texts are written in the station of "*naz*" (playful familiarity, coyness). (She moves from "*naz*" to "*niyaz*" (prayer) and from *niyaz to naz* back and forth.) She says, "I cannot resist being without you today, make me lose my consciousness, make me drunk." She tells as a cosmic story, the events until she attains this wish. She says, "Until my spirit became captive in a form, a hand held my hand and showed me the suns, the planets and the peculiarities of the skies. And finally brought me to a universe and said: "Here is the place you will be a guest… this is the world." Thus, I joined this noisy world where everyone strives hard without seeing each other. This is the story of the human being descending from the absolute Being to the universe of multiplicity. The human being has come from the eternal silence to the noisy earth. And he would roll in this uproar up until the stage where he gets drunk with water.

Now, let us remember an example written at the stage of disdain in *Yusufçuk* where wisdom speaks in every text in it: "I sat in front of you and opened my hands to pray. How strange it is that all my wishes withered and fell just like the leaves of a tree struck by blighting. I don't know why you haven't informed me of this predestined result, why you didn't say I am not the post of prayers, I am the house of love?" One day

Rabiatu'l-Adaviyya gets sick. When she is suffering in pain, Bayazid arrives suddenly. He asks, "Why are you not asking for health from your Lord rather than suffer this pain? Rabia answers, "When this is His desire, why would I want the contrary? Isn't this a shame?" Prayer, according to *Shaykh al-Alavi*, is unnecessary for the mature saints who communicate with Allah directly, through their hearts. This text of Ayverdi has really been written at a level of high perfection. Gnostics call this the *zat* (Supreme self). In fact, the peak of the journey in the spiritual path is the level of Essence. This part is called the *fark-i avval*. Saints who ascend from the created state to *zatiyya* (Supreme self) descend again from there and it is called *fark-i sani*. The complete saints who have completed their spiritual path are *ummiyyun, safiyyun* and *zatiyyun*. Contrary to what is assumed, *ummiyyun*, does not mean illiterate, it does not mean the one who does not read or write. *Ummiyyun* is removing one's own perceptions. This requires to be open and ready for the Divine Truth. *Safiyyun* refers to the purity of the heart and the memory. The mirror, unless it is pure and polished, will not perfectly reflect the Divine reality. Becoming *zatiyyun* refers to the realization of a journey from the earth to the skies, from the humane reality to celestial reality. The ones who complete this journey are called *zatiyyuns*. Human beings have descended to the earth. The holy word (*kalam kudsi*) of Allah has condescended. Human beings are supposed to realize a journey symmetric of this descent when they are alive. The person who is a *zatiyyun* has arrived now, to the state Ayverdi expresses in the text mentioned above. He has come to a state where he is occupied with *mushahada* (witnessing) of his *Rabb* and the channels of communication between him and his *Rabb* are totally opened. For the one who has become the object of witnessing his *Rabb*, He is no more a station of prayer but rather a house of love. This station is called *muhabbatullah* (love of Allah). *Muhabbatullah* results with *marifatullah* (knowing Allah, gnosis). Right at this point, it will be appropriate to mention the stairs of *muhabbat* (love), *ashq* (unconditional love) and *shavq* (yearning). *Muhabbat* is the bird's trying to fly. *Ashq* is the bird's trying to fly with its own wings. *Shavq* is the highest level that of the bird's trying to fly even after its wing is broken. Because the one who gets to this level knows that he cannot get to his *Rabb* with his own wings, but only, his *Rabb* brings him nearer with His name *al-Qarib*. A human being at this station is filled with only *ashq*.

A text in *Yusufçuk* tells us about this reality with extraordinary purity and clarity: "Little girl! The first thing your teacher did, when you first started school, was to teach you the letters. A little later, you made exercises of assembling these letters and thus the words emerged. Then you put them one after the other and sentences emerged. Thus you learned to read. Now you are a grown up. School is over. Now you are entering a new classroom. Let me first teach you the first letters of the knowledge learned without any books or pencils: Smiling and feeling ashamed, "Here my daughter! These are the first letters of the book of Love." Ayverdi here, not only mentions the *batin* (hidden) and the *zahir* (apparent) extensions of reality, but the true nature of the profession of *ashq* as well. The apparent, exterior, is the outer extension of the hidden, interior. Ibn Arabi, in his *Futuhat* says: "*Shari'at* (the formal side of Islam) is not the veil of the *Haqiqa* (Reality), it is *haqiqa* itself. One should penetrate *shari'at* itself in order to move on to Reality." This shows us that *zahir* is no different than *batin*, but it is a dimension, a direction of it. That is to say, moving on to *batin* is essential and its path goes through *zahir*. It is required that one should not stay at *zahir* but go into *batin*. *Batin* is *ashq*. And in the path to *ashq*, it is pain that confronts the human being. Ayverdi says, "There is a letter which is called pain that you should try to learn before the others because there is no word or sentence which has gained a meaning unless it contains this letter." This reminds us of *Hadrat* Hallaj-i Mansur who is at the top of those who have gotten drunk with the wine of *ashq* and who became a martyr of *ashq*. He tells *Hadrat* Junaid of Baghdad who comes to visit him in his cell a few days before he dies, "When they kill me the following day, you go back to your *madrasah* (theological school) and take off your sufi *khirkah* (outer garment that *dervishes* wear) and wear the cloak of a *mudarris* (professor) because becoming a martyr is inevitable in the path of Love. Two *raqats* (sections) of *salat* which is performed with ablutions made with his own blood is a precept in this profession. The word pain alludes to the martyr in the path of *ashq*. This concept arises from the *hadith* which says, '*to die before you die.*' Samiha Ayverdi in her example finally calls out to the little girl as follows: "If you come across a clause which does not include pain, don't be scared; just cry out that this has no place in the book of *ashq*!" This is also called *bala* (trouble, grief). *Bala* is also a concept of initiation. In the same way, *Hadrat* Hallaj said, "*Sultans*, after conquering a climate (land, property), burn with the desire of conquering a new climate, land. However, we have been burning for many years with the hope of a *bala* that will come from you. It is possible both to read *bala* as a divine favour, grant of *Rabb* and interpret it in the meaning of *bali* (yes) as well. And this is demanding *rida* (contentment). The station of *rida*, not only includes Allah's being content, satisfied with the servant but also the servant's being content with Allah. This station is one of the highest levels of perfection. *Pir* Sultan Abdal, in one of his hymns suggests that *rida* is such a station that is very difficult to attain and says, "*The beautiful lover, haven't I told you that you cannot beat our torment? This is a morsel of rida, haven't I told you that you cannot eat it?*"

*Rida* is a servant's being content with everything and accepting, all manifestations of His *Rabb* as a grace. It is adopting with heart and soul the evil, poverty, loneliness, pain, seperation, death, all types of material and spiritual problems and being at the station of gratitude. Samiha Ayverdi, in an explanation in *Yusufçuk*, seeps in the *batin* of this and says, "The effort to replace the one that is gone with a similar one… This is the consolation (*tasalli*) of human beings! However, being braver and more indifferent one sometimes calls the concubine named 'consolation' (*tasalli*) which human beings hug blindly, whose chest one rests his head on or whom they call to their service by its name he met at his eternal identity; *gaflet* (unawareness). When the inner reading of this text is done, it will be understood that the hidden reality of 'consolation' is *rida* and the hidden reality of unawareness is *tavaqqul* (complete trust in Allah). Being content with Allah is not consolation. *Rida* is the secret of the *Haqiqa*. 'I become the *radi* (consent) of my servant and my servant becomes *radi* of Me.' Or the secret of the exclamation: "*O nafs, Return to your Rabb being radi!*" *Nafs* ascends to the station of *rida* after completing the loss of elevation during its descent into the world with a symmetric journey, that is, a spiritual ascension. The *nafs*, returning to its *Rabb* in this state, has become *safiyya* (pure, complete, perfected self). However, unawareness is, the servant's forgetting his *Rabb*. Sufis say that the servant is not free of unawareness unless a bit of the feeling of ego/self is left. The one who is unaware cannot attain the state of *tawakkul* (complete trust in Allah). *Tawakkul* is the human being's not interfering because the obstacle between the human being and his *Rabb* is himself. The following statement which Sariyyu's Saqati told Junaid of Baghdad describes this meaning, "There is no bigger sin than your own self." Resembling consolation to a female slave in the text, Ayverdi makes not only the art of personification but also refers to the seductive nature of consolation.

In another text about *ashq*, the emphasis on its distinctive function takes place. Ayverdi expresses this with the word *mustabit* (tyrant). *Ashq* in fact, builds its own ties by tearing down all ties. This is its cosmic quality. Ayverdi says:

"We were talking. One of us asked:

-Who is the most tyrannical ruler history has ever recorded?

A different name came out from every mouth. However, the owner of the question was not satisfied with any of the answers. Our eyes met just for a moment. He said to me:

-Why aren't you saying anything? You say something, too.

As a matter of fact I was getting ready to speak. Slowly I said,

-*Ashq* (Divine Love)."

Ayverdi, in expressing this reality, mentions that *ashq* is ruling ever and forever in its throne and in its sovereignty without any rival. In fact, she emphasizes the fact, "Whatever there is in this cosmos is *ashq* (Divine Love)." and in the end she says, "Do you deem it worthy to leave this, this evident victory and go far away?" The essential nature of the Being is *ashq*. The secret of existence is *ashq*. The universe is born from *ashq*. There is *haqiqat-i Muhammadiye* in the center of the Being. All loves come from the love of Muhammed (*pbuh*). The poet is talking about this secret by saying, "*Muhabbat (love) results from Muhammed. What results from muhabbat without Muhammed?*"

In the text of *Yusufçuk*, Samiha Ayverdi mentions the fact that we are the wind of the breath of Great *Rahman* who has molded the human being from clay and blown from His breath.

"I am asking you my friend, who has invited me to this world? My mother and my father? God forbid! They are nothing but only poor instruments at the disposal of eternity. My Master wanted to show a miracle; He went and picked up a handful of soil from a mountain, molded it and threw it to the world after blowing His breath into it. This mud became the child of a mother and father. They gave her my name. I am not lying, I am the wind of His breath and the owner of this breath, this voice that I have left thousands of universes for the sake of Him, has called me." In this expression, the manifestation of the human being is being mentioned. *Hadrat* Aziz Mahmud Hudai, in his book *The Self Manifestation in Muhammed* tells us this eternal story. In a well-esteemed *Hadith kudsi* by Sufis, our *Rabb* commands, "*I was a hidden treasure I loved to be known. I created all living creatures with this secret.*" The human being, as the most noble of all the creation, is the last in self-manifestation because the human being is the fruit. He is the essence, the summary of the Being. He is the heart of the cosmos. He is the *khalife* of Allah on earth. Allah has blown into the human being from His breath. *Rahman*'s (the Beneficient) breath is the spirit of the human being. The remaining is bones and hair. Sufis mention the *tanazzul* (condescension) of the spirit in the body. The spirit is imprisoned in the cage of the body. This imprisonment brings with in the desire for the spirit to die before dying and to become free. The word 'Adamah' means red sand in Hebrew. Adam that is the human being, is kneaded from the red soil. Some say *Rahman* has kneaded the clay of the human being from four thousand years. One day at His time is like thousand years for us. Allah has kneaded the mud of Adam with both hands. That is, with *jamal* (Beauty) and *jalal* (Majesty). Two hands of Allah are both right hands. That is, what is dominant in Allah is the dimension of *jamal* because Allah, after creating the heavens and the earth in six days, has covered the throne with His attribute of *Rahman*. No being can stay except His being *Rahman*. This is why *Hadrat* Ibn Arabi says, "Allah's both hands are His right hand." Ayverdi, in the rest of the text calls out to the Master of the breath which is blown to the clay and descended the earth, and says: 'How unrefined and inexperienced a man I am. What does forgiving thousands of universes for the sake of Him mean? Is it a big deal if this voice detached me from my home, country and sovereignty? Who am I to oppose to this invitation? The master of the command who is impossible to be spoken about or to be described, did not have the heart to leave my hand, when dragging me to this world holding my arm, so He came with me. What more can I ask for, tell me, what else do I want?'

As one of the consequences of this wish, Samiha Ayverdi mentions about *sajda* (prostrating during *salat*) in another *Yusufçuk* story. *Sajda* is the place when the servant meets with his *Rabb*. This is called a *manzil* (halting place). The servant, obeying the command *"Prostrate yourself and draw near (unto Allah)"* in the *Surah Alak* (The Clot), comes down towards his *Rabb*. And his *Rabb* condescends towards His servant. And a halfway encounter is realized. This is called *manzil* with the indirect remark of the word *nuzul* (descend).

Ayverdi says, "My *Rabb*! Do they suppose that I put my head on a stone or the soil when prostrating? No! My bowing head at that rigid place is dispersed in the soft waves of your *ashq*." This sentence has in fact a rich area of reference and open to many possible readings between lines. *Sajda* symbolizes *ubudiyyat* (servanthood). The bowing of the servant for prostration symbolizes *Rahman*'s descension to the world sky at the last third of the night. Some say Allah condescends to the world sky at the last third of the night and cries; 'Is there anyone wishing from me, I will give her wish.'

*Salat* is a mutual silent prayer between the servant and his *Rabb*. In another *hadith kudsi*, Our *Rabb* commands: *'I made salat a mutual silent prayer between myself and my servant. Half of it belongs to me and the other half belongs to him.'* Ibn Arabi, on account of this, mentions for example the wisdom of *Fatiha*'s being obligatory in *salat* and says that the first three verses of the *surah* belong to Allah and the other four belong to the servant because the verse, *"You alone do we worship and from you alone do we seek aid."* belongs to the servant and concerns his *Rabb*. *Qiyam* (standing position during *salat*) is a *barzakh* (interworld). Man is trying to completely abandon the limits of his egoism and be overwhelmed by his *Rabb* at *sajda.* Samiha Ayverdi explains this state of submergence as "getting lost in the soft waves of divine *ashq.*" This getting lost is a blessing.

In another text, Ayverdi speaks about this as follows: "it is useless to warn or to give advice to human beings or try to get the moral of the story. Advice pours down in abundance like the April rain, it flows like a flood in this world. However, where is that shell (*mother-of-pearl*) which will open its mouth and change this drop into a pearl. Every incident is a story with a moral in it. But where is that eye which will decode and spell this intricate and mysterious writing. This warning reminds us that we should self-examine our *nafs* before the day of judgement comes. There being the moral of the story in every incident is from the meaning sea of an *ayat* in the Quran. All beings are an *ayat,* an evidence of Allah. Everything tells us Him. There is nothing that does not recollect Him with Praise. Thus, beings and incidents which are each a *kalimat* of the book of cosmos are messengers of the *haqiqa.*

Ayverdi in a story in *Yusufçuk* brings us face to face with the reality of nothingness by merely removing all veils.

"There is a hand which knocks on the door of my feelings from time to time and which forces me if I pay no attention." I ask Him,

-Who are you? What do you want?

Instead of an answer a hand is extended inside. I think, at great length what to put in this palm who doesn't ask for money or have desire for a possession or the *riziq* (necessities of life) and as I cannot end my thoughts at a decision, I repeat my question with anger. He says "Nothingness" with a voice which is offended perhaps by my absent mindedness, forgetfulness or unawareness but still not diminished in its effectiveness or sweetness."

Nothingness in the dictionary of initiation is annihilation. Concepts like humility, *faqr* (spiritual poverty), fault etc are also involved in the spiritual world of this concept. This path, which is the way of humility and spiritual poverty is the most effective, the shortest and the safest means to attain Allah. *Baqa* passes through *fana*. Everthing or Being attained by nothingness. *Rabb* does not appear before the human being who becomes nothing. The human being approaches his *Rabb* as he diminishes and becomes nothing. His worth for his *Rabb* increases. Although it seems on the surface that this text is an examination of material existence/wealth and non-existence/no wealth, the reality of *faqr* is being expressed. At the end, Ayverdi says "What is given at the state of Being is not nothingness so I cannot give… And the state of nothingness there is no Being that I can say 'come and get it.'" Here Ayverdi points out the fact that Being is only attained after nothingness.

The language of wisdom is symbols and silence. We meet with this reality in *Yusufçuk*:

"Don't tell me to speak. I want to keep silent today. I had my words in the sheath of my enlightened heart. Don't push me to speak. If I comply with you and pull them out, the fingers of the one who touches them will be out." Silence is also a state and a wall at some point in the mystical journey stops by it. Solitude is the country of silence anyway. There, man keeps silent and the Divine starts to speak. Speaking of the heart which is the divine center in the human is silence.

Once Hallaj Mansur said, "The speaking of tongues comes with the destruction of hearts."

Ayverdi continues and reminds us that a reality which is not born in the heart should not be told: "Don't tell me to speak. You speak. You tell me what I am. From which corner of which sky have I dropped into the world? This seems like the interpretation of the warning; 'speak favorably or keep silent.' Great people say: 'Pain makes you cry and *ashq* makes you speak.' Speech does not attain maturity unless there is *muhabbat* (love). Speech which is not mature does not involve goodness."

Ayverdi tells us this reality as follows: "My Lord, I am grumbling, shouting, moaning, and crying out when I am burning with your fire which leaves me with no strength. There are people listening to me if they think I am hopeless. I am insane. My Lord, is it possible to wither with your fire but not burn, burn but not cry out or moan? But what should I do with the pain of not speaking when this fire makes the one who drops in it look like itself when it is a handful of ash in the manifestations of Being? When an unknown wind drags speech, cry and complaint to unknown places? Tell me, teach me at least the language of the moment of resurrection."

Almost all texts in *Yusufçuk* are full of the concepts and meanings of the dictionary of initiation. This work which is written by a *wali* writer who lived in modern times should be read and interpreted in the tradition of *takka* (sufi house) -*tasawwuf* literature.

This collection of texts which require explanation, try to pass on the wisdom that we have lost.

**I am leaving the words to her:**

*"You told me to describe that which is indescribable. How could this be possible? I know that you make possible the impossible. Where is the power in me to make those stones like flowing water, freezing the clouds like stones, or converting fire into spring winds? Tell me where is that power?*

*When you told me to describe that which is indescribable, did you want me to talk about the fire of the enlightened heart which will burn the seven hells and turn them into ashes? Oh Devletlim! (My Governor), I have told you before. Suns are born, suns set, years follow years, periods follow periods. The world in its movements, the cosmos in its rotation gets old and restart like loyal slaves without taking a rest or without any confusion.*

*When this world which is dying and is born at the same time gets prosperous and harmonious by the power of the brave men, the strength of the conquerors and the wonders of the intelligence and perception. Mankind who has overcome all hardship has succeeded in all obstacles cannot talk about his burning, loving heart which has plundered itself and the cosmos.*

*Let me Devletlim (My Governer), let me keep deeply silent as usual tonight in front of the resurrection which cannot be spoken about."*

## ENDNOTE

[1] Ayverdi, Samiha, *Yusufçuk*, Kubbealtı Neşriyâtı, İstanbul, 1946.